汇添富基金·世界资本经典译丛

金融危机的真相

恩萨尔·耶尔马兹 著
(Ensar Yılmaz)

赵 燕 译

上海财经大学出版社

图书在版编目(CIP)数据

金融危机的真相/(土)恩萨尔·耶尔马兹著;赵燕译.—上海:上海财经大学出版社,2024.5
(汇添富基金·世界资本经典译丛)
书名原文:Understanding Financial Crises
ISBN 978-7-5642-4337-1/F·4337

Ⅰ.①金… Ⅱ.①恩… ②赵… Ⅲ.①金融危机-研究 Ⅳ.①F830.99

中国国家版本馆CIP数据核字(2024)第056474号

□ 责任编辑　黄　荟
□ 封面设计　南房间

金融危机的真相

恩萨尔·耶尔马兹　著
(Ensar Yılmaz)

赵　燕　译

上海财经大学出版社出版发行
(上海市中山北路369号　邮编200083)
网　　址:http://www.sufep.com
电子邮箱:webmaster@sufep.com
全国新华书店经销
上海叶大印务发展有限公司印刷装订
2024年5月第1版　2024年5月第1次印刷

787mm×1092mm　1/16　15印张(插页:2)　245千字
定价:76.00元

图字：09－2024－0192 号

Understanding Financial Crises

Ensar Yılmaz

ISBN：9780367480677

© 2021 Ensar Yılmaz

All Rights Reserved. Authorised translation from the English language edition published by **Routledge, a member of the Taylor & Francis Group.** 本书原版由 Taylor & Francis 出版集团旗下 Routledge 出版公司出版，并经其授权翻译出版。

Shanghai University of Finance & Economics Press is authorized to publish and distribute exclusively the Chinese (Simplified Characters) language edition. This edition is authorized for sale throughout Mainland of China. No part of the publication may be reproduced or distributed by any means, or stored in a database or retrieval system, without the prior written permission of the publisher. 本书中文简体翻译版授权由上海财经大学出版社独家出版并限在中国大陆地区销售。未经出版者书面许可，不得以任何方式复制或发行本书的任何部分。

Copies of this book sold without a Taylor & Francis sticker on the cover are unauthorized and illegal. 本书封面贴有 Taylor & Francis 公司防伪标签，无标签者不得销售。

2024 年中文版专有出版权属上海财经大学出版社

版权所有　翻版必究

总 序

书犹药也,善读之可以医愚。投资行业从不乏聪敏之人,但是增智开慧乃至明心见性才是成长为优秀投资人的不二法门,读书无疑是学习提升的最佳方式。

常有人说投资是终身职业,但我认为投资更需要终身学习。很多人投资入门多年,依然不得其道;终日逡巡于"牛拉车不动,是打车还是打牛"的困境,不得要领。从业多年,我接触过太多这样的投资人士,个中缘由不尽相同,但有一点却非常普遍:或是长期疏于学习,或是踏入"学而不思则罔"的陷阱。

我认为,学习大致有三个层次,亦是三重境界:

第一重是增加知识,拓展基础的能力圈。着眼点是扩大个人对于客观世界的认知积累,这是大多数人的学习常态,这一重固然重要,却不是学习的本质。

第二重是提高逻辑,改进个人的认知框架。达到这一境界,已经可以将刻板知识灵活运用,但仍然仅可解释过去,却无法指向未来。

第三重是强化洞见,思考从个人出发,无视繁复的信息噪声干扰,穿透过去、现在和未来,最终开始正确地指导现实世界。在这一境界,学习已不只是追求知识,更是追求"知识的知识"。这是无数积累之后的茅塞顿开,更是质量互变之际的醍醐灌顶,不断思考感悟尤为重要。

书籍浩如烟海,书中智慧灿若繁星,而若能由自己抽丝剥茧得到"知识的知识",将会终身受益。二十多年前,我还是上海财经大学的一名普通学生,对投资有着浓厚的兴趣,可惜国内的投资业刚刚起步,相关资料远没有今天互联网时代这样发达,彼时财大的图书馆像是一个巨大的宝库,收藏着大量有关投资的英文原版书籍。我一头扎进书丛,如饥似渴地阅读了许多经典,通过这一扇扇大门,我对西方资本市场发展窥斑见豹,其中提炼出的有关投资理念、流程、方法的内容潜移默化地影响并塑造了日后的我。时至今日,常有关心汇添富的朋友问起,为什么根植于国内市场的汇添富,投资原则和方法与外资机构如此类似?我想,这多少应该与我当年的这段经历有关。

今天,我依然非常感恩那段时光,也深深地明白:那些看过的书、走过的路对一个人的人生轨迹会产生多大的影响,特别是在以人才为核心的基金投资行业。今年恰逢中国基金行业二十周年,二十年斗转星移,正是各路英杰风雨兼程、夙兴夜寐才有了今天的局面,汇添富基金是见证者,也有幸参与其中。这些年,我总试图在汇添富重现当年我学生时的氛围,鼓励同事们有空多读书、读好书、好读书。在此,奉上"汇添富基金·世界资本经典译丛"以飨读者,希望大家能够如当年懵懂的我一般幸运:无论外界如何变化,我们都可以不断提升和进化自己。

是以为序。

张 晖

汇添富基金管理股份有限公司总经理

2018 年 12 月

目 录

致谢/1

引言/1

第1章 消费不足、生产过剩和比例失调/1

1.1 导论/1

1.2 历史视角下的消费不足理论/3

1.3 消费不足理论/7

1.4 生产过剩理论/20

1.5 比例失调理论/23

1.6 结语/26

第2章 债务积累/28

2.1 导论/28

2.2 不断增加的债务/30

2.3 债务为何以及如何导致并加深危机/44

2.4 结语/52

第3章 金融化和新自由主义/54

3.1 导论/54

3.2　什么是金融化？/55

3.3　金融化的发展/57

3.4　金融化进程及其与其他经济发展的联系/68

3.5　金融化与危机之间关联的理论方法/70

3.6　新自由主义、监管解除和金融化/74

3.7　金融监管解除/77

3.8　结语/81

第4章　收入不均/82

4.1　导论/82

4.2　收入不均加剧的证据/83

4.3　全球大萧条和全球经济衰退前的收入不均/92

4.4　收入不均与金融危机关联的理论观点/94

4.5　对收入不均与危机之间联系的实证分析/102

4.6　结语/111

第5章　金融不稳定假说/112

5.1　导论/112

5.2　明斯基的金融不稳定假说(FIH)/113

5.3　在其他方法论背景下的金融不稳定假说论点/121

5.4　金融脆弱性假说与全球经济衰退和过去的危机/129

5.5　明斯基的防止危机经济政策/132

5.6　结语/135

第6章　利润率下降趋势/137

6.1　导论/137

6.2　"利润率下降趋势"假说/138

6.3　利润挤压理论/142

6.4　积累的社会结构理论/144

6.5　关于利润率下降趋势有效性的理论辩论/149

6.6 利润率下降的经验证据/152

6.7 结语/158

第7章 人类行为/160

7.1 导论/160

7.2 行为经济学/161

7.3 新古典经济学和行为经济学/162

7.4 经济学中的行为和心理偏见/163

7.5 对金融危机的重新解读:行为偏差/170

7.6 经验证据:行为偏差与危机/179

7.7 结语/183

第8章 全球失衡与危机/185

8.1 导论/185

8.2 全球失衡/186

8.3 全球失衡:一些理论解释/198

8.4 全球失衡和两种增长模式方法/202

8.5 一场关于全球失衡与2007—2008年全球金融危机的辩论/205

8.6 结语/208

参考文献/210

致 谢

这本书酝酿了很久,一路走来,我积累的知识债务已经多到我记不清了。我于 2016 年秋季学期开始在耶尔德兹技术大学(Yildiz Technical University)着手写这本书,这也使得我在那里的同事和学生们可以主动地向我提出诸多有益的意见和建议。对于他们的意见和建议,我非常重视,其中大部分被我接受了,还有一些实际上被纳入了本书的终稿里。在此,我想对他们的宝贵建议表示感谢。

我要感谢埃尔坎·埃伦(Ercan Eren),感谢他对本书早期草稿的慷慨解读和批评反馈。我要感谢泽尼普·卡普兰(Zeynep Kaplan)的宝贵帮助。我还要感谢艾伯拉姆·恩金·克立克(Ibrahim Engin Kılıç),感谢他在研究生生涯的早期阶段作为研究助理给予我的不懈支持。

最后,我还要感谢我的家人,感谢他们的爱、支持和鼓励。为了让我保持工作状态,我的每个家庭成员都发挥了特别重要的作用。

引 言

　　金融危机是历史上一个普遍的现象。即使在市场机制从完整意义上来说并不存在的时代,金融危机也出现过,但并不频繁。例如,1637年荷兰爆发的"郁金香狂热"(Tulip Mania)就是一个关于郁金香球茎价格的投机泡沫。郁金香的球茎可以被视为资产。当球茎的价格崩溃时,那些用债务购买球茎的人就破产了。从18世纪末开始,当现代资本主义在英国开始发展时,金融危机就成为资本主义经济体中一个不可避免的因素。从19世纪开始,学者们形成了一些经济理论来理解金融危机。

　　金融危机破坏经济系统的正常功能,因而也会损害经济效率。尽管人们一直不断地试图防止危机的发生,但危机还是会不论时空地持续发生。资本主义经济最终会从危机中恢复过来,而危机在未来也会重复发生。正如列昂·托洛茨基(Leon Trotsky)曾经指出的那样,"资本主义是依靠危机和繁荣来生存的,就像人靠吸气和呼气来生存一样。首先是工业的繁荣,接着是经济的停滞不前,再接下来是危机的爆发,然后经济得到改善,并再一次繁荣,接着再经历经济发展的停滞期等。资本主义继续周期性振荡的事实……只是表明资本主义还没有死,我们面对的不是一具尸体"。

　　危机可以被看作检验经济体制运行的试金石,因为理解危机可以帮助我们在更广泛的意义上理解经济体的主要机制。危机是对经济理论的一种压力测试。如果一种经济理论不能预测危机,或者不能看到经济体制中可能导致经济急剧崩盘的主要问题,这就意味着这种理论甚至对经济的正常运作都无法理解。换句话说,对危机的不理解也会导致对非危机时期的不理解,因为这些失误都不是偶然的。那些可能不那么明显的失误,或者那些可以被一个"小得不能再小"(too small to matter)的剩余误差项所掩盖的失误,实际上可能是个大问题,是一个应该被纳入考虑的大问题。也就是说,我们可以将小事比喻为地基上的一个小裂缝。因此,用于分析经济体系的理论框架应该通过经济危机的考验,因为它们详细阐述了经济体制的正常运作。

大多数主流经济学家忽视了危机的系统性特征,他们把危机看作一种"黑天鹅"现象(black swan phenomenon),也就是他们将危机看作一种罕见的、完全不可预测的大规模事件。但是,近年来,许多经济学家,甚至一些主流经济学家,已经将危机视为一种"白天鹅"现象(white swan phenomenon),而不是"黑天鹅"现象,也就是说,他们将危机视作一种过程的结果,而这个过程是普通的、反复出现的和可预测的。在最近几年里,无数研究已经强调了危机的规律性,例如在《这次不同:八个世纪的金融荒唐行为》(*This Time Is Different: Eight Centuries of Financial Folly*)一书中,作者卡门·莱因哈特(Carmen Reinhart)和肯尼思·罗戈夫(Kenneth Rogoff)就强调了危机的规律性。

自 1980 年以来,全世界已经经历了 6 次重大的金融危机:20 世纪 80 年代初拉丁美洲的债务危机;20 世纪 90 年代日本的经济危机;1994 年的龙舌兰金融危机,以墨西哥为中心,影响到其他拉丁美洲国家;1997－1998 年的亚洲金融危机;2007－2008 年的全球金融危机;2010－2013 年的欧元区金融危机。除此之外,还有许多国家级别的金融危机,如 2001 年阿根廷危机、1994 年和 2001 年土耳其危机,以及波及范围更广的 20 世纪 90 年代初斯堪的纳维亚地区的金融危机。据估算,在 1970－2000 年间,一共发生了 47 次银行危机。

在所有这些危机中,尽管它们都有各自独特的个体特征——冲击的性质、投机的对象和信贷扩张的形式,它们也有一些持久的共同特征。一言以蔽之:越是变化的东西,其共同点越多。细节在不断激增,但结构始终不变。

最可怕的是,随着时间的推移,这些危机的规模似乎变得越来越大,也更具全球破坏性。最近的两次危机——全球金融危机和欧元区金融危机——冲击了世界经济体系的核心,影响了生产将近全球经济产品一半的经济体。新兴国家和发展中国家相对较好地控制了这两次经济危机的后果。但事件至此还没有结束;结果很可能是,这些经济体应对危机的方式,尤其是财政和信贷扩张,导致了经济严重的、长期的脆弱性。

众所周知,各种危机理论之间存在着深刻的差异。然而,它们也有几个共同点。第一,在几乎所有的危机理论中,危机是在不可持续的繁荣阶段之后出现的。在经济繁荣阶段,要么会出现金融或非金融(主要是房地产)资产价格上涨,要么会发生因为高投资而出现的生产过剩情况。或者在经济繁荣期,金融和生产(投资)按照奥地利经济学家和明斯基整合它们的方式相互影响。第二,在所有的危机理论中,都有深化和决定其方向的反馈。它们可以分为客观的反馈和主观的反馈。前者定义了更多的结构性因素,比如资产和产品价格、利率、收入和财富等的变化;而后者则更多是指由预期变化引发的经济主体的行为反应。第三,在所有金融危机的模型中,都有启动经济繁荣的触发机制。这些机制可以是信贷扩张、资本流动、收入不均、利润下降、行为偏差、管制解除政策、技术或金融创新等。第四,危机理论隐含地或明确地承认,金融代理人对经济变化做出的反应迅速,他们非常灵活地适应经济和政治因素。一个有弹性的金融体系会创造足够的内生信贷来支持经济的扩张或萎缩。

2007—2008年的全球经济衰退危机显然使新古典主义经济学派失去了信誉。这场经济危机对新古典主义经济学派这一范式提出了很多批评,因为该理论的分析工具似乎不足以分析上述危机。事实上,新古典主义范式承认商业周期的存在,这一点正如其支持者所声称的一样,主要是由于某种原因造成需求与供给之间的过渡性失衡所导致的。但他们关注的是外生干扰因素,而不是其内在的动态变化。这种观点始于威廉·斯坦利·杰文斯(William Stanley Jevons),他认为太阳的斑点决定了经济中的商业周期,因为这些斑点对农业有周期性影响,并对其他企业的盈利能力有溢出效应。里昂·瓦尔拉斯(Leon Walras)也认为危机是暂时性的干扰,在这种干扰下,价格无法设定供需之间的平衡。

在与这些作者类似的框架中,新古典主义经济学家随后发展了关于商业周期的理论。根据这些理论,周期不是危机,而是小的波动。因为市场有自我调节机制,所以危机的影响是短暂的。这些周期主要来源于一些外部因素。因此,它们并不来自资本主义生产的内在机制。这一点在"真正的商业周期理论"(real business cycle theories)中也得到了简明的阐述。他们的主要论点是,商业周期是对外部变化,特别是技术冲击最佳调整的结果。因此,经济周期是随机的,它围绕趋势呈波动模式。

然而,必须提及的是,新古典主义经济学已经失败了。它的很多弱点使它无法将经济作为一个整体来理解,而不光是危机。在这些弱点中,最严重的是它对"均衡"这一概念的迷恋。这阻碍了它对经济真正动态的观察,使它不愿意看到信贷和债务在市场经济中的关键作用。它拒绝在经济关系的许多方面进行权力和阶级划分。它不考虑金融在创造激励机制方面的作用,并且将金融与经济学进一步分离。收入和财富不均的问题没有被纳入新古典主义的分析中。此外,新古典主义范式的支持者抵制从行为经济学提出的观点中获益,忽视了行为偏差及其在危机中的加剧作用。最后,他们把不确定性降低至可估计的风险。这是一个严重的弱点,它对理解资本主义动力开放系统的特性造成了障碍。

经济思想产生了大量的危机理论,这些理论解释了金融危机及其对经济发展的影响。这些理论都是建立在不同范式的基础上的。本书的目的是介绍和讨论试图解释金融危机的不同理论,这些理论在它们各自的领域中都被认为是重要的。从这个意义上来说,我努力涵盖所有重要的思想流派,并将它们的主要论点及其对理解相关危机的意义做了介绍。

在危机中谁或者什么应该承担责任?什么是远因(causa remota)?什么是近因(causa proxima)?在处理关于危机的理论观点时,我看到近因和远因在不同的理论中经常变换位置。一个理论中的远因有时会成为另一个理论中的近因。因此,区分远因和近因可能会很困难。不同的推理根据它们对远因和近因的强调点不同而强调不同的原因。在本书中,我们将看到,不同理论所提出的原因可以被认为是彼此密切相关的,但它们都更关注自己想要强调的东西。

在这本书中,我还想说明的是,所有理论都基于一种试图说服我们的叙述。但我的确不认为会有一种普遍的理论方法可以帮助我们理解所有的危机。无论这种理论是用公理还是通过归纳逻辑的形式过程建立起来的,都不可能。确定恐龙灭绝危机原因的方法不会延续至可以创建一个同样适用于候鸽灭绝的理论。就像金融危机一样,每一次灭绝危机都可以事后解释,很多可以根据事件的传播和串联来预测,但它们并不遵循某种一般的理论,从公理出发是无法达到你想要的目的的。

因此,本书中的所有经济理论都抓住了现实中的某些部分。从这个意义上来说,即使它们相互竞争,它们在大多数时候也是相互补充的。如上所述,一个理论中的近因可能就是另一个理论中的远因。或者说,一个理论所强调的危机原因可能在一个危机中更加明显,但在另一个危机中却不那么明显。解释的有效程度会因危机的不同而不同。我希望这本书在这方面能对读者有所帮助。

与此同时,在这里我必须提到,本书的章节并不只是按照看似非正统的范式来分配的。我的目标仅仅只是帮助读者理解金融危机,而并不具体排除任何范式。但很明显的一点是,主流论点大多以被批评的形式出现在本书中。这是因为,在我看来,这些观点在帮助读者理解过去的危机时的表现并不能以令人满意的方式取得成功。

本书由 8 章组成,每个章节都以危机理论中一个类别的论点为基础。每章的标题都是根据正在讨论的理论的主要论点而设立的。这些理论主要是消费不足理论、负债过度理论、收入不均理论、金融化理论、金融脆弱性理论、利润率下降理论、人类行为理论和全球不平衡理论。本书经常讨论这些论点之间的关系,这有助于我们看到各种不同的危机理论之间的联系。本书中详细阐述的危机理论论点的经验相关性,除了在过去发生的其他经济危机中被广泛讨论过之外,在探讨 2007－2008 年爆发的全球危机时也被广泛讨论过。

在本书的第 1 章中,我研究了诸如消费不足等概念及其相关的生产过剩和比例失调概念在它们的历史背景和分析条件下对经济危机的作用。此外,书中还特别讨论了它们与 2007－2008 年爆发的那场全球金融危机的经验相关性。

消费不足理论在危机辩论中发挥了重要作用。从这个角度来看,人们主要视收入分配为消费不足的根源。因为穷人和富人的消费模式不同,这从长远来看是无法持续的。在类似的情形下,我也将凯恩斯的需求不足方法纳入了消费不足的辩论中。事实上,凯恩斯从总需求而不是消费不足的角度重新定义了这个问题。在凯恩斯看来,危机的原因是需求不足,但他并没有按照消费不足理论的方式进行推理。他认为,在这个意义上的投资支出起着关键性的作用。

收入分配看起来在决定消费的程度和模式方面似乎至关重要。然而,我在本书的不同章节中重点讨论了它们对危机的意义(在第 1 章讨论了消费不足对危机的意义，在第4章讨论了收入不均对危机的意义）。这是因为消费不足和收入不均还有好几个其他方面与危机有关，但它们又彼此独立，拥有自己的动力机制。此外，第1章所涉及的过度生产和比例失调的方法，尽管与消费不足理论有关，但对危机的解释与消费不足者不同，这与收入不均并没有直接关系。

在本书的第2章中，我寻找了债务积累在危机出现中的重要性，尤其是在2007—2008年爆发的那场全球危机中。事实上，自2007—2008年全球金融危机爆发以来，学者们对债务与经济活动之间的关系越来越感兴趣。他们主要认为，债务，不论是"国内债务或主权债务"（domestic or sovereign）还是"私人债务或公共债务"（private or public），不仅在危机发生时至关重要，而且在危机的持续时间和严重程度上都会发挥关键作用。

自20世纪70年代末对贷款和全球金融流动的管制解除以来，全球范围内的债务危机频率增加。随着时间的推移，更多的人和国家开始变得更加依赖债务。2007—2008年开始的金融危机就是一场典型的债务市场危机。尽管股票市场快速复苏，但债务市场的问题仍然或多或少地存在着。因此，为了理解全球危机和其他一些相对小的危机，我们应该更加关注债务市场。

纵观历史，几乎没有任何一场经济危机是在没有债务的情况下发生的。因此，债务与金融危机之间的因果关系一直是比较关键的。债务的积累可能会随着这样或那样的原因而发展。在本书的不同章节中，我重点讨论了不平等、全球失衡和行为偏差等可能的原因对过度负债的作用。然而，鉴于债务积累的复杂性及其在导致和加深危机方面的关键作用，我想另外设立一个单独的章节来重点讨论债务问题。我们需要更多地审视它的动态机制和影响。

在本书的第3章中，我首先分析了金融化及其与危机的联系。接着，我集中讨论了金融化、新自由主义政策与危机之间的联系。人们普遍认为，金融化一直是经济活动背后的那股压倒性力量。这意味着经济体制，尤其是那些发达国家的经济体制，在从一个阶段进入另一个阶段的过程中，其经济活动的重心也从生产转移到金融。与此相适应，在过去的几十年中，金融机构和产品都发生了巨大的变化。

然而，金融化本身在经济中并不是孤立发展的。它既已经影响到了经济中的一些重要趋势，也已经受到了这些趋势的影响。近年来，金融化、不平等与过度负债之间的联系进一步加深,并在总体层面上产生了更多的影响。

一些观点将金融领域视为一个完全依赖实体经济中"物质基础"(material base)的"上层建筑"(superstructure)。然而,这种观点可能还不足以理解资本主义的动态机制。金融化影响着资本主义关系重构和经济主体行为改变的诸多方面。也就是说,它不仅是一种被动的反应,而且也是一种建设性的力量。很明显,金融的广泛发展和金融动机在新自由主义的演变中至关重要。本章会谈及所有这些问题以及它们对过去几十年危机的意义。

本书第 4 章旨在讨论不平等加剧与危机发生之间的关系的理论和经验层面。通过这种方式,我集中讨论了主流理论和非主流理论中关乎收入不均与危机之间的联系的主要论点,以及它们在论证历史上发生的危机尤其是 2007－2008 年爆发的全球危机时的有效性。

长期以来,许多经济学家无视不平等的宏观经济影响。但是,在过去一个世纪里爆发的两次重大经济危机(即 1929 年的经济大萧条和 2007－2008 年的经济大衰退)中,有一个惊人却被人们忽略的相似之处,那就是相比这两次危机爆发前收入不均的加剧。这也促使研究者们进一步寻找在收入不均与危机之间是否存在一种合理的联系。从这一点上,甚至一些主流经济学家也已经对主流经济学中使用的假设提出了疑问,并承认收入不均可以引发危机。拉詹(Rajan, 2010)是最早提出收入不均与 2007－2008 年爆发的全球危机之间存在理论联系的经济学家之一。也正是在最近,学术界已经注意到了在遵循新自由主义政策时期,在不断加速的金融化和过度负债增长的同时,收入不均和财富不均也在同步加剧。

因此,在危机爆发的背景下,各种变量(如收入不均现象的加剧、贫困家庭的过度杠杆化、金融化的作用不断增大和新自由主义政策)之间可能存在各种各样的因果关系或相关联系,却很难将它们分离出来。正是基于这一点,本章以更加综合的方式讨论了所有这些因素。

在本书的第 5 章中,我讨论了明斯基的金融不稳定假说。人们普遍认为, 2007－2008 年爆发的全球金融危机是典型的明斯基式危机。人们认为,明斯基的金融不稳定假说所论证的过程解释了这场危机在走向全球危机的过程中所发生的一切。因此,在谈及 2007－2008 年爆发的金融危机时,我提到最多的经济学家就是海曼·明斯基(Hyman Minsky)。很多经济学家将这场危机称为"明斯基时刻"(Minsky moment)，并质疑美国是否已经成为一个"庞氏骗局国度"(Ponzi nation)。

明斯基将他的理论框架构建在一个动态的经济过程上。这一观点与使用均衡概念的主流方法截然不同。使用均衡概念的主流方法认为，经济问题是一个建立有效的市场分配的问题。在这种平衡的观点中，过程问题被忽略了。在明斯基看来，现代金融资本主义中始终存在着不稳定的可能性。因此，经济体系很容易引发金融危机。

金融不稳定假说是一种危机理论，在这种理论中，经济的实体方面和金融方面相互作用并导致一系列周期性的事件。因此，明斯基的观点与金融化理论所阐述的观点有所不同，明斯基的观点更加注重经济实体与金融之间的联系，而金融化理论所阐述的观点主要强调金融结构和动机(这在本书第3章中已经广泛讨论过)。同时，明斯基的观点中的行为偏差理论从一些方面来说也类似于行为经济学的论点。从这个意义上来说，明斯基的观点变得很重要，因为他强调变化的心理和预期在融资行为(从保值到投机，或者从投机到庞氏骗局融资的转换)中的作用。因此，本书第7章中所讨论的行为偏差理论也可以帮助读者更多地理解明斯基的观点。

在本书的第6章中，我研究了马克思关于利润率下降的假说及其在解释经济危机时的经验有效性。马克思的危机理论有很长的历史，人们在很多地方和不同的背景下对马克思的这一理论进行过辩论。2007—2008年爆发的金融危机重新引发了人们对于马克思主义有关危机理论的辩论。

事实上，马克思和马克思主义者在考虑危机时，大多停留在资本主义抽象模型层面。资本主义抽象模型中可能存在一些固有的倾向，如消费不足、利润率下降、生产过剩、不同生产部门之间的比例失调或利润挤压等。然而，由于测量问题、定义多样和动态经济结构中的若干抵消倾向，使用经验研究来寻找这些假设的有效性是非常困难的。

本章主要聚焦马克思主义的结构性方法，其中包括利润率下降的趋势、利润挤压和资本积累的社会结构。其主要的共同论点就是，尽管它们在某些方面存在分歧，但人们是可以在诸如利润率和资本积累等结构性趋势的背景下对经济危机进行分析的。利润率下降趋势假说是它们中最常见的观点,我们在本章中最关注的也是这个观点。

本书第 7 章采用行为经济学的方法论,集中探讨了人类心理是如何成为导致金融危机的一个因素的。泡沫是指非理性思维或行为偏差导致资产价格上升到比没有偏见或非理性时更高的水平的一段时期。

特别是随着 2007—2008 年全球经济危机的发生,很多学者认识到行为偏差作为造成危机的一个因素的重要性。此外,他们更关注历史上破坏稳定的投机事件。他们提醒读者关注在记录之前危机的文献中使用的短语,可以帮助我们看到心理学的重要性:繁荣、贪婪、金融狂热、恐惧、狂热的投机、过度自信和羊群效应等。不论时空,所有这些表达方式在危机爆发期间都被广泛使用,而且不分国家与时期,这些表达方式暗含着危机的行为成分。然而,尽管这些行为是持续发生的,并不断被观察所验证,但主流经济学依然将这些行为解释为非理性的行为,并将它们定义为异常现象。

在本章中,我们也讨论了行为学的观点对理解过度负债、人们对收入不均的反应以及危机背景下金融行为体的行动的重要意义。然而,如果不考虑促进行为偏差出现的结构,仅靠这种观点可能还不足以理解经济危机。关于这一点,本书在不同章节都进行了分析。

在本书的最后一章中,我讨论了在危机背景下的全球失衡问题。在 2007—2008 年爆发全球危机之前,人们就频繁讨论过全球失衡问题。从那时起,它们就一直出现在经济学家和从业人员的议程上。人们主要用"全球失衡"这个术语来描述大型经济体的外部失衡,这些失衡导致了全球经济的混乱,甚至是深度危机。

纵观历史,对于那些技术先进或拥有宝贵商品的国家来说,它们的经常账户盈余一直在不断地积累着。人们认为这是正常的或良好的不平衡。然而,近年来,贸易顺差国与逆差国之间的差距一直在大范围内不断扩大,并一直在对世界经济造成损害。很明显,由于没有自我纠正机制来截断这些趋势,过度的全球失衡会变成一种全球威胁。

事实上,全球失衡是一个非常复杂的问题,它与许多其他问题(如消费不足、生产过剩、收入不均、金融化和自由主义)相关。在本书的最后一章中,我们也会探讨它们的全球影响。比如,从全球失衡的角度来讲,也就是指消费不足和生产过剩体现在全球范围内。由此可见,美国的消费结构失衡(低储蓄)与中国的另一种消费结构失衡(高储蓄)是有部分关联的。事实上,这两个国家在收入分配方面直到现在还有待完善。这也进一步影响了全球失衡。我们在本章中也讨论了这些问题。

第 1 章　消费不足、生产过剩和比例失调

1.1　导　论

自 19 世纪初起,危机开始更为频繁地爆发。这促使学者们对危机爆发的原因有了更多的思考。他们对此提出了各种解释性的理论,其中一个理论解释就是消费不足理论。人们主要将消费不足理论定义为资本家关系的一种自然结果。事实上,历史上这个理论有两种版本。其中一个理论更为传统,以托马斯·罗伯特·马尔萨斯(Thomas Robert Malthus)、让·查尔斯·西斯蒙第(Jean Charles Sismondi)和卡尔·马克思(Karl Marx)为代表;另一个是由约翰·梅纳德·凯恩斯(John Maynard Keynes)所阐述的更为现代的理论。

消费不足理论在经济政策辩论中发挥了重要作用。在解释面对大量未使用的生产要素以及解释面对贫困和未满足的需求这两大方面,消费不足理论中这些论点的直觉吸引力对它们做出了普遍成功的解释。这些观点可以追溯到 19 世纪初,那时候马尔萨斯和西斯蒙第将危机解释为消费品供求失衡。他们关注储蓄的影响。高储蓄率减少了消费需求,增加了生产能力和未来供给能力。

从这个角度来看,收入分配被视为消费不足的根源。资本家收入占国民收入

中的份额随着时间的推移而增长。由资本家的储蓄资助生产的消费品没有被群众的收入消费,群众的收入增长不够。经济学家西斯蒙第对这种发展趋势有所表述,但对这种趋势的规律性并没有在很大程度上给予宣扬。因此,直到英国经济学家约翰·阿特金森·霍布森(John Atkinson Hobson)之时,才出现一种"消费不足理论"(underconsumption theory)从真正意义上强调消费不足的规律性。因此,霍布森是率先提出消费不足思想的现代学者之一。霍布森指出,现代社会富人的收入增长比支出增长更快,这自然会导致更多储蓄的产生,因此也会导致消费不足的产生。霍布森不是马克思主义者,但他对后来的马克思主义作家的影响是如此之大,以至于在研究马克思主义理论时不能无视他。然而,当代消费不足理论与凯恩斯的观点更为接近,凯恩斯提出过类似的观点,并将这个问题定义为缺乏有效需求。凯恩斯主要相信政府可以通过财政扩张来解决这个问题。

尽管文献中经常强调消费不足理论,但与消费不足论点相关的另一个重要理论则是生产过剩理论。我们也可以在马克思身上找到这种观点的痕迹。马克思坚持认为,危机的出现与消费不足并无直接关联,而更多的是与资本扩张有关。马克思认为,资本主义的内在趋势(如技术进步、生产力水平提高以及资本家之间的激烈竞争)持续增加了经济中的生产量。这就导致了生产过剩,即相对于那些商品的市场而言,商品的生产量大了。换言之,生产过剩是指商品的生产量超过了商品销售可以盈利的范围。这种生产与消费的不平衡是引发危机倾向的动因。

另一个与消费不足和生产过剩都相关的理论是比例失调理论。比例失调理论主要认为,两个不同生产部门之间失调的增长率是经济发展中断的主要原因。其中一个部门是生产要素的部门,称为第一部门,生产机械和资本货物;另一个部门是生产消费品的部门,称为第二部门。如果其中一个部门的产量超过另一个,这可能会导致危机。比例失调理论主要由米哈伊尔·图甘—巴拉诺夫(Mikhail Tugan-Baranov)提出,他在马克思再生产过程理论的基础上批判了消费不足主义者的观点。巴拉诺夫认为,比例失调是经济中最关键的原因,尽管它们不一定会导致危机。他让人们开始关注资本家们对市场未来发展一无所知的现状和信贷扩张对比例失衡的放大效应这两大经济主题。

在这一章中,我们会深入探索这三种解释经济危机的相关理论。我们将从理论层面和经验层面对每一种理论都进行论证。希望这将有助于我们理解它们与所有危机的相关性。

1.2 历史视角下的消费不足理论

19世纪的古典经济学家研究了经济的各个阶段,他们认为这些阶段趋于正常或自然状态。因此,商业周期不是古典经济理论的主要关注点。马尔萨斯(1766—1834)是第一个承认资本主义体制内在固有的状况可能会引发危机的人。根据马尔萨斯的观点,生产取决于持续的有效需求。他详细论述说,所生产的商品的价值总是大于支付给生产商品的劳动力的总金额。因此,对劳动力的需求不足以维持平稳的生产过程,需要额外的需求来源。甚至是资本家也无法满足这一需求,因为他们储蓄大于支出。马尔萨斯认为,这种额外的需求可以来自所谓的非生产性消费。非生产性消费的来源是仆人、政客、士兵、律师和医生等人士。

让·查尔斯·西斯蒙第(1773—1842)接受了马尔萨斯的解释,并对其影响进行了详细的阐述。西斯蒙第是第一个提出商业周期系统研究方法的人。他将古典经济学家普遍忽视的经济体系的主要弱点纳入考虑范围。他的论点是后来社会主义思想的重要出发点。

西斯蒙第注意到了工业资本主义的一些矛盾,因此,他背离了经济自由主义(起初他是经济自由主义者)。他认为,工业资本主义的扩张导致了进一步的生产,但同时也恶化了民众的状况。伴随着机械的不断精密复杂化和劳动生产率的提高,失业人数急剧增加。这也创造出了工资不断下跌的趋势。西斯蒙第认为,由于资本主义过度增加了工业生产,最终导致了有效需求受限,而有效需求是由随着时间的推移变得越来越穷的民众决定的。因此,资本主义的这一矛盾将产生"普遍过剩"(general gluts),也即被描述成商品普遍生产过剩的经济危机。

西斯蒙第的政治经济学思想起源于他努力解释为什么消费不足是危机的主要诱因。西斯蒙第为危机的发生定义了四种不同的条件:首先,对市场状况的了解不完善。生产商对市场的本质真的一无所知。他对(消费者的)品位、购买力和需求量的了解不足,用有限的信息决定了自己的生产数量和价格。与生产成本相关的高价引发了为谋求更高利润的更大规模生产。但这个生产商并不清楚其他生产商的生产水平。因此,由于消费不足,某些商品总是存在生产过剩的可能。其次,西斯蒙第将收入分配不均视为危机的一个促成因素。当工人的收入一直被压低在维持生计的水平时,购买力就积累到了富人手中。因此,资本家拿走了劳动力产生的剩余价值,剩下给工人的部分不足以满足总产量。此外,工人之间的就业竞争也会导致他们的工资出现下降趋势,从而导致消费不足。再次,上一年的收入水平决定了可用于购买消费品的购买能力,本年度生产量的任何增加都会导致商品过剩。这主要是因为上年的收入水平低于本年生产的商品的价值。这就意味着消费不足。最后,西斯蒙第断言,资本家扩大生产的动机从根本上指引着资本主义制度的发展方向。因此,投资决策可能不会受消费者需求的限制。这会导致更多的资本存量的增加,最终导致产能过剩和生产过剩,从而引发危机。

西斯蒙第提出了一些消除经济危机负面影响的建议。为此,他将重点放在政府监管上,认为政府监管应该管理总体生产水平和那些将导致更大规模生产的发明。根据这一点,国家应该干预工业,支持独立工匠回归,应该消除收入不均。由于收入不均源于工薪阶层与财产的分离,从长远看,国家应该向工人提供财产以帮助他们生产。但在此之前,西斯蒙第建议政府可以保护工人免受失业、疾病和变老所带来的风险。

尽管西斯蒙第解释经济危机的努力被古典经济学家们所忽视,但德国经济学家约翰·洛贝尔图斯(Johann Rodbertus, 1805—1875)提请人们注意西斯蒙第对商业周期的看法。洛贝尔图斯解释说,随着收入分配的发展,危机不断恶化,不利于工薪阶层。尽管工人的购买力在下降,但资本家们在不考虑这一事实的情况下,会继续扩大生产。但工人们所创造的收入大部分将流向储蓄更多的人,因此,最终就会出现消费不足的情况。洛贝尔图斯和西斯蒙第一样,也的确提出了一些补救消费不足问题的方法。比如,他建议生产资料应归社会所有,收入应按每个人的劳动比例分配。实现这一目标的唯一途径是在仁慈的君主制下建立一个社会主义国家。

另一个与消费不足假说相关的重要人物是卡尔·马克思(1818—1883)。马克思认为,李嘉图(Ricardo)和西斯蒙第的理论代表了资本主义的根本维度。他认为李嘉图代表了资本主义的积极方面,忽略了资本主义所造成的需求约束,而是关注其生产力。但在马克思看来,西斯蒙第关注的是资本主义的消极方面,是消费不足的限制方面。然而,尽管马克思在消费不足问题上有一些想法,但由于马克思对资本主义危机没有做出详细阐述的系统分析,关于马克思是不是消费不足主义者的争论仍在继续。我们将在以下论述中更详细地讨论这个问题。

另一位被人们普遍视为消费不足主义者的学者是罗莎·卢森堡(Rosa Luxemburg,1871—1919)。在她的《资本积累》(Accumulation of Capital,1913)一书中,卢森堡指出,资本主义制度的再生产需要实现剩余价值。如果剩余价值不能实现,资本主义制度就会坍塌。与卢森堡类似,卡尔·考茨基(Karl Kautsky)和鲁道夫·希法亭(Rudolf Hilferding)等其他一些马克思主义经济学家,以及20世纪50年代一些更近代的学者如迈克尔·斯威齐(Michael Sweezy)和迈克尔·巴兰(Michael Baran),在解释危机时也都强调了剩余价值实现失败的问题。

我们知道马尔萨斯认为,尽管商品需求暂时不足(普遍过剩)可能会出现波动,但它们并没有特定的规律。相反地,西斯蒙第在商业周期中假设了某种形式的规律性。但完善的消费不足理论是直到英国经济学家约翰·阿特金森·霍布森(1858—1940)时才提出的。霍布森可以被视作系统地提出消费不足思想的第一位现代学者。他指出,富人储蓄更多是因为与他们的收入相比,他们的开销要少一些。当这种新的储蓄被用来购买新的资本以扩大生产时,它会增加商品的供应。而这反过来又增加了投资者的收入,他们的边际储蓄倾向很高。最后,市场上会出现更多无法出售的商品,因为创造的大部分收入被储蓄了。因此,在霍布森看来,消费不足和过度储蓄都会导致过度投资,导致失业和资本的不断出现。因此,霍布森不同意储蓄越多会导致积蓄越多的观点。相反地,(他认为)这将会导致消费不足的问题进一步恶化。

霍布森关于收入分配的理论与他同时代的人截然不同。劳动力收入的一部分用于维持生计或基本的生活保障,这使工人能够恢复他们的生物力量,并为再生产提供劳动力供应。额外的收入为经济增长提供了条件,因为那些领取的工资高于其维持基本生活所需的工人受到的教育更好,也会变得更健康。如果工资高于维护(生存成本)和生产性盈余(增长成本),剩余部分将是不增加产出的非生产性盈余。霍布森还认为,资本也有两种与劳动力类似的成本,即维护成本和增长成本。维护成本用于替换折旧资本。然而,投资需要额外的利润,从而也需要进一步的资本积累。换言之,需要比替换折旧资本更多的利润才能带来用于投资的储蓄。这种资本增长被霍布森称为增长成本。然而,如果利润高于资本维持和健康增长所需的水平,则是不产生成效的。

在霍布森看来,劳动力只是满足其需求(生存成本),并不能完全覆盖增长成本。因此，剩余价值留存在资本家手中的量越大，他们的储蓄也就会越多。然而，他们不断增长的储蓄也取决于工人的消费，工人的消费会催生对产品生产的需求。从这个意义上讲，储蓄和消费不应该相互分离。在这里，储蓄扮演着有利于社会的作用。一些适当的储蓄率可以使生产和消费增长同步。这会提供一个与充分就业相一致的良好增长趋势。然而，如果储蓄过高，那么失业率就会上升；相反，如果储蓄过低，生产潜力就会被浪费，未来就会被牺牲在当下。

这一点在马默里和霍布森(Mummery and Hobson，1889年，第373页)的书中是按照以下方式被提及的：

> 我们的目的是展示……不恰当的储蓄习惯是可能的，而且这种不恰当的储蓄习惯会使社会变得贫穷，使劳动者失业，压低工资，并通过商业世界传播这种经济不景气和虚脱，这就是为人们所熟知的贸易萧条；简言之，对金钱的有效热爱是所有经济罪恶的根源。

因此，在霍布森看来，过度储蓄和消费不足创造了商业周期。在经济扩张时期，物价通常很高；银行信贷增加，资本投入高；生产潜力的增长比消费更快。这导致了消费不足的危机。在这种情况下，为了清理市场，价格会下跌以使储蓄和支出再次平衡，然后有利可图的投资慢慢得以恢复。接着，同样的市场机制再次发生，引发新的危机。因此，霍布森认为，资本主义生产的关键问题是失业和资本的反复出现倾向。

1929年经济大萧条是发达国家历史上最严重的经济危机，在此之前，上面提到的消费不足理论在很大程度上被忽视了。在某种程度上，经济大萧条再次引起了人们对早期古典经济学家提出的消费不足理论的关注，尽管主流经济学家们坚持不认真考虑这些理论。然而，约翰·梅纳德·凯恩斯(1883—1946)接受了这些理论。他强调了有效需求在经济表现中的作用。这个观点在本质上与传统的消费不足理论是一样的，但其表现形式和措辞却发生了很大变化。虽然主流思想一直对经典的消费不足理论持怀疑态度，但是，凯恩斯关于消费不足的观点却被人们认为摒弃了这些过时思想的潜在影响。这一议题在下文讲到当代凯恩斯主义消费不足理论时会有更详细的讨论。

在20世纪40年代和50年代，保罗·巴兰(Paul Baran)和保罗·斯威齐(Paul Sweezy)对正统马克思主义者的危机理论进行了最精细的阐述。他们构建了一个以马克思主义消费不足理论为基础的停滞主义者理论。这一观点结合了马克思和卡莱斯基(Kalecki)的一些观点,并将凯恩斯主义的稳定论与军国主义、帝国主义和浪费开支联系起来,这些浪费开支都是为了吸引不断增长的盈余做出的,这也是他们为什么被称作凯恩斯主义的马克思主义者的原因。然而,在20世纪60年代,随着凯恩斯主义消费措施无法解决的新型危机类型的出现,这一思想的传统有所削弱。

1.3 消费不足理论

1.3.1 马克思主义消费不足理论

马克思主义理论的主要特点之一就是强调经济危机。在马克思和恩格斯(Engels)的研究中,资本主义制度走向危机的倾向一直是他们的主要论点之一,尽管这一点在他们的研究中并没有得到明确的详尽阐述。在马克思的著作中,他有时似乎在没有明确提出一种或另一种理论的情况下,已经将危机与消费不足、生产过剩、比例失调和利润率下降联系了起来。

马克思主义者根据马克思在其研究中做出的一些评论得出结论,认为马克思形成了一种推理,支持了对危机中的消费不足观点。例如,马克思在《资本论(第三卷)》(*Capital* Ⅲ,1894年,第30章)中表达了以下观点:

> 所有真正的危机的最后一个诱因始终是与资本主义者的生产趋势相比,人民群众的贫困和消费受限。资本主义生产者们的趋势是发展生产力,而这种生产力的发展方式是只有整个社会的绝对消费能力才能成为他们的限制。

尽管马克思主义者之间的争论一直是通过引用马克思的观点来持续进行的,但事实上,马克思认为,鉴于积累的动态性和资本的有机构成(资本—劳动比)比例不断提升这两点,消费不足是资本主义的一种持续状态,也是导致危机的一个重要因素。恩格斯(1878)非常清楚地阐明了这一立场:

> 大众的消费不足、大众的消费受限对维持和再生产所必需的条件的影响,并不是什么新现象。只要一直有剥削阶级和被剥削阶级,它就会存在……大众消费不足是一切剥削社会形态的必要条件,因而也是资本主义形态的必要条件;但首先引发危机的是资本主义的生产方式。

因此，大众消费不足也是危机发生的一个先决条件，并在危机中发挥着长期以来被公认的作用。但它几乎并没有告诉我们为什么危机今天存在，以及为什么危机以前不存在。

[《反杜林论》(Anti-Duhring)，第三部分：社会主义，3.生产]

根据马克思的观点，资本主义制度下的购买和销售、供应和需求都是相互独立的。这种情况有危机发生的可能性。就纯商品交换而言，生产与消费、销售与购买之间的平衡乍看起来是合理的。这是因为销售其产品的人也正是将要购买所生产商品的人。在这种情况下，不会出现任何的消费不足。因此，正如萨伊(Say)和李嘉图所认为的那样，那些销售和购买是平衡的，而那些生产和消费也是匹配的。因此，一般的生产过剩和危机就不会发生。这就是所谓的萨伊定律(Say's law)[1]。然而，正如马克思所说，在资本主义的生产条件下，这个简单的论点是完全没有意义的。因此，萨伊定律将经济交换简化为产品交换，结果也就消除了危机的可能性。

但是，在一些情况下，买卖之间的平衡就消失了。比如，人们有时在市场上出售商品后会把钱存在手里，而不是在另一种商品上消费。因此，这种商品就不会被人们购买，人们会将钱省下来，而不是去购买这种商品。这种可能性会一直存在，而不仅仅是随机发生的。此外，这种情况还可能在更大范围内发生。

马克思(1867年，第208—209页)是这样提到这一点的：

> 没有什么比这一信条更愚蠢的了，因为每一次销售都是一次购买，而每一次购买也是一次销售，商品的流通必然意味着销售与购买之间的平衡……但是，没有人会因为他刚刚销售了商品而直接产生出购买需求，因为他刚刚售出。流通会因为产品直接交换所造成的所有时间、空间和个人障碍而出现突然的断裂。这种断裂是通过将这种情况中出现的在一个人自己的产品与获取他人产品之间交换的直接身份划分为两个对立的销售和购买部分来实现的。说这些相互独立和对立的过程形成了一个内部统一，也就是说，它们的内部统一通过外部的对立而向前推进。

---

[1] 萨伊定律主要是说每个卖东西的人都同样会用挣来的这些钱买东西。因此，如果一个工人出售其劳动，或者一个资本家出售其产品，他们会用挣来的这些钱实施购买。正因为如此，总体而言，就总会有足够的需求。

除了对需求与供给之间独立性的论断,马克思主义者后来提出的消费不足理论背后还有另外两个有力的论据,即资本主义投资的中心地位和其他资本下的劳动力存在状态。现在我们来解释一下这两个论据。

(1)资本主义投资的中心地位

在资本主义制度下,是可以产生出一个稳定的需求的。然而,这种稳定的需求并不能得到保证。在资本主义的再生产中有两个独立的过程:一个是生产中剩余价值的产生,另一个是消费中剩余价值的实现。因为资本主义的再生产不是由中央来集中规划的,所以也就没有一个自动化的机制来平衡这两个独立的过程。因此,被创造出的剩余价值不一定会得到实现,有效需求的缺乏可能会成为资本主义制度中的一个严重问题。

消费不足理论一般都强调消费者或工人的消费决定是总需求的来源。然而,这种方法有一个重大的缺陷,因为总需求中有一个重要的组成部分被忽视了。这就是资本家的支出。根据马克思主义者的观点,工人的支出决定事实上源于这种资本家的支出。

这意味着总需求主要是资本家的需求。这种资本家的支出由三大部分组成:一是消费支出;二是工人支出(工资);三是购买生产资料支出(投资)。第二项支出,也即资本家在生产过程中为工人支付的工资,是用来被工人消费的。这有两个重要的后果:首先,消费源于资本家关于给工人多少工资和雇用多少工人的决定。这个观点指出,有效需求的中断主要与资本家的支出有关,而不是与工人的支出有关。其次,资本家的消费支出可以帮助实现剩余价值(上文第一项支出),但这还不够。因此,第三项支出,即购买生产资料(投资)的支出,在这里就变得至关重要了。

为了更好地理解这一点,我们可以使用资本循环背后的原理。这被象征性地定义为 $M-C-C'-M'$。资本循环的起点是公司创造出资本支出 M,因此,企业开始是用一定水平的资金 M 去购买以 C(劳动力和非劳动力投入)为代表的商品。生产要素被投入生产中。在生产过程进入末期时,公司获取生产出的成品 C',然后将它卖掉以获取 M'。注意资本家的起始资金是 M,而生产资金的终点现在是 M'。如果 $M'>M$,这就意味着剩余价值产生和实现了,因此,企业的生产是有意义的。

这个过程实际上包含了对萨伊定律的批判。它可以帮助我们从阶级的角度区分各种交易类型的差别。资本家以购买开始,以出售结束,也就是 $M—C—M'$。劳动力是资本家购买的重要组成部分。资本家以工资的形式进行购买,也就是工人的收入。工人用收入去购买他们的生活资料。因此,工人从出售自己的劳动力开始,最终购买了生活资料,也就是 $C—M—C'$。

资本家和工人在起点上的重要区别对彰显决策的优先级至关重要。与资本家相比,工人阶级显然不太可能停止购买他们生存所必需的生活资料。但这些购买与资产阶级的购买截然不同,因为资产阶级只把他们收入的一小部分用来满足这种需求,他们更大的支出是用于投资,促进更多的生产,以获取更多的剩余价值。而这与满足任何人类的需求无关。因此,如果盈利预期变得悲观,他们的投资支出就可能会大幅下降。如果这种情况蔓延到整个经济体,就会出现生产过剩,也就是说,总供给将大于总需求。这就意味着一场危机。

(2)其他资本下的劳动力存在

如果资本家们更喜欢增加其他资本家的工资,而不是增加自己工人的工资,也可能出现消费不足。因为这在不增加生产成本的情况下扩大了市场。在工人是商品(他的劳动力)的卖方时,他也是市场生产的商品的买方。在工人出售了他自己的劳动力后,他就会得到工资。工资是市场上资本家的产品需求的来源。然而,资本家想通过压低工资来限制他们的生产成本,这反过来又降低了整个市场的需求。

马克思认为,资本家们意识到其他资本家的工人是他们自己产品的购买者,因此存在一种他们无法直接控制的外部因素。消费的增加(提高工资)似乎是有好处的。然而,他们无法直接驾驭这一点。这一点尤其是在危机期间更明显。为了摆脱危机,应该提高工资,但问题是提高哪个资本家的工人的工资。对每个独立的资本家来说,增加自己工人的工资会减少他们的利润,并会恶化他们的经济福利。

在资本家看来,所有工人的消费代表了总的需求。所有资本家(直接生产消费品的生产者和间接生产产品的生产者)都关心整个市场的扩张,因为这关系到他们的产品市场。乍一看,资本家与他自己的工人之间存在冲突关系,但由于资本家之间的相互联系,这种关系可能并不那么具有冲突性。然而,这里的问题是谁先行动,因而也就是谁先提高他自己的工人的工资问题。马克思是这样表述的:

> 事实上,一个资本家与另一个资本家的工人之间的关系在这里并不在我们的讨论范围之内。它只显示了每个资本家的幻想,却对一般资本与劳动的关系没有任何改变。每一个资本家都清楚自己的工人的

这一方面,他不会将自己与工人的关系视作生产者与消费者的关系,因此他希望尽可能地限制工人的消费,也就是工人的交换能力和工资。当然,他希望其他资本家的工人可以成为他自己商品的最大的消费群体。但这正是这种幻觉是怎样出现的:个体资本家不同于所有其他的资本家,即除了他的工人之外,他把他所面对的其余整个工人阶级都视为消费者和交换参与者,视为花钱者,而不是工人。

(马克思,1857年,第420页)

总而言之,每个资本家都倾向于把不在他们公司工作的其他工人视为顾客。因此,他们希望这些工人的工资上涨,因为这可以增加对他们自己商品的需求,而不是增加他们自己的工人的工资。事实上,这是一种囚徒困境(prisoner's dilemma)[1]的状态。每个资本家都宁愿其他资本家提高他们工人的工资,最终没有一个资本家会这样做。因此,由于消费不足,每个资本家或企业所需的需求将不足以维持他们的业务。

1.3.2 凯恩斯主义消费不足理论

在20世纪30年代,发达的资本主义国家经历了到那时为止最大的一次危机。对当时的许多学者来说,经济大萧条的发生表明了需求不足的问题,这正如19世纪早期古典经济学家提出的消费不足理论所指出的那样。然而,甚至是这场大危机发生也没有使现代主流经济理论的注意力转向这些解释。经济大萧条之后,正是凯恩斯指出了总需求对经济活动水平的重要性。虽然凯恩斯的观点在一定程度上与消费不足理论有相似之处,但他彻底改变了这个问题的特征,并使之变得现代化了。

凯恩斯在他的《通论》(*The General Theory*)一书中,从更加专业的角度重新定义了需求不足问题。通过这种方式,他旨在避免与消费不足理论相关的政治和意识形态辩论。换言之,通过从总需求的角度重新定义这个问题,他拉开了自己与古典消费不足主义者和社会主义者的理论距离。他没有建议马克思主义者们提出的生产要素公有制,而是阐释了一种解决消费不足或总需求不足问题的新方法。他主要支持政府干预,通过制造支出来抵消需求下降,进而推动经济发

---

[1] 囚徒困境是博弈论分析中一个标准的博弈例子,它说明了两个完全理性的个体为什么会在即使选择合作似乎符合他们的最佳利益时也可能选择不合作的原因。

展。这就是财政政策的简单运用,可以用这样一个比喻来做解释:经济就好比是一辆小汽车,由政府负责驾驶,而财政政策则起着方向盘的作用。

在凯恩斯看来,市场经济中的高失业率和停滞都是我们可以面对的一些常见事件。他是这样提到这一点的:"……证据表明,充分就业,甚至接近充分就业是罕见的且短暂的。"他还指出:"它(经济体系)似乎能够在相当长的一段时间内保持亚正常活动的慢性状态……"(凯恩斯,1936年,第249—250页)。

事实上,凯恩斯将这个问题定义为一种市场失灵,而不是资本主义更深层次的系统性问题。这种市场失灵,即自由市场分配的商品和服务效率不高的情况,可以通过适当的政策工具加以解决。此外,在凯恩斯看来,一些分散的决策或协调问题会使经济恶化。《通论》(第210—211页)的注释中描述了这种情况:

> 个人储蓄的行为,可以这么说,就是一个今天不吃大餐的决定。但这并不会促使你做出在一周后或一年后去吃大餐或买一双靴子的决定,也不会促成你做出在任何特定日期消费任何特定东西的决定。因此,它会降低准备今天大餐的生意量,而不会刺激为未来的消费行为做准备的业务增长。它不是取代当前的消费,而是同时为未来的消费下一个明确的订单,其效果可能确实不同。因为在这种情况下,投资对未来一些收益的预期会提高,而从准备现在的消费中释放的资源将会被转移到对未来消费的准备上……

这些可能导致更严重的危机的问题一直令凯恩斯担忧。他担心冲突的社会变革可能会危及自由制度,导致社会主义。在凯恩斯看来,危机的原因是缺少需求,但他没有做消费不足理论那样的推理。凯恩斯认为,投资支出起着决定性的作用。根据凯恩斯的观点,投资支出受资本边际效率(MEC)和利率共同控制,资本边际效率是将固定资本资产的价格与其预期收入的贴现值等同起来的贴现率,利率也是由货币供应和货币需求共同决定的。在这个意义上,凯恩斯定义了影响有效需求不足程度的两个重要因素:资本边际效率下降和货币需求增加(流动性偏好)。这两个因素将在下文中做出更详细的解释。

(1)资本边际效率进度的下降

资本边际效率的下跌可能源于好几个原因,如资本积累、技术进步或本币高估等外部冲击。凯恩斯认为,资本积累主要是新投资的利润率尤其会降低资本边际效率。凯恩斯将这种关系的定义如下:"如果在任何一段时间内,对任何特定类型资本的投资增加,则该类型资本的边际效率将随着投资的增加而降低……"(凯恩斯,1936年,第136页)。

凯恩斯认为,资本边际效率与净投资之间存在反向关系是因为两大因素:一个是资本供应的增加(边际生产率下降)会导致资本回报率降低,另一个是生产成本的增加会导致生产出的资本产品价格变得更高。这只会导致公司同时面临降低销售价格和增加生产成本的情况。更多的投资推动更多的生产,这反过来又会降低市场上的产品价格。成本的增加是由于对资本的更高需求推高了其价格,这就作为成本计入了生产者的账户。

这里的关键问题是如何应对需求的普遍下降。在特定的利率下,资本边际效率的进度下降会导致投资下降,而投资下降通过减少总支出和收入,反过来(通过乘数)又将会导致消费下降。避免这种结果的唯一办法是立即降低利率。而这种利率下跌将会抵消投资下降,也可以刺激消费。如果这些好的方面加在一起足以抵消投资支出最初的负面影响,那么总需求将会再次增加。

然而,凯恩斯认为,很难根据要求降低利率。当利率下降时,对流动资产或货币资产的需求就会上升。考虑到货币存量,平衡持有货币欲望和可用货币存量的利率不会自由下降。此外,即使通过货币政策按预期降低利率,也可能由于投资的反应而无法达到预期的结果,因此,在悲观的环境下,投资对利率的弹性可能不够高。凯恩斯想到了另一种方法来抵消总需求下降导致的长期失业状况,那就是用货币工资的下降来应对失业。所以价格也会下降。这反过来又增加了货币的实际存量(M/P=实际货币存量,其中 M 是货币存量,P 是价格水平),从而导致利率的下降[这个过程被称为凯恩斯效应(Keynes effect)]。然而,凯恩斯认为,这种情况可能也无法解决问题,因为普遍的通货紧缩环境会使问题进一步恶化。失业导致的低工资可能不会产生充分就业,因为低需求和低工资不会创造出可以增加就业的额外需求。

根据凯恩斯的观点,即使因为工资下降导致就业增加,较高的投资伴随着较高的就业也会导致较低的资本边际效率和投资的动力不足。凯恩斯认为,如果工资可以快速下降,这种方法在一定程度上可能会比工资缓慢下降更有效,但仍然会有不确定的效果。这是因为,工资的下降即使很小,也会破坏对未来工资上涨的乐观预期,从而导致需求下降和进一步的失业。因此,凯恩斯认为,工资的灵活性不足以维持充分就业。

因此，凯恩斯意识到，应该有另一种消费来源来解决需求不足的问题，因为他知道消费的重要性。他是这样指明这一点的："*在现代工业社区的正常状态下，消费限制生产，而不是生产消费*"（凯恩斯，1936年，第368页）。因此，凯恩斯提出，除了直接增加投资外，增加总消费还有其他办法。他建议增加政府开支。扩张性财政政策将会在大体上抵消需求下降的影响。即使是政府的浪费性支出（比如造金字塔）也可以增加社会福利。

其他经济学家很快就分析出了凯恩斯对消费不足的分析的含义。例如，庇古（Pigou，1943）就不同意凯恩斯的就业不足均衡理论。庇古认为，价格的下跌会对货币余额产生财富效应，以恢复总需求（庇古效应）。这种观点被延伸，也用来涵盖名义工资，将名义工资刚性视作一个问题，用来阻止价格趋于均衡。因此，劳动力市场僵化被指出是一般经济中可能存在的不均衡的根源，也是失业的原因。这种观点（价格和工资刚性）仍然是新凯恩斯主义宏观经济学的主要论点。

(2) 流动性偏好增加

凯恩斯将流动性偏好定义为对货币的需求，它决定了利率和货币供应量。对货币的需求不是指储蓄或用于购买商品和服务所需的钱，而是指对作为流动余额持有的实际货币库存的需求。古典经济学家主要认为人们持有货币是为了交易。凯恩斯补充了货币作为一种资产（也就是投机余额）的需求的可能性。对货币的投机性需求会随着证券市场收益预期的不同而变化，与其他金融资产相比，个人持有货币的偏好程度被称为流动性偏好。

凯恩斯在这里的观点很明确。为了避免证券市场下跌所带来的损失，持有流动资金余额的欲望会增加，这将迫使利率有上升的势头，因此，考虑到资本边际效率进度，所有人的投资都会受到抑制。乘数将导致总需求的进一步下降。因此，在当时货币存量是特定的情况下，流动性偏好的增加与利率的增加将是相互平衡的。总需求的下降是通过高利率对投资的抑制作用来实现的，因而减少了总需求。

最后，在当代文献中，我们也可以看到需求不足或者消费不足的痕迹。当代经济学家们都一致认为，需求不足或消费不足对经济停滞或危机的出现有影响。但他们对需求不足的主要原因看法不一致，这些看法可以被划分为以下几类：一是由于个人和投资支出相对国内生产总值水平都偏低而导致的需求不足[伯南克（Bernanke），2007]。二是主要由错误的宏观经济管理限制性货币政策而引起的需求不足[罗默(Romer),2002]。三是要么因为工人的消费不足,要么因为金融食利者的消费不足而导致的需求不足[阿格提斯和皮特里斯(Argitis and Pitelis),2008]。上述提到的经济学家中没有一个人暗示过凯恩斯理论所指出的资本边际效率是导致经济停滞的主要原因,这一点似乎很令人吃惊。

1.3.3 全球经济衰退期间与消费相关的一些实证趋势

现在,在这一节中,我们想看看消费不足或不用意识形态那么浓的术语来说,购买力不足,是如何显现出来并可以被视作所观察到的危机的一个严重原因的。为此,让我们来看看最近的一次危机,即2007年爆发的全球经济衰退。对美国消费模式和相关变量的实证观察,可以帮助我们弄清楚这一点。其中一些如下:

(1)工资份额的下降

很显然,在许多国家和全球范围内,劳动收入占国民总收入的比例一直在下降。虽然劳动力份额的估算存在问题,但很明显的是,全世界的劳动力份额都在普遍下降。如图1.1所示,这一点在选取的一些发达国家中特别明显。美国劳动力比例似乎从21世纪早期就开始加速下降了。而英国劳动力比例的下降直到更近一些的时候才显现出来。英国劳动力比例自1980年以来一直在持续下降。德国的趋势则稍有不同。德国劳动力比例与全球经济危机爆发前美国、英国和日本的衰退相当,但随后又以上升的方式与它们产生了背离。

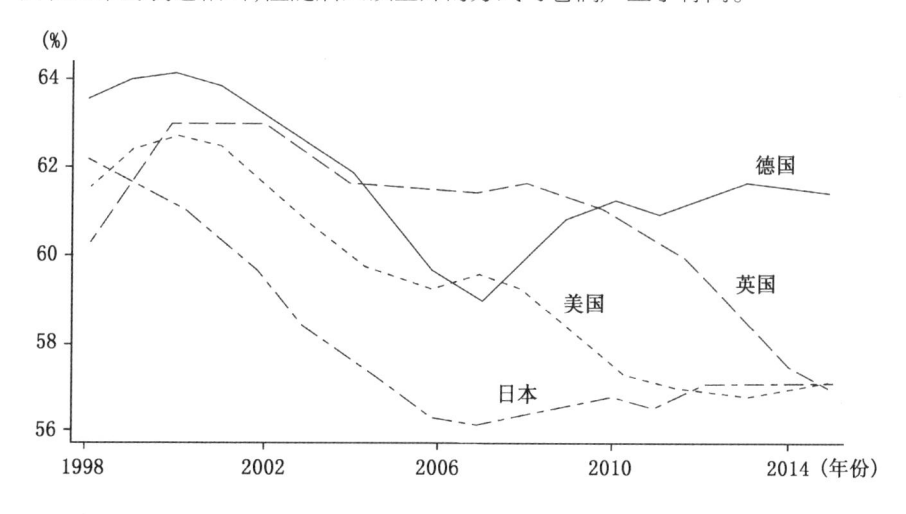

资料来源:伯杰和沃尔夫(Berger and Wolff,2017)。

图 1.1 一些发达国家的劳动力份额

美国的情况更为关键,因为它是全球经济衰退的起始地。图1.2显示了从20世纪70年代末开始,在较长的时间间隔内,非金融企业部门的工资在总收入中所占份额的主要趋势。这里面没有明显的下降趋势。事实上,这与大多数工薪阶层的实际工资停滞不前,而劳动生产率却持续增长的情况是不符的。此外,只考虑到生产工人,他们的实际工资增长比平均水平更慢。这种看似矛盾的现象主要源于这样一个事实:上层工资(包括所有的奖金、股票期权)增长得更快。这在图1.2中可以看到。如果将工资中最高的5%排除,剩下95%的工资份额自1980年以来呈下降趋势。此外,如果不考虑最高的5%,而是排除最高的10%,两个变量之间的距离如图1.2所示是不变的。因此,这就意味着收入集中在较高的5%,收入段位在90-95的收入份额没有太大变化,而收入段位在0-90的份额则下降了。

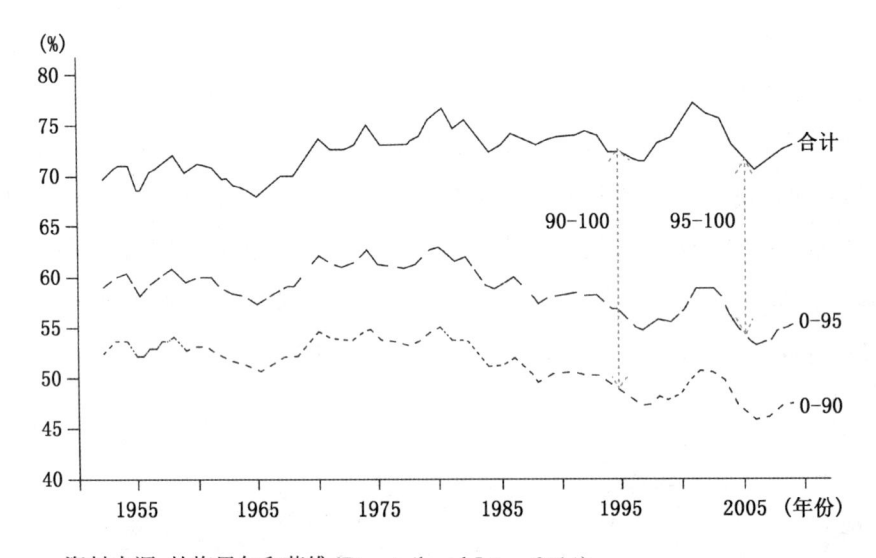

资料来源:杜梅尼尔和莱维(Duménil and Lévy,2014)。

图1.2 工资在总收入中的百分比份额:美国非金融企业部门

一些学者,如雷斯尼克和沃尔夫(Resnick and Wolff,2010)用工资停滞解释了2007—2008年爆发的经济危机。他们认为,自20世纪70年代以来,工资增长未能跟上不断上升的生产力的步伐。这些作者认为,工资的相对下降或停滞可以归因于导致工资份额下降的四个额外因素:为企业提供机会将其生产转移到工资较低的国家的全球化、取代劳动力的新技术、女性进入就业市场和劳动力移民。这些因素有力地推动了工资的下降。

(2)消费上升,储蓄下降

自20世纪80年代以来新自由主义时期的这几十年里,美国的储蓄率急剧下降,直到几乎为零。高收入群体和低收入群体的储蓄率都下降了。传统储户在自由主义时期也在消费;特别是在全球经济衰退之前,这种消费还加速了。因此,收入不均的加剧并没有帮助减少经济中的总需求。相反,在该时期,支出有很大的增长。虽然低收入群体经历了消费不足,但他们的消费下降被高收入群体的额外需求抵消了。这种支出模式如图1.3所示。在图1.3中,我们可以看到家庭消费和包括住宅在内的总支出。总的来说,从1980年到2006年,支出占国内生产总值的比例增加了近10个百分点。因此,这一时期的消费似乎没有下降;在富人群体的支持下,产生的不是消费不足,而是消费过度(杜梅尼尔和莱维,2014)。

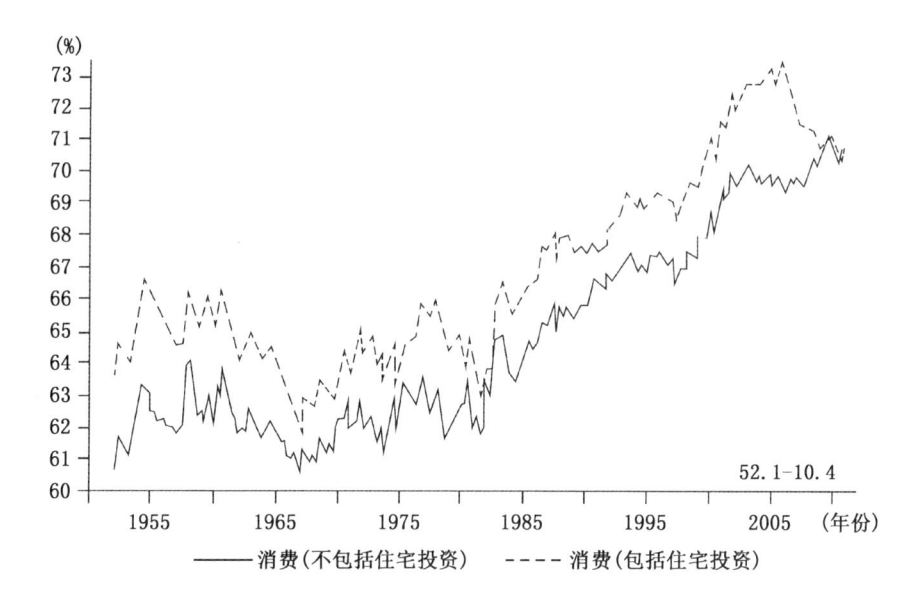

资料来源:杜梅尼尔和莱维(2014)。

图1.3 美国家庭消费(占国内生产总值的百分比)

这一事实在图1.4中也可以看到。如图1.4所示,尽管工资停滞不前(意味着劳动份额的下降),但是劳动生产率却大幅提高。然而,虽然工资停滞不前,但消费模式还是在上升。从20世纪70年代末开始,尤其是对相对贫困的群体来说,债务是维持他们消费的唯一途径,因此,银行贷款和信用卡被广泛使用。工薪族的消费开始超出他们的预算,这最终是不可持续的,这一点将在本书的后续章节中做进一步讨论。

(指数，1960年=100)

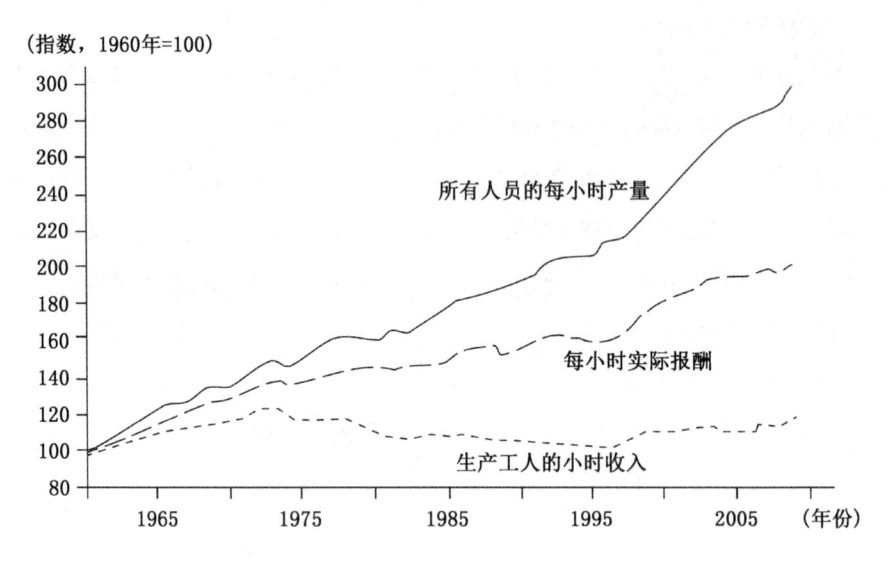

```
300
280
260
240    所有人员的每小时产量
220
200
180
160             每小时实际报酬
140
120
100       生产工人的小时收入
 80
    1965    1975    1985    1995    2005  (年份)
```

资料来源：科茨(Kotz,2009)和谢克(Shaikh,2011)。

图1.4　劳动生产率、劳动报酬和价格比：美国商业部门

因此，根据这些数据，一些学者断言，2007－2008年的经济大衰退似乎是一场与"需求过剩"（excess demand）而非"需求不足"（insufficient demand）有关的危机。事实上，在经济大衰退之前的20世纪20年代也有类似的发展。在20世纪20年代——"蓬勃发展的20年代"（the roaring twenties），经济繁荣与新出现的消费领域有关，比如电的使用如何促使人们去购买电器和家具。此外，更实惠的汽车（福特的新T型车）也被公众广泛购买。而广告助长了这种消费狂潮，甚至导致人们以信贷方式购买更多的东西。

在2007－2008年的全球经济危机之前，各种政策和发展也诱导了消费，其中一些政策和发展的定义如下：

①宽松的货币政策，比如降低利率。特别是在21世纪初的互联网泡沫危机之后，利率下降了，而这又反过来通过借贷引发了消费。因此，想要贷款的公司和家庭可以更容易地获取资金，但这反过来又会使他们陷入过度借贷的困境。

②透支消费，例如分期付款、信用卡购物和次级按揭贷款。这些支付工具取消了对现金受限的消费者施加的限制。因此，消费是由债务来提供资金的。这一事实在两次大危机（全球萧条和全球衰退）期间都是确实存在的。在全球经济大萧条之前，人们甚至常常通过首付购买股票。在导致全球经济衰退的21世纪，尤其是房屋，都是通过分期付款来购买的。

③贫富差距的扩大导致穷人在消费上的追赶动机。正如本书后面几章所讨论的,由于自20世纪80年代以来收入不均的加剧,社会中相对贫困的阶层模仿富人阶层的消费模式。然而,由于如上所述的工资停滞不前,穷人们自己的收入来源并不支持这些消费。因此,他们申请了借贷,而这一点从全球经济衰退期间的情况来看是不可持续的。

上面提到的这些政策——透支消费、利率下降和追赶刺激政策——在过去几十年里对总需求产生了巨大影响。因此,消费与生产之间的紧张关系得到了缓解。

然而,我们不得不提到人们——尤其是穷人——的过度消费并不意味着他们具备足够的购买力。被吃紧的预算所限,底层收入群体的需求远远不能得到满足,因此他们除了信贷消费别无他选。正是这种借贷,误导人们有了过度需求(过度消费)。因此,他们的需求相对于他们的收入来说是过度的,收入差距太大,他们的收入太低了。然而,这种借款不可能持续很长时间,所以这些穷人以违约告终。作为记录这一案例的简单统计数据,昆霍夫和兰塞勒(Kumhof and Ranciere,2010)的研究显示,底层收入群体的债务收入比从1983年的62.3%上升到2008年的143.2%。

关于需求不足在危机发生中的作用,还有另一种观点认为,即使需求不足不是危机的原因,但在危机的艰难时期,人们会降低消费,因此有效需求会减少,危机会加深。这种同时性,即消费下降和危机同时发生,造成了一种误解,认为消费下降是危机的原因。事实上,在危机期间,消费下降加剧了危机的影响和持续时间,但这并不是危机发生的原因。因此,为了摆脱危机,我们需要敦促经济中的参与者增加消费。然而,由于悲观的预期,我们很难促使家庭消费和企业投资。正如凯恩斯所建议的那样,唯一的出路就是求助于政府。所以当人们的消费减少时,政府可以扩大公共购买,因为此时穷人无法承担足够的消费,而富人开始更多地储蓄。因此,政府必须对此进行补偿,并充当起"消费者"(consumer)和"投资者"(investor)的角色。例如,美国的罗斯福政府在20世纪30年代扩大了对道路、机场、学校和医院等基础设施建设的投资。此外,美国在20世纪30年代全球大萧条期间制定的福利政策有效地增加了经济需求[如1935年引入的社会保障体系和1938年实施的《公平劳动标准法》(the Fair Labor Standards Act)]。

在2007—2008年全球经济衰退期间,为了刺激经济增长,很多国家采取扩张性财政政策以应对经济衰退。这些国家增加了它们的财政支出,减少了税收,以消除经济停滞。事实上,所有这些都是对凯恩斯主义理论提出的财政政策的应用,旨在产生总需求,补偿诸如投资和一般消费等其他支出的下降。例如,首先,美国国会在2008年通过了《经济刺激法案》(the Economic Stimulus Act),这是一项1 520亿美元的刺激计划,旨在减轻危机的负面影响。

后来,美国在《2009年复苏和再投资法案》(Recovery and Reinvestment Act of 2009)下出台了许多刺激措施。该法案是一项囊括7 870亿美元的法案,包括从退税到投资的支出。欧盟也采取了类似的扩张性政策。欧盟通过了一项2 000亿欧元的计划,由各个成员国自己制订本国的计划。成员国的经济刺激计划至少占到了国内生产总值的1.2%[巴里奥斯等(Barrios et al.),2010]。

1.4　生产过剩理论

尽管人们经常强调消费不足理论对危机的解释,但另一种相关却独特的解释则是生产过剩,生产过剩理论从与消费不足理论不同的视角对危机的发生提出了解释。

事实上,正如上文所提到的,马克思并不接受消费不足理论的主要论点;相反,他关注的是生产过程中对资本的本质限制。根据马克思的观点,"生产过剩"一词有可能被误解的风险,因为它会造成一种错觉,认为每个人的基本需求都得到了满足。然而,即使工人最基本的需求是有限的,它们也可能无法得到满足,尤其是在危机期间,进而生产过剩时期也是如此。

人们普遍认识到,生产者的目标是扩大其资本积累,而不是满足消费者的需要。在资本主义发展的早期阶段,资本家引入了好几种方法(比如降低工资、提高劳动生产率和增加工作时间等)来增加剩余价值的生产。但这些政策在获取更多的剩余价值方面存在局限性。因此,资本家采用了其他方法来克服他们面临的这些障碍,比如开发新的生产方法来提高劳动生产率。

资本家试图增加商品的产量。只要他们克服了生产障碍,他们就会增加生产的商品数量。这种增加商品数量的动机并不是满足消费者需求的结果,而主要是为了攫取更多的剩余价值。这种情况的直接后果是需求的扩大赶不上生产的增长。

资本家之间竞争的程度并不受限于市场的范围。资本家并不把生产条件或市场范围视为既定条件,而是把它们视为生产和实现剩余价值的障碍。商品生产过剩是每个资本家试图克服这些障碍的结果,而资本主义竞争只不过是生产过剩倾向的重复表现。竞争表明每个资本家都面临灭绝的威胁,但成功克服这些障碍的资本家却能够实现其资本的扩张,甚至可能获得盈余。从这个意义上说,竞争是资本主义生产社会形态所固有的生产过剩倾向的表现。

马克思认为,生产通常是迅速扩张的。这主要源于资本存量的增加、技术的改进和工人的生产率随着时间推移的提高。然而,市场没有也不可能扩大到满足这一点。这并不是说剩余价值没有实现(被消费掉),而是说消费的扩大赶不上生产的扩大,这是一个矛盾,它迫使经济系统进行重大调整。如果生产与消费之间的这种对抗得不到缓解,就很可能引发经济的严重崩溃。

因此,简言之,马克思认为资本主义的主要问题是生产过剩,而不是消费不足。马克思对此作了如下阐述:

> 说危机是由缺乏有效需求或有效消费引发的,这纯粹是一种无谓的重复。如果我们排除穷人和骗子的消费,资本主义制度不承认除了那些有能力支付的消费者以外的任何形式的消费者。商品无法销售的事实,无非就意味着没有为商品找到有效的购买者,也即没有消费者(无论商品最终的销售是为了满足生产消费还是个人消费的需要)。如果我们试图通过这样一种申明(即工人阶级从自己的产品中获得的份额太小,并且如果工人阶级能获得更大一些的份额,也就是说,如果工人的工资能得到提升,那么这种邪恶就会得到补救)来使这种同义重复具有更深刻的意义的话,我们只需要注意,危机总是由一段时期内工资的普遍上升孕育的,工人阶级在此期间确实从年度用于消费的产品中获得了更大的份额。从这些有着良好、"简单"(Simple)(!)常识的倡导者们的立场来看,这样的时期反而应该避免危机。因此,资本主义生产似乎包含了不受人们好恶意图影响的条件,这些条件只允许工人阶级暂时的相对繁荣,而且总是危机的预兆。
>
> (马克思,1885年,《资本论(第二卷)》,第20章)

前资本主义社会的生产是为了商品的使用价值,而不是交换价值。这些社会中的人们只是为了满足自己的需求而生产。因此,生产过剩对他们来说不是问题。但由于自然灾害和战争导致的产品稀缺,致使他们面临着消费不足的问题。这实际上是生产不足导致的消费不足。但生产过剩的问题仅仅只出现在资本主义社会。市场社会的决策过程主要是分散的,没有规划会推动竞争的加剧,从而提高生产过程中的生产率,进而生产出更多需要的产品。但如果资本主义生产设计得当,它就会满足社会的基本需求。因此,马克思认为消费不足理论是不明智的。

主要问题在于资本主义持续积累的过程,这意味着集中(最大的个人资本积累的增长)和资本集中(资本在有限数量的资本家手中的增长)。资本必须寻找新的国家或市场以继续积累。如果它们找不到新的国家或市场,就无法将剩余价值投入生产过程中,剩余价值的实现就会出现问题。简言之,这就导致了生产过剩(未售出的商品)和过度积累(过剩资本的存在)等问题。

第二次世界大战后,伴随着发达国家福利状态的发展,各种因素有效结合,加速了积累过程,促进了经济增长。在战后时期,新的全球机制被设计出来,导致国际关系新时代的到来。这是一个全球积累的阶段,在这个阶段,资本在其他地方寻找实现其在中心生产的商品剩余价值。

从20世纪70年代开始,世界经济(主要是发达国家的经济)经历了增长停滞和通货膨胀加剧。这使得自由派在经济和政治辩论中占据了主导地位。自由派的主要论点是,危机与资本积累过程中的矛盾无关。在他们看来,这些危机主要与政府所犯的扭曲了市场功能的错误有关。这些观点于20世纪80年代初在美国和英国传播开来并产生了影响。这些观点竭力主张着手拆除促进生产资本全球化和国际化的体制结构。资本不再受到狭窄的地理范围的限制。资本需要通过兼并、收购和生产工厂的搬迁在更大规模上实现更多的流动性。他们认为,这是吸收剩余价值的一个新的积累阶段。

在许多分析师看来,美国、亚洲和欧洲在20世纪90年代末和21世纪初发生的一连串危机是过度积累的结果。这些危机的基础是20世纪90年代初这些地区的经济繁荣。关于这个问题,拉詹(2005年,第3—4页)的表述如下:

> 目前的情况源于过去10年中由过度投资引发的一系列危机,比如日本的资产泡沫、新兴亚洲和拉丁美洲的危机,以及最近的信息技术泡沫。自那以后,投资急剧下降,只有非常谨慎的对复苏经济的投资。

产能过剩在20世纪90年代和21世纪初的美国新经济时期非常明显。这在各种大型工业中尤其重要。美国的计算机生产能力每年增长40%,这远远高于需求的增长。同样地,世界各地的汽车公司每年销量占其产量的70%。钢铁行业也存在类似的产能过剩,约为20%,这是自20世纪30年代以来最大的供需缺口[贝优(Bello),2006]。

许多学者认为,全球化和金融化是为了逃避过度积累和生产过剩压力而设计出的机制。事实上,它们让情况变得更糟糕了。尤其是随着全球金融的发展,多个部门的产能过剩增加得更多了,这一点在电信行业尤为明显。决定投资决策的是资本的过度供给,而不是需求。因此,这些电信公司在海底和美国各地铺设了过长的光缆。由于产能过剩不断增加,诸如日本和其他东亚的好几个国家都通过减少投资来应对这一问题。

20世纪80年代末和90年代主要集中在中国的跨国资本也加剧了这一过度投资过程。跨国公司将中国视为最后的边疆,视为一个可以无限吸收投资的市场。但是,由于某些原因,这些企业不得不将其大部分生产结构转移到中国,而不是将其有限的部分生产外包出去。然而,这导致跨国公司在这些国家(尤其是中国)进行了过度投资,积累起了巨大的生产潜力,这些潜能超过了这些国家甚至世界其他地区的消费能力。因为这个原因,在一些诸如钢铁、汽车、水泥、铝和房地产等行业,闲置产能自20世纪90年代中期以来大幅增加。正如贝优(2006)所指出的那样,这导致了中国75%以上的行业目前面临着产能过剩的问题。简言之,在全世界资本主义生产的发展过程中,生产过剩似乎一直是一个非常根本的问题,有可能造成深层次的危机。

1.5　比例失调理论

另一个与消费不足和生产过剩相关的概念是比例失调。其中一种被称为生产无政府主义理论,该理论主要断言资本主义的无政府生产结构会导致生产过程的中断,它是由米哈伊尔·图甘—巴拉诺夫(1865—1919)提出的。另一种理论是鲁道夫·希法亭(1877—1941)的理论,他关注的是两大生产部门之间的比例失调,第一部门生产生产资料,第二部门生产(个人)消费资料。这些生产部门之间的关系可能会被扭曲,因此,其中一个部门就会生产出相对于另一个部门更多的产品,从而最终引发一场危机。

图甘的比例失调观点是建立在对马克思再生产计划的消费不足理论的批评的基础上的。该理论认为,比例失调是危机产生的唯一可能来源,这种危机不是必然的,而是偶然的。它源于资本家的无知,并因信贷量的增加而加剧,信贷量的增加维持了生产的不均衡扩张。

图甘认为,生产过剩的趋势来自不同生产部门的不均衡性,而不是消费不足,也就是说,一些部门的增长速度比其他部门更快。因此,危机的自我表现就是一个部门的生产过剩(达到极限),然后产生连锁效应,蔓延到另一个部门。因此,生产消费手段的特定部门不一定会导致生产过剩,也没有特定的理由将消费不足作为比例失调的一种形式来加以提及。图甘认为,比例失调并不会导致消费不足的长期趋势;相反,它仅仅是与商业周期产生关联。在图甘看来,危机纠正了比例失调,并为新的积累再次创造了条件。因此,没有理由认为,由于不存在资本积累的长期趋势,每一场后续危机都会更加严重。此外,在图甘看来,比例失调的关键不是长期趋势,而是对资本家的一无所知。因此,他建议采取更多的规划和监管措施,限制信贷扩张,以缓解积累的周期性趋势。

如上所述,第二组比例失调理论是由希法亭提出的。在其著作《金融资本》(1910)一书中,希法亭旨在推进马克思主义对资本主义的分析。他没有关注消费不足,而是强调了比例失调在危机中的作用。从这个意义上讲,他提请关注卡特尔和垄断以及金融机构的信贷机制,因此也就是主要关注银行。希法亭认为,对金融资本的支配是资本主义的新阶段。银行攫取了工业资本。这主要是源于工业资本需要大量的资本进行投资这个事实,由银行资助的生产规模不断扩大,降低了企业资本的流动性。因此,伴随着卡特尔化趋势,拥有大量工业资本的企业无法轻易转移,在经济变化中丧失了灵活性,从而导致了比例失调。从这个意义上说,在希法亭看来,阻碍供需平衡的这些障碍才是危机的根源。

在希法亭看来,资本主义的活力被资本密集型的大企业削弱了,这强化了卡特尔化的趋势。因此,他专注于不同生产部门之间利润率的差异。他试图界定利润率均等化的障碍。事实上,如果资本在生产部门之间流动,任何由于利润率差异而出现的部门之间的比例失调现象都会消失。因此,希法亭认为,资本主义生产不稳定的根源是资本流动的障碍,由固定资本、卡特尔造成的利润率均等化,以及从属于银行资本的生产资本。除了这些障碍,不同生产部门之间良好联系的消失也会通过这些障碍造成价格机制的扭曲,从而导致系统性的比例失调。因此,希法亭认为,只有精心设计的计划才可以防止危机倾向。他的阐释如下:

> 有计划的生产和无政府的生产在数量上并不是对立的,因此,通过附加越来越多的"计划"意识,组织将从无政府状态中脱颖而出。只有将整个生产过程置于有意识的控制之下,这种转变才可能发生。

(希法亭,1910年,第296页)

根据希法亭的观点,导致危机的比例失调不会是由资本主义生产的性质引起的,而是发生在其金融资本的发展阶段。比例失调会伴随着大规模的固定资本和扭曲利润结构的卡特尔的引入而出现。它们并不像图甘所指出的那样,是市场无政府化运作的意外结果。从这个意义上说,危机是激烈的利润竞争的结果。更详细的阐述如下:

> 危机的可能性隐含在不受管制的生产中,也就是说,危机隐含在一般的商品生产中,但只有在一个不受管制的生产体系中,危机才成为一种真正的可能性,因为这种生产体系消除了其他社会形态所特有的生产与消费之间的直接关系,并在生产与消费之间插入了资本必须以特定速度变化的要求。

(希法亭,1910年,第241页)

希法亭强调了以比例失调表现出来的投资周期,在比例失调中,资本主义生产过程的主要特性如卡特尔化和金融主导将阻止规避。在这种情况下,希法亭将危机定义为普遍的生产过剩,因而也就是一种过度投资的循环。因此,危机与消费不足无关;相反地,它由利润下降引起,而利润下降又导致了投资下降。正如马克思所说,利润下降源于实物资本(投资)的增加或资本有机构成的增长。这将阻止新的投资。因此,危机只会从利润率的下降开始。然而,与马克思的观点相反,利润率的波动是周期性的,而不是长期的。因此,由于新市场的出现和新技术的开发等原因,这个周期将从固定资本的扩张开始。

请注意,尽管希法亭总体上受益于马克思主义的概念工具,但他关于危机的思考并没有脱离资本主义生产方式。相反地,他将危机视为市场不完善的结果。

1.6 结　语

根据政治和经济环境的不同,消费不足危机理论随着时间的推移呈现出不同的形式。学者们主要被分为消费不足理论家、生产过剩理论家和比例失调危机理论家三大类。虽然他们最初解释危机的论点并不那么明确,但随着时间的推移,他们之间的分歧越来越大。在后期,比例失调理论被其他两种理论边缘化了。

在 20 世纪 60 年代,马克思主义学者主要开始强调利润率下降在资本主义危机成因中的作用。然而,在同一时期,与这一观点不同的是,斯威齐和巴兰把重点放在了生产过剩/消费不足的争论上。与此同时,利润挤压理论(主要是因工资上涨导致利润下降)在一些马克思主义者中非常流行。人们对利润状况越来越感兴趣的主要原因是,凯恩斯主义的需求管理政策无法减轻 20 世纪 70 年代危机的负面影响。这些危机与消费不足并没有任何关系,而是似乎与资本积累和工资上涨导致的利润下降有关。

消费不足理论将经济衰退解释为需求驱动。基于这种推理,需求问题可以通过创造新的需求来抵消需求下降而得到解决。一种宽松的货币政策(降低利率)或扩张性财政政策可以做到这一点。凯恩斯主义者认为,第二次世界大战结束了经济大萧条,因为这场战争起到了扩张性财政政策的作用。新政的政策规模太小,无法充分刺激经济。同样地,在一些经济学家看来,在 2007—2008 年爆发的全球危机中,政府一揽子刺激方案的规模也很小。

如前所述,消费不足理论主要声称需求下降会导致危机。事实上,这是一种同义反复,因为衰退或危机的定义是国民产出的下降,而国民产出早已经被分解为需求的组成部分。尽管消费不足指的是总需求的所有组成部分,但真正的问题是为什么需求尤其是消费需求会出现放缓。

收入分配在决定消费程度和消费模式上似乎至关重要,这是一个事实。这更有可能导致需求不足,因为随着收入不平等的加剧,消费倾向较低的人会储蓄更多。这还导致了另一个与收入不平等有关的复杂问题,即相对贫困人口的消费追赶效应。当相对贫困的人口发现一些人在过度消费时,他们试图在消费方面赶上富人。因此,他们借助信贷来为消费提供资金,而由于消费水平相对较低所产生的不公平的痛苦感又会加速消费。这很自然会在经济中造成一些扭曲，最终可能会导致总体层面的经济危机。

全球失衡也会导致消费不足/过度。在2007年全球经济衰退之前，美国的个人消费占国内生产总值的比例是中国的两倍。因此，当一个国家(美国)过度消费时，另一个国家(中国)就出现了消费不足。美国的过度消费是靠大量过度借贷来资助的，其中的一部分资助来自中国的资本流动。因此，美国的消费结构失衡(低储蓄)与中国的另一种消费结构失衡(高储蓄)是有部分关联的，而这是不可持续的。请注意，实际上，这两个国家在收入分配方面仍然有待完善。这造成了不同的后果：在美国导致了过度消费，而在中国却导致了消费不足。这主要是源于这些国家的经济和社会结构的不同。然而，可以肯定的是，这些国家的消费水平，因而储蓄水平在全球经济衰退的发展中起到了关键作用。

因此，我认为，消费不足、生产过剩和比例失调都在危机的发生和延伸中发挥了作用。但每种途径都是片面的。它们不是导致危机的主要原因，而是危机中的某一阶段或另一阶段的特征。也就是说，它们出现在商业周期的过程中。本书的后续章节将帮助我们更好地了解危机期间总消费与其他相关经济变量之间的联系。

第 2 章 债务积累

2.1 导 论

经济学家普遍认为,债务是一种有益的工具,可以使资金从最不需要的地方流动到借款人最需要的地方。因此,他们认为,深化国内和国际信贷市场可以促进经济增长,因为这可以让更多的个体有可能以适当的利率从更大的贷款市场实施借贷。然而,每当金融危机发生时,债务就成为一个问题,从梯子变成了降落伞。因此,近年来,债务动态及其与危机的关系已经变成一个非常重要的经济学问题。

在始于 2007 年的全球危机期间,美国发生了大量抵押贷款违约。金融机构,尤其是投资银行,无法承受这些违约带来的损失。伴随着违约的蔓延,有流动性问题的银行无法继续放贷,因此损失又蔓延到了经济的其他领域。政府救助增加了公共债务,这也引发了人们对欧洲一些国家主权债务偿付能力的担忧,最后以希腊的崩溃告终。因此,债务似乎既是危机的原因,也是危机的结果。

然而,直到全球经济衰退之前,在主流的经济模型中,债务并没有被视为一个可能引发一系列问题的议题,因此债务没有被纳入这些模型。这背后主要的理由是,借款人和贷款人在经济层面上相互抵消,所以某人所欠的每一美元也是另一个人欠的。因此,将债务纳入经济分析似乎微不足道。然而,我们每次都从

第 2 章
债务积累

财政紧缩时期(危机期间)中学到,债务在引发问题和深化问题方面至关重要。因此,债务是一个更加复杂的问题,而不是一个简单的零和博弈(Zero-sum Game)。经济学家已开始处理新的复杂问题,办法是将债务纳入其经济模型,例如债务人与债权人之间的异质性以及经济关系崩溃所导致的不连续性。

历史证据显示了债务的危险。债务增加造成这些危险的程度取决于谁有债务(公司、银行、家庭或政府)以及他们所拥有的债务类型——这取决于期限(短期或长期)、融资类型(贷款或债券)和货币类型(本币或外币)。在许多不同的国家和时期,这些形式的组合可以脱颖而出。在一个国家,政府债务可能是一个大问题,但在另一个国家,政府债务可能是私人债务,期限很短,甚至可能是外币债务。因此,不同国家可以出现不同的借贷形式,从而在不同的问题中表现出来。

直到1997年亚洲金融危机之前,经济学家们都广泛关注政府债务。伴随着这场危机,私人债务成为理解这场危机的关键。2007—2008年爆发的全球危机也表明,私营部门的负债,即家庭债务(其中大部分是抵押贷款)和金融机构(尤其是银行)负债过高。近年来,许多国家尤其是富裕国家的家庭和企业债务占国内生产总值的比例似乎也有所上升。家庭欠金融公司,非金融公司欠金融公司,更有甚者,金融公司欠金融公司的比例越来越高。特别是随着时间的推移,金融公司的债务结构变得更加复杂;也就是说,向储户和债券持有人借款,向金融公司借款和贷款(向贷款人贷款)。因此,他们同时进入了一个巨大的债务和资产关系网络。

系统性危机似乎有一个共同的特征,那就是它们涉及债务,没有债务就不会有危机。如果债务水平得不到控制,就有可能阻碍经济增长,尤其是在以消费为基础的经济体中,因为人们在困难时期往往会倾向于勒紧裤腰带。在这种情况下,人们经常用可支配收入来减少债务,从而去杠杆化。这进一步加深了经济中的问题。因此,过度债务不仅可能导致危机,而且还可能延长危机的痛苦,尤其是由于债务削减(去杠杆化)可能会带来沉重的成本。简言之,虽然杠杆或借贷表面看似带来了积极的影响,如增加消费、投资、就业和资产价格等,但反过来,即去杠杆,又会产生负面的连锁效应和更痛苦的结果。

在本章中,我们将从本质上探讨债务积累在危机出现中的重要性,尤其是在2007—2008年爆发的全球危机中的重要性,以及危机的深化因素的影响。债务有不同的形式,比如私人债务、公共国内债务和主权债务。对其趋势和动态的分析将有助于我们观察每种债务形式中债务积累的危险。我们将在下面几节讨论它们自身的动力和内在特性,这些特性可能会推动和加深金融危机。

2.2 不断增加的债务

在本部分,我们首先看一下债务的总体趋势,特别是在 2007－2008 年全球危机爆发之前的债务总趋势。接着,我们会在后续小节中追踪国内债务和主权(外国)债务的总体趋势。

在过去的几十年里,一个公认的事实是,家庭、公司和政府的借款比以前多得多。特别是人们普遍认为,2007－2008 年爆发的全球金融危机和欧洲主权债务危机都是由过度借贷引起的,这促使学者们进一步关注这一问题。

近几十年来,许多国家和部门的债务以一种极端的方式增长。到了 20 世纪 80 年代,私人债务,即家庭和公司的债务增长强劲。数据显示,在 1980 年,几个发达经济体国家的非金融部门的债务总额是 12.3 万亿美元,占这些国家国内生产总值的 168%。但这些数字在 2011 年大幅剧增,增长了 10 倍,达到 128.5 万亿美元的价值,是这些国家国内生产总值总量的 315%[布提尔和拉巴利(Buiter and Rahbari),2012]。

在融资市场上,个人和企业每天通过好几种债务工具进行数十亿美元的交易。这些债务工具主要是美国国债、回购协议、资产支持商业票据、抵押贷款支持证券和货币市场基金。它们被用来管理现金余额和短期流动性需求。这些金融工具在很长一段时间内似乎没有造成任何问题。然而,随着这些融资市场在 2007－2008 年爆发的全球危机中的崩溃,人们对它们如何运作以及可能导致什么样的问题产生的新担忧开始凸显出来。

融资市场中广泛存在的主要潜在风险之一就是债务合同被用作抵押品。例如,在资产支持商业票据充当债务工具的地方,支持性资产也是债务。基于抵押贷款的证券就是这些债务工具之一,因为它们受债务抵押贷款支持。回购协议也是一种由其他债务工具充当抵押品的金融合同。这指出了债务义务背后的债务结构序列。这个链条任何地方的崩溃都可能引发金融崩溃。由于为经济主体提供流动性对实体经济极为关键,债务链中的任何违约都会加深经济中的问题。

债务市场上的交易主要是由金融机构进行的。我们所说的通过一家金融机构,不仅仅是指传统的商业银行,还包括其他在债务市场进行交易的金融机构。

它们不像银行那样从家庭或非家庭中收集存款,但它们在债务市场的运作方式与银行相同。它们是保险公司、养老基金、对冲基金、投资银行和共同基金等。所有这些金融机构都在资金市场上运作,进行大量的债务工具的购买和销售业务。

如前所述,近几十年来,世界各地都存在着过度借贷的趋势。对这种发展有好几种解释。除了宏观经济因素之外,近年来持续的经济增长和资产价格上涨,由于适应性预期,使人们产生了对资产价格进一步上涨的积极预期。伴随着这些发展,实际利率大幅下降,因为在许多国家,名义利率的下降进一步超过了通货膨胀率。由于融资成本的下降,诱发了借贷行为。在2007—2008年爆发的全球危机之前,金融市场的波动性已经下降了;这个时期甚至被伯南克(2005)称为"大缓和时期"(Great Moderation)。由于风险意识的下降,加上监管者和经济中的代理人对风险的低估,信贷需求和供应增加,同时也导致了负债程度的增加。在欧洲,由于许多国家的利率迅速下降,1999年欧元的引入和快速的金融一体化进一步推动了借款(国内和主权债务)。伴随着欧元的引入,外围国家(如希腊、葡萄牙和爱尔兰)10年期债券的利差下降,因而它们的主权债务急剧增加了。

这种过度借贷问题还有一个原因:市场失灵。市场可以向借款人发出错误信号,告知经济中所有代理人所承担的风险。这些错误的信号让人们觉得,负债的增加并不是一个重要的问题。例如,希腊就面临过这样的情况。在20世纪90年代,希腊政府支付的利率远高于德国10年期债券,大约高出5%—6%。但在希腊加入欧元区后,这种情况发生了变化。希腊的资本流入,以及由此产生的利率开始急剧下降,接近于德国的有效利率。2005年,10年期希腊主权债券的利率只比德国债券高出0.2%左右。这造成了一个错误的印象,即希腊政府可以永远滚动它的债务。

过度借贷背后的另一个解释是,在过去三四十年间,美国的工资没有上涨。这进一步导致了收入不均的分歧。债务成为缓解美国实际工资停滞的金融工具之一。在实际工资没有上涨的情况下,美国人通过借贷维持了不断提升的生活水平。这在抵押贷款债务的急剧上升中表现得尤为明显。

美国自20世纪80年代以来的情况提供了一个很好的例子:尽管工人的生产率(人均产出)在1980—2005年间增长了70%,平均时薪却仅增长了4.4%[国际劳工组织(ILO),2010]。换句话说,在产出生产过程中产生的收入并没有转化为足够的需求,因为产出的大部分增长流向了社会顶层人士。为了弥补这一点,人们试图创造额外的购买能力,这是通过对信贷市场借款放松管制来实现的。

许多学者认为,毫无疑问,在21世纪期间出现的不平等的急剧增加加速了由债务引发的房地产泡沫和金融危机。皮凯蒂(Piketty,2014年,第297页)对此表示如下:

> 不平等加剧的一个后果是,美国中下层阶级的购买力实际上停滞不前,这不可避免地增加了普通家庭举债的可能性,尤其是当不择手段的银行和金融中介机构不受监管,急于以日益丰厚的条件获得良好收益的时候。

在2007—2008年经济大衰退之前,收入不均似乎以两种方式加剧了经济的不稳定。首先,工资停滞导致信贷需求增加,进而引起了房地产泡沫。其次,富人增加的金融资金流向了新的高风险金融产品。尤其是对冲基金,该基金以富人为主要客户,其冒险行为积累了金融系统的总风险,将整个系统变成了一个赌场。有关收入不均和危机的主题,在本书后面几章将会有更详细的讨论。

在同一时期,随着收入不均的急速加剧,家庭债务也急剧增加,如图2.1所示。21世纪初,债务与收入之比急剧上升,与之相随的是工资的停滞不前。对中低收入群体的贷款的增加导致了需求的激增,并促进了21世纪初的经济增长。但很快就发现这是不可持续的,房地产市场崩溃了。许多低收入家庭无法承受如此高的债务水平。

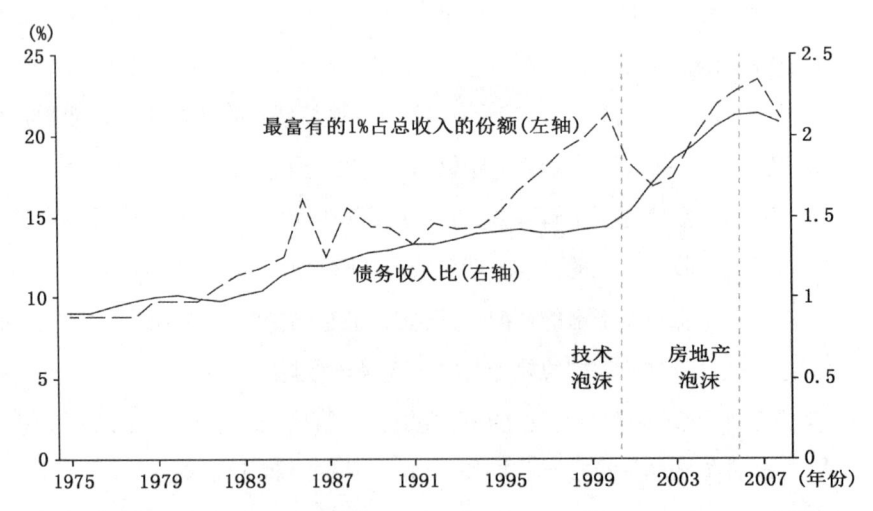

资料来源:美国国会联合经济委员会(The US Congress Joint Economic Committee,2010)。

图2.1 家庭债务收入比和收入不均

过去20年中的全球化为发达国家的工资下降提供了一个解释。高工资国家的工资下降是因为有来自低工资国家的进口竞争;资本家们发现,他们可以雇用低薪工人从事之前在高薪区域的工人做的相同工作。最近一段时期全球化的主要特征恰恰正是生产线路的地理延伸。随着跨国公司将越来越多的生产环节外包给低工资国家的工人,生产价值在工资与利润之间的分配也变得越来越不平等。这导致发达经济体中出现了很大一部分未正式就业的劳动力,他们基本上一直在与新兴经济体中的低工资劳动力竞争。他们被迫在工资下降的情况下生活,而公司的利润却在增加。

近几十年来,银行放松信贷限制,也让这些工资相对较低的家庭增加了债务。受金融自由化和贷款标准恶化影响,金融创新进一步推动了信贷供应的增加。金融市场管制放松对某些领域产生了持久的影响,从降低金融机构和市场的审慎监管到减少国家间资本流动的壁垒。与监管更严格的传统银行相比,一些其他金融机构和金融工具受到的监管要更少一些。也就是说,对一些其他金融机构、产品和活动的资本和储备金要求的降低导致了监管更宽松的机构发展,而这又导致了影子银行部门的出现。

在过去几十年中,伴随着由于世界各地普遍放松管制而导致的信贷供应量的增加,我们观察到了许多过度负债国家的案例。例如,斯堪的纳维亚国家的当局在20世纪80年代减少了对金融产品的监管。在21世纪的冰岛,由于银行系统的自由化,家庭获取借贷的限制被大幅缓解。同样地,在匈牙利,伴随着其有望加入欧盟的前景,匈牙利的家庭债务在1999—2007年间增长了约5倍[国际货币基金组织(IMF),2012]。

金融资产和房地产价格的上涨也助长了信贷的繁荣,从而导致了过度借贷的出现。许多人希望这些更高的资产价格在未来继续持续下去。随着房价的上涨,更多的人参与到住房市场中,更多的抵押贷款被接受。资产价格(主要是房屋)的上涨促使家庭进一步撤回房屋净值贷款,以满足其消费需求。

与21世纪的发展相比,我们还观察到了在全球大萧条(Great Depression)前,美国在其20世纪20年代的兴旺岁月里,有类似的因素导致了过度借贷。这两个时代的这些年表明,信贷可用性和经济主体的乐观预期诱发了进一步借贷。在20世纪20年代,由于技术革新,诸如汽车和收音机等创新产品大量涌入市场。受金融创新带来的便利推动,家庭贷款购买房屋、耐用消费品和汽车。例如,在1927年,每个家庭2/3的家用电器和汽车是采用分期付款方式购买的。家庭债务占个人收入的比例从1920年的4.5%上升到1929年的9%。此外,在同一时期,美国抵押贷款债务相对于国家产品的比例从11%上升到了28%。尽管这些形式的债务(高杠杆抵押贷款)在这个时候增加了,但它们并不像21世纪的金融产品那样复杂和有风险[斯诺登(Snowden),2010]。因此,在1929年大萧条和2008年全球衰退等重大系统性危机之前,经济主体(家庭、金融和非金融公司、政府)的债务负担增加是一个非常明显的趋势。

2.2.1 国内债务的经验趋势

国内债务包括私人债务和国内公共债务。一个国家的国内债务总额是欠该国境内的放贷人的。国内债务的补充是主权债务或外债,外债的放贷人是外国人。私人国内债务是国内家庭、金融和非金融企业所欠的债务,而国内公共债务是政府从国内代理人处借款时产生的债务。

在2001—2007年美国经济繁荣时期,美国家庭债务总额(抵押贷款加上信用卡债务)增长了大约2倍,从7万亿美元增加到了14万亿美元。这种变化,即债务收入比的增加,自经济大萧条以来还从未出现过[席勒(Shiller),2012]。在全球金融危机之前,增加这种杠杆与房价的激增有关。抵押贷款机构向家庭提供多种多样的金融产品,以减轻它们的还款负担。例如,较低的首付机制在很大程度上诱使购房者们借更多的钱来购买更昂贵的房子。

为了描述美国的借贷规模,我们可以用另一个指标来表示:人均持有的信用卡数量。就在2007—2008年全球金融危机爆发之前,美国人均拥有5张信用卡,而在中国,33个人拥有一张信用卡。在金融危机之前,信用卡广告在美国广泛传播,无论能否为购买提供资金,信用卡都会被发送给每个人。信用卡的广泛使用预示着一个严重的问题。危机前信用卡使用量的增加在危机后出现了明显的收缩。近年来,人们越来越认识到这样一个事实:激进的信用卡促销活动会导致过度负债。

既然美国是全球危机的中心,我们需要看看对美国债券市场进行的详细分析。明显地,美国金融机构在提升房价方面发挥了至关重要的作用。从1995年到2003年,金融机构在为抵押贷款融资时采用了相当传统的方法。但是在2003年,抵押贷款市场达到了它的极限,开始逐渐萎靡。因此,抵押贷款放贷人为他们的抵押贷款寻找了新的市场。他们开始使用非传统的工具来扩大这个市场，为他们的贷款寻找新的客户。

这种新形势创造了一个新的借贷环境。除此之外，我们还观察到了三个方面的发展。第一，信用记录不良且资金较少的个体可以获批抵押贷款来购买房屋。第二，一旦房价已经增长过快，这些新人进入了房地产市场。因此，他们也接受了抵押贷款，从而使得经济中的抵押贷款进一步增加。第三，这些新人是高风险客户，他们被收取的利率也更高。这就意味着，当房价开始下跌时，他们面临的风险也会更大。所有这些事态的发展进一步加剧了2007-2008年市场崩盘对这些负债者的伤害。当市场崩溃时，一套普通住宅的价值损失了将近1/4。这导致数以百万计的房主陷入负资产，他们的房屋价值低于他们抵押贷款的余额，这也被称为水下抵押贷款。[1] 因此，他们无法为抵押贷款融资，最终丧失了抵押品赎回权。

随着时间的推移，美国的抵押贷款市场呈指数级增长。其交易量从1990年的4 580亿美元上升到2003年的4万亿美元（峰值）。其中大部分被证券化为抵押贷款支持证券（MBS）。图2.2显示了1990-2008年间总贷款的来源。抵押贷款市场的急剧增长发生在2001年，达到每年1万亿美元。这一年，互联网泡沫（dot.com）危机发生了。因此，为了减轻其不利影响，联邦储备银行（美联储）大幅降低了利率，而这反过来又导致了新的再融资和购房热潮。在接下来的几年里，在2002-2004年间，美国的住宅贷款从将近1万亿美元增加到了近4万亿美元。这种上升的原因主要来源于家庭对抵押贷款进行再融资，以从较低的利率中获利[弗雷格斯坦和歌德斯坦（Fligstein and Goldstein），2010]。

如图2.2所示，银行在2003年后大幅增加了非优惠贷款。它们寻找次级贷款人群体。从图2.2中可以看出抵押贷款市场的变化。联邦住房管理局（Federal Housing Administration，FHA）和退伍军人管理局（Veteran's Administration，VA）是提供抵押贷款的机构，尽管它们在市场中的份额有限。抵押贷款的最大市场份额是固定利率的传统抵押贷款，其中大部分被证券化为抵押贷款支

---

〔1〕 水下抵押贷款是一种本金高于房屋自由市场价值的购房贷款。这种情况可能发生在房地产价值下跌的时候。在水下抵押贷款中，房主可能没有任何可用于信贷的权益。资不抵债的抵押贷款可能会阻止借款人再融资或出售房屋，除非他们有现金来支付损失。

(10亿美元)

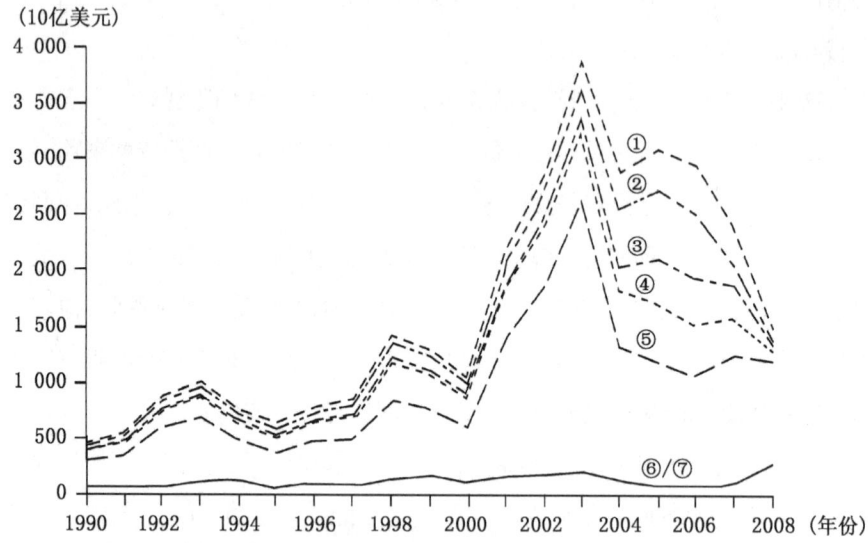

注：①表示房屋净值贷款，②表示次级抵押贷款，③表示接近优级贷款(介于优质抵押贷款与次级抵押贷款之间)，④表示巨额贷款，⑤表示传统贷款，⑥表示联邦住房管理局，⑦表示退伍军人管理局。

资料来源：《房贷金融内参》(Inside Mortgage Finance, 2009)。

图 2.2　美国按类型划分的住房抵押贷款发放

持证券。显然，1990—2003 年间抵押贷款市场的重要部分是这两类贷款。然而，从 2003 年开始，出现了一个剧烈的转变，即抵押贷款的构成发生了变化。人们获得了巨额贷款，这种贷款的规模要更大一些，不符合政府机构的指导方针。房屋净值贷款(Home Equity Loans, HEL)是与抵押贷款购买的房屋净值相关的贷款。接近优级贷款(Alt-A)和次级抵押贷款(信用质量较低的贷款)发放给了缺乏支付能力的家庭。在美国历史上，这四类贷款的总和首次超过传统(优质)市场。

银行倾向于发放更多非优质贷款的事实背后，似乎有两大主要原因。首先，传统市场已经枯竭，拥有适当信用记录的家庭变少了一些。其次，次级贷款的发放和证券化被证明是十分有利可图的。证券化有利可图是因为这个国家的利率很低，自然地，抵押贷款担保的证券对投资者来说变得有吸引力了，因为它们给投资者的回报也更高。这也促使抵押贷款机构尽可能地创造更多的次级贷款。通过这种方式，它们从抵押贷款中创造了更多的证券，并通过生产和销售这些证券从中赚取费用。

次级抵押贷款对借贷双方都有吸引力。借款人接受这些贷款是因为他们预计房价会上涨。浮动利率抵押贷款对他们的购房也有影响,因为他们预测购买的房子价格会上涨,并且可以轻松地支付分期付款额。贷款人还预计,房价在短期内会继续上涨,这可以抵消其他信贷风险,并证明较低的初始利率是合理的。预计房价会不断上涨的借款人想在抵押贷款利率重新调整到更高的水平之前,用积累的房屋净值为贷款再融资。这一动机解释了为什么在 2000—2006 年间,约 2/3 的次级贷款是用于再融资目的,而不是用于新的购买。

国内公共债务是国内债务总额的另一个重要组成部分。图 2.3 显示了发达国家自 1870 年以来公共债务和银行私人信贷的演变。债务的发展似乎有两个主要趋势。第一个趋势是,公共债务比率从 20 世纪 70 年代末到 90 年代中期开始增加,但后来这一比率趋向于下降至 2008 年危机前历史和平时期的平均水平。第二个趋势是,私人债务偏离了维持到 20 世纪 70 年代的历史模式。在 2008 年危机之前,它上升到了前所未有的创纪录水平[约达等(Jorda et al.),2013]。

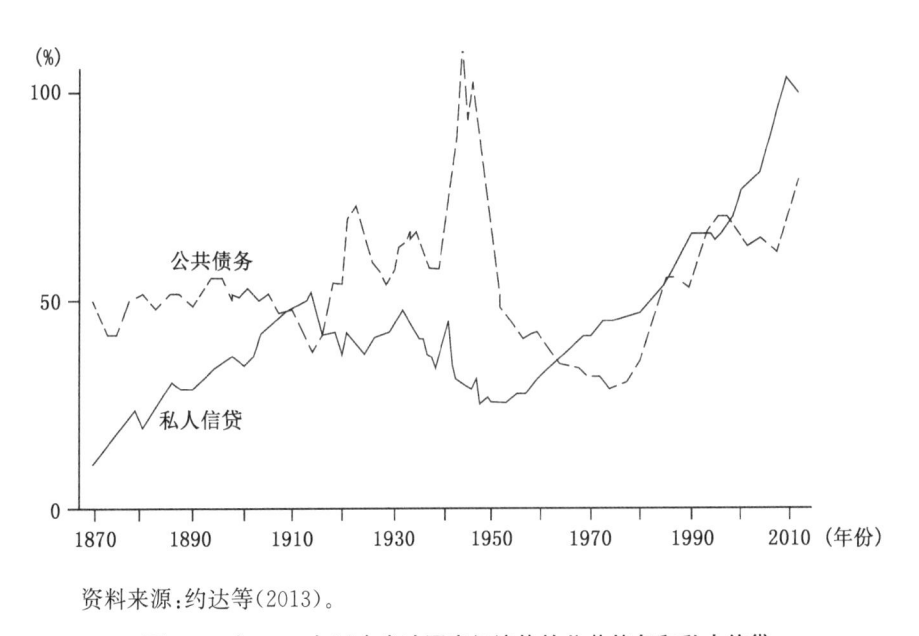

资料来源:约达等(2013)。

图 2.3 自 1870 年以来发达国家经济体的公共债务和私人信贷
(占国内生产总值的百分比)

这些趋势表明了私营部门借贷在 2008 年全球危机发展中的重要性。因此,金融系统面临的风险通常集中在私营部门,而不是公共部门。然而,也有一些公共债务水平过高的例外情况,比如希腊。在最发达的国家,危机前的公共债务水平并没有被证明为一个严重的问题。但在全球金融危机之后,由于税收收入下降和周期性支出增加,这些国家的公共财政总体上严重恶化。

国内公共债务违约的历史记录表明,尽管其发生频率低于外部违约,但这种情况并不罕见。莱因哈特和罗戈夫(2010)提供的数据集包括68个国内违约(相比之下,1800年后有250个外债违约)。例如,最近的一个例子是,阿根廷在1980－2001年间3次拖欠国内债务,其中2次违约与1982年和2001年的外债违约同时发生。2000－2001年土耳其发生的危机也主要是国内公共债务危机,加上银行问题。在危机发生前的那段时期,土耳其的公共部门借贷非常高,这主要由国内债务提供资金。外债占国内生产总值的比例相对较低。随着银行业的恶化,庞大的国内债务加速了土耳其在2001年的经济崩溃。

2.2.2　主权债务的趋势

经济文献主要强调对外国债权人的主权债务或外债。在这类债务中,与国内债务相比,对外国人的债务变得更加重要。外债之所以被强调,是因为"我们相对于他们"的区别。外债或主权债务对新兴市场尤其至关重要。

主权债务危机是一种反复出现的现象。例如,莱因哈特等(2003)指出,法国在1500－1800年间8次拖欠主权债务。1500－1900年间,西班牙发生了13次主权债务违约。类似地,汤姆滋和赖特(Tomz and Wright, 2007)的证据表明,在1820－2004年间,106个国家经历了250次主权债务违约。

图2.4显示了1800－2009年间所有违约国家的百分比。在此期间,许多国家出现了外债违约。如图2.4所示,有5个重要的违约周期。第一个周期发生在拿破仑战争期间(the Napoleonic War, 1803－1815年)。第二个周期是1820－1860年,那时候全世界约有一半国家(包括整个拉丁美洲)违约。第三个周期始于19世纪70年代初,持续约20年。第四个周期是1930－1950年。这一时期跨越了大萧条,直到第二次世界大战(the Second World War)结束。大约有一半的国家在这一时期破产。最后一个周期是20世纪80－90年代,主要是新兴国家违约(莱因哈特和罗戈夫,2011)。

如图2.4所示,违约期以集群形式出现,对应于贷款的持续扩张和大量资本

资料来源：莱因哈特和罗戈夫(2009)。

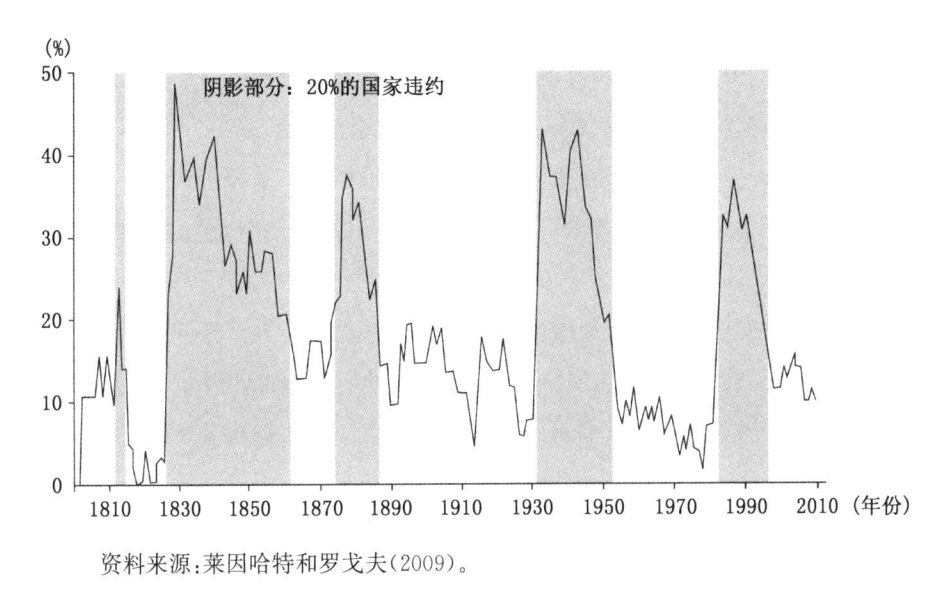

图 2.4　主权外债：1800—2009 年（违约或重组国家的百分比）

流入的增加。在 20 世纪，发达国家只有在大萧条和第二次世界大战期间才面临债务违约。然而，在整个 20 世纪，尤其是发展中国家的违约频率增加得太快了，在这些危机之后，这些国家有好几年都难以从外国资本市场获得资金。发展中国家，特别是拉丁美洲国家，在 20 世纪 80 年代初期经历了一波主权违约潮。主权债务违约的数量也在 20 世纪 90 年代达到峰值；比如 1998 年俄罗斯的主权债务危机。2009—2012 年的欧洲主权债务危机最近才发生。

自第二次世界大战以来，主权违约问题主要与发展中国家有关。20 世纪 80 年代第三世界的债务是最大的。发达国家的银行在 20 世纪 70 年代扩大了信贷规模，部分是通过回收石油出口国产生的盈余。在 20 世纪 70 年代，油价上涨增加了产油国的收入。这些国家向拉丁经济国家（如墨西哥、巴西、阿根廷和其他发展中国家）的政府和国有企业提供了更多的贷款，使其外债大幅增加。有了这些外国资金，它们填补了巨额贸易赤字。

然而，墨西哥和其他发展中国家遇到了令人不快的事态发展，比如，国际资本市场向它们收取的利率上升，它们的出口收入急剧下降。因此，墨西哥无法偿还债务，危机很快蔓延到拉丁美洲其他国家，如处在 20 世纪 80 年代初期的巴西和阿根廷。美国银行面临着巨额亏损。但是，所谓的布雷迪计划[以美国财政部长尼古拉斯·布雷迪(Nicholas Brady)的名字命名]前来实施了救援。它允许银行将其持有的非流动性拉丁美洲债务转换为流动性更强的工具,这些工具由美国国债支持。1989年和1990年的布雷迪债券为这些国家提供了用美国国债转换银行贷款的机会。这使它们能够再次进入全球金融市场。

20世纪90年代,债务问题蔓延到了亚洲。总体而言,亚洲国家的声誉要比拉丁美洲好得多,并以其不断增长的经济而闻名,其特点是劳动力成本低、制造业投资大。韩国、泰国和中国台湾的经济表现使它们被称为亚洲奇迹。尽管这些亚洲新兴经济体实现了快速增长,但它们的增长模式存在严重问题。许多亚洲国家将货币与美元挂钩,以保持出口竞争力。然而,美国的利率低于大多数亚洲国家。这导致亚洲公司以美元而非本国货币实施借贷,这些借来的美元被输送到国内市场。这引发了另一个投机泡沫,亚洲公司从国内银行借款投资商业地产。当房地产泡沫破裂、银行倒闭时,亚洲国家不得不求助于国际货币基金组织。

请注意,在20世纪80年代和90年代,主权债务危机迫使各国政府向国际货币基金组织求助。布雷顿森林体系的终结导致国际货币基金组织成为发展中国家重要的应急资金提供者。国际货币基金组织向这些国家提供的贷款往往附带反映所谓"华盛顿共识"(Washington Consensus)的严格条件,迫使它们在经济的各个领域遵循自由主义政策,并规定它们将减少公共支出。

自20世纪80年代以来,随着金融市场的自由化,在国际货币基金组织的帮助下,许多发展中国家经历过多次外国资本循环周期。伴随着金融的自由化,资本流入发展中国家。资本的流入导致国内资产增加、货币升值。外币升值抑制了这些国家的通货膨胀,这为央行继续实施扩张性货币政策开辟了道路。然而,由于经常账户赤字增加,这种情况是不可持续的。这些国家的进程通常导致它们的货币大幅贬值。这反过来又缓解了银行业危机,因为有大量国内借款人借入外币。在这个紧张的过程中,国内资产(金融和房地产)的立即出售导致其价格暴跌。银行的资产负债表进一步恶化,这导致了银行的倒闭。因此,在这种情况下,银行危机和货币危机就同时发生了。

事实上,自20世纪80年代以来,全球繁荣—萧条周期一直普遍存在着。这创造了一种资本流动方向的模式:在全球经济的繁荣阶段,资本从核心国家流向边缘国家,然后突然又回流到核心国家。在资金流回核心国家的阶段,许多边缘国家遭受了危机。通过这种方式,这些国家自20世纪80年代以来就已经经历了好几个繁荣—萧条周期。在 20 世纪 70 年代后半期的第一个繁荣阶段,资本主要流向拉丁美洲。泡沫破裂发生在 20 世纪 80 年代初,加上 20 世纪 70 年代末美国实行的极其严格的货币政策,在拉丁美洲造成了 10 年的破坏性影响。在 20 世纪 90 年代初,在开放了资本账户之后,亚洲和转型国家的资本流动泛滥。1994 年在墨西哥发生的所谓"龙舌兰酒危机"(Tequila Crisis)只是在短时间内中断了这一繁荣周期。繁荣阶段一直持续到 1997 年亚洲危机爆发。在 21 世纪,不断增加的资本流向新兴国家的新一轮浪潮开始了,但随着 2009 年全球危机的结束,这股浪潮也中断了。但在全球危机后,伴随着核心国家的低利率,资本再次开始流向边缘国家。

经验证据还表明,一个国家的外债违约可能源于各种原因。汤姆滋和赖特(2007)证明,在过去的 200 年里,62%的违约发生在该国增长率低于长期增长率的年份。布罗达(Broda,2004)以类似的方式证明,贸易条件的波动(出口价格与进口价格的比率)是某些新兴国家危机背后的一个关键因素。此外,战争或国内冲突等重大事件也可能导致主权违约,因为它们降低了收入和税收来源。当相对较大一部分的主权债务以外币计价,且其收入严重依赖对非贸易商品的征税时,主权违约也可能由本国货币贬值引发。由于家庭、非金融企业部门或银行部门的货币错配,本国货币贬值引发的危机的严重程度可能会加剧。

最近发生的 2007—2008 年全球经济衰退显然产生了大量主权债务。这些债务是由于主权国家所依赖的税收来源的崩溃而产生的。为银行、其他金融机构有时还有非金融公司提供财政刺激和纾困的措施,也增加了主权债务融资的政府支出。这首先体现在 2008 年末冰岛银行业崩溃,最近的例子包括希腊、爱尔兰、西班牙和葡萄牙。

近几十年来,主权债务危机似乎与银行业的发展密切相关。莱因哈特和罗戈夫(2011)认为,主权债务危机与银行危机同时发生或紧随其后。但事实上,主权债务危机和银行危机同时发生的情况并不像货币危机那样常见。最近的欧洲主权危机就是一个例子,这是两场危机的巧合,即银行危机和主权债务危机。由于实行单一货币,这不是一场货币危机。

银行资产主要由贷款和证券组成。这些证券要么由私营部门发行,要么由主权国家发行。在正常时期,银行将持有主权证券作为维持流动性的一种手段,但在主权债务压力时期,银行更愿意持有高风险的主权证券以获取更多的回报。

这在最近的欧洲主权危机期间就发生过。从银行的角度来看,这有好几个原因。首先,当私营部门的风险似乎更高的时候,主权证券就成为欧洲各国国内银行中最安全的资产。其次,中央银行在与银行进行的业务中,将主权证券视为抵押品。最后,银行持有主权债务证券是为了避免持有更多的资本要求,因为在大多数情况下,它们在资本要求中的风险权重很小。[1]

在2010年欧洲危机期间,这些事态发展诱使欧洲核心国家的银行,特别是德国和法国的银行,为南方国家(边缘国家)的贸易赤字提供资金。这与20世纪70年代石油出口国不断增长的石油美元用于投资美国和欧洲银行的过程类似。在20世纪70年代,美国的银行向新兴经济体尤其是拉丁美洲国家发放了大量贷款。当这些国家在20世纪80年代初无力偿还债务时,银行就变得脆弱了起来。与此相似,德国和法国的银行在欧洲主权危机期间也遇到了同样的问题。南欧国家难以偿还它们的债务。在这里,我想用旨在解释货币危机的理论来结束这一部分,上面有好几个地方也提到了这些理论。货币危机对新兴国家至关重要,这些国家通常以外币而非本国货币来进行借贷。它们没有像美国和其他一些发达国家那样的特权,这些国家可以用本国货币来积累外债。因此,在货币危机期间,繁荣—萧条周期对发展中国家的损害大于发达国家。对这类危机的理论分析有助于我们追溯导致危机的机制。

随着货币危机性质的改变,有关货币危机的理论也在不断演变。特别是相关文献已经从关注货币危机的根本原因发展到强调多重均衡的范围,强调金融变量,尤其是资产负债表的变化在触发货币危机中的作用。文献中的三代模型主要用于解释过去40年里发生的货币危机。

第一代货币危机模型解释了财政政策的案例与汇率政策不一致的情况。当各个国家采取扩张性货币政策(印钞)为其预算赤字融资时,它们会陷入一种困境,这种困境由所谓的"三难困境"引起:开放经济体只能同时选择汇率控制、货币政策自主和资本自由流动这三个政策目标中的两个。在跨境资本流动灵活的环境下,试图扩大货币供应以支持财政赤字会导致固定汇率制度变得不可持续,最终导致货币危机。第一代模型主要用于解释20世纪60年代和70年代发生在拉丁美洲的危机。这些国家不一致的经济政策导致基本面恶化,引发了金融

---

[1] 在欧洲,一些国家政府债务过多的问题因欧洲银行监管机构而变得更加复杂,它们对银行持有的欧元计价政府债务实行零资本要求。这一监管决定意味着政府违约也可能导致银行倒闭。

危机。这些模型的主要关注点是针对一种货币的动态投机攻击,而这种攻击正是根本性失衡发生的根源。

然而,20世纪90年代初欧洲汇率机制(European exchange rate mechanism, ERM)的启动表明,第一代模型无法解释像欧洲汇率机制危机这类的危机问题。1992—1993年的欧洲货币体系(EMS)危机与扩张性货币政策无关,因为大多数欧洲国家按照德国央行的规定实施了严格的趋同政策,以促进欧洲单一货币的发展。从这个意义上讲,第二代模型是由经济学家开发出来用以解释它们的。根据这些模型,这些危机被更好地描述为投资者自我实现的投机攻击和羊群行为的结果,而不是第一代模型所描述的独特均衡。这种危机的关键原因不是随后的财政政策与货币政策之间的不一致,而是投资者作为一方与政府作为另一方之间的博弈结果,博弈双方都有着明确的目标和目的。

尽管第一代和第二代货币危机模型成功地解释了以前的货币危机,但它们无法解释1997—1998年爆发的亚洲危机。东亚危机的一些特点人们在以前的危机中没有观察到。例如,危机国家拥有良好的宏观经济基本面,如低预算赤字或盈余、低失业率和低经常账户失衡,这使得第一代模型不适用。此外,这些经济体没有面临任何汇率稳定问题,这也使得第二代模型不适用。因此,20世纪90年代末的亚洲危机导致了第三类模型的提出。这些模型侧重于越来越多的证据表明,银行业问题与货币危机事件之间存在密切联系。

就亚洲国家而言,在危机爆发之前,宏观经济失衡并没有达到危险的水平——财政状况往往出现盈余且经常账户赤字似乎可以控制,但与金融和企业部门相关的脆弱性很大。模型显示了这些部门的资产负债表不匹配会如何导致货币危机。例如,如果当地银行拥有大量以外币计价的未偿债务,这可能会导致银行和货币危机。一些作者使用道德风险的概念作为对亚洲金融危机的可能解释。他们将金融和货币危机分析为相互关联的现象,并将导致借款人和债权人在1997—1998年亚洲危机爆发前承担过度风险的道德风险定义为导致孪生危机(货币和银行危机)背后的共同因素。

2.3 债务为何以及如何导致并加深危机

2.3.1 为什么债务是关键

自 2007—2008 年全球金融危机以来,学者们对债务与经济活动之间的关系越来越感兴趣。为此,学术界进行了无数研究。他们主要认为,"国内或主权"或者"私人或公共"的债务不仅在危机发生时至关重要,而且对危机的持续时间和严重性也至关重要。也就是说,人们开始认识到,任何形式的巨额债务积累都可能造成重大问题,即使是主流经济学家也开始意识到这一点。事实上,对债务问题的看法并不特别新鲜。例如,费雪(Fisher,1933)通过提出债务通货紧缩的问题来考虑债务的风险。然而,这一观点从未成为主流经济学的焦点。现在,这一切正发生着变化,人们更加强调债务在经济中的作用。

从历史上看,我们可以观察到银行或其他行为体放贷影响的重要性。例如,在 17 世纪 30 年代的郁金香热期间,人们从卖家那里赊购郁金香,否则他们就无法维持对郁金香的需求。郁金香球茎价格持续上涨,这反过来又促进了荷兰的经济扩张。然而,当价格下跌时,繁荣停止了。类似的过程在伦敦的南海泡沫(South Sea Bubble)和 1720 年巴黎的密西西比泡沫(Mississippi Bubble)中都发生过。这两家公司从新成立的银行处获得信贷后,股价曾一度上涨。一个相对较新的例子是,20 世纪 80 年代中期,日本的过度放贷引起膨胀,导致了资产泡沫。上一次全球危机向我们展示了在过去几十年里,在新的、高风险的金融工具和市场中出现的巨额债务积累。

债务的通常或正常定义涉及贷款单位与借款单位之间的资金转移。从这个意义上说,金融中介机构只是这些单位的中介。因此,债务流动预计不会对宏观经济动态产生影响,因为债务人支付的每一美元都将由债权人收取。这也不会导致需求下降(撇开外债的情况不谈)。正如埃格特森和克鲁格曼(Eggertsson and Krugman,2012 年,第 1471 页)所说,"债务是我们欠自己的钱"。

然而,这种观点似乎很幼稚。为了更好地理解债务在总体层面上的影响,我们需要另一个债务概念。标准经济模型中的债务概念是不够的,因为它们的基本结构很简单,而且没有将债务的复杂性纳入考虑范围。在宏观经济互动层面,这种观点还不够完善。最近,经济学家越来越关注银行的货币创造能力,而不仅仅是它们的中介作用。他们开始认为,银行不仅仅是一个中介单位,将资金从盈余单位(储户)转移到赤字单位(借款人),而是以存款的形式向借款人放贷。在接受存款后,银行将其借给其他人。这被记入借款人的存款账户。如果这些钱被提取并花在经济中的产品上,它将推高需求,导致产量增加。简言之,银行贷款既会增加债务,也会促进国家增长。

事实上,从银行获得的贷款可以用于经济的各个领域,而不是根据产量的增长来使用。拥有贷款的人可以购买现有资产,如金融资产、房屋或其他公司。他们的购买行为对国民收入没有贡献,因为这些资产已存在于国民收入中。也就是说,当债务累积时,生产不会上升,因为借入的资金不会用于生产过程,而是用于现有的资产。在全球危机爆发之前,由于房屋和其他资产价值的增加,美国家庭的净资产上升,尽管它们的债务不断增加。借款具有自我强化效应;更多的借贷会提高资产的价格,这反过来又会促使其他投资者实施借贷去购买价格不断上涨的资产。也就是说,通过吸纳新人从资产价格上涨中获益,借贷诱使了更多的借贷。

最终,债务的过度积累导致了严重的问题。借款人意识到他们的收入不足以偿还债务。在这种情况下,循环会反过来运行;也就是说,资产价格下跌,抵押品约束变得更加严格,借贷机会就会受到限制。这将导致资产价格进一步下跌。然而,与资产价格下跌相比,家庭和企业的债务并未下降。即使它们的资产价格大幅下跌,它们的债务价值也保持不变。

私人债务与金融危机之间的因果关系在过去的文献中已经讨论过,尽管不是那么频繁,比如过去费雪(1933)或明斯基(1977)就讨论过。即使一些经济学家强调主权债务在危机中的作用(莱因哈特等,2012),最近的学术研究也强调了私人债务积累导致的不稳定动态,即信贷的快速扩张,这是金融危机的第一个导火索。他们关注的是系统性的金融危机之前往往会出现信贷快速扩张的情况。

家庭债务的积累会加剧经济衰退,削弱经济复苏。为了更好地理解债务积累对衰退深度的影响,一些经济模型着眼于区分借款人和贷款人并纳入流动性约束的情况。这些模型,例如埃格特森和克鲁格曼(2012)以及霍尔(Hall,2011)开发的模型,表明一个经济体中参与者之间的债务分配结构是很重要的。托宾(Tobin,1980年,第10页)指出了这一点:

人口并不是随机分布在债务人和债权人之间。债务人借款有充分的理由,其中大多数理由表明,他们有很高的边际消费倾向,即从财富、当前收入或他们能掌握的任何其他流动资源中进行消费。

与此同时,昆霍夫和兰塞勒(2010)表明,在21世纪,美国低收入和财富群体的家庭债务增长得更多。对具有高边际消费倾向的债务人的负面冲击会导致他们减少债务,从而去杠杆化。这导致了消费的下降,从而导致了总产量的下降。由于预防性储蓄的需要,消费的下降可能会随着对不确定性的认识的增加而加速。家庭将突然削减消费。

由于银行信贷的下降,主权债务危机对经济活动产生了重大影响。伴随着主权债务危机,各国无法轻易进入国际债务市场。金融(主要是银行)和非金融企业无法获得外国信贷来源。因此,经济所需信贷的不足将对宏观经济产生负面影响。这是主权债务危机的直接影响。然而,有时候,主权金融压力也会对其他没有直接遭受主权债务问题的国家产生间接影响。因此,主权金融压力也可以通过全球银行传递到其他国家。由于拥有大量国际业务的银行因主权风险敞口损失而面临资本短缺,它们可能会减少银团贷款形式的跨境贷款安排。例如,在欧洲主权债务危机期间,持有大量主权证券敞口的欧洲银行大幅减少了全球银团贷款。

当一个国家依赖国际金融市场时,它主要需要资金为私人或公共投资提供资助,或为现有债务融资。如果市场上的金融行为人不相信一个国家可能有能力偿还债务,那么这个国家很可能面临主权违约,因为它将无法获得新的贷款来偿还债务。例如,尽管西班牙的公共债务与国民收入之比低于日本(也就是说,西班牙为60%,日本为210%),但西班牙在资本市场上的借贷更困难。这意味着债务率不足以使一个国家违约,但对一个国家更普遍意义上的预期要重要得多。

政府要想缓解经济中的问题,在危机之前,它们的债务边际不应该很高。这种情况会提供一个在没有过度增加债务的情况下对经济进行干预的机会。否则,在危机中背负高额债务的政府就无法积极发挥这一作用。如果它们不能按要求对危机进行干预,危机将会延长。2010年欧洲危机期间也发生过类似的情况。2010年的经济危机促使一些欧洲国家增加公共债务,以遏制危机的负面影响。这些扩张性财政政策本身不会成为问题。但问题是,这些国家在金融危机之前债务水平就已经很高了。

一些学者如莱因哈特和罗戈夫(2010)认为,一旦一个国家的债务与国内生产总值之比超过90%,该国的经济增长率就会开始恶化。然而,这种观点引来了很多批评。例如,应该提到的是,相关性并不意味着因果关系。当国家陷入经济困境(即国内生产总值下降快于债务上升)时,债务与国内生产总值的比率可能会迅速上升。高额政府债务最有可能对经济造成的负面影响将来自私营部门投资的"挤出";政府将吸收国家的所有储蓄,使企业一无所有。因此,预算赤字而非债务存量,可能成为关键的标准。

近几十年来,各国对债务无法容忍的程度有所增加。[1]对债务的无法容忍在许多新兴市场已经展现出来,这些新兴市场的债务水平以发达国家的标准来衡量,似乎是相当可控的。对这些国家来说,安全的债务门槛降至非常低的水平,也就是说,债务与国内生产总值之比在15%-20%之间。这些比率主要由国家的宏观经济环境如通货膨胀、经济增长和政治环境所决定。也就是说,对债务的无法容忍源于脆弱的制度结构和政治体系中的紧张关系。因为这个原因,全球投资者对政府的动机产生了怀疑。因此,当政府容忍借贷而无法容忍债务偿还时,市场准入的上限就会低一些。

当投资者对任何一个国家偿还债务的潜力变得谨慎时,他们做的第一件事就是向这个问题国家收取更高的利率。他们想用更高的利率来补偿增加的风险。第二种情况是根本不放贷。国际投资者对借给其他国家的资金总是很谨慎。他们可能拿不回自己的钱。这就是为什么他们通过国际货币基金组织等国际机构,直接或间接地迫使这些国家努力减少公共赤字,以获得投资者的信任。然而,实施这些政策的时机大多不合适,因为在经济不景气时期很难增加税收和减少政府支出。事实上,在任何问题出现之前,这些政策就应该被遵守。

如上文部分所述,银行危机与债务危机在时间上往往是相关的,要么是相互跟随,要么是同时发生。银行业的严重问题对整体经济产生了溢出效应。因此,政府试图防止这些影响。最近的欧洲危机就代表了这种情况:当政府试图纾困本国银行时,金融部门的问题很容易就转化成了财政部门的问题,从而增加公共债务。更具体地说,2008年爱尔兰和2012年西班牙的银行危机表明,两国银行业的流动性和偿付能力问题变成了财政问题,进而引发了主权债务危机。

银行危机也可以转化为主权债务危机,这主要源于两个重要的渠道:第一个

---

[1] 这种状态建立在一个经验事实的基础上,即新兴经济体的债务危机往往发生在可能不会被认为过度的债务水平上。因此,它们对低水平的债务也变得无法容忍。

渠道与政府在承担金融机构坏账中的作用有关;第二个渠道与危机期间国内现有的结构性宏观经济条件有关。

第一个渠道是关于政府为银行体系提供安全网所发挥的关键作用。当政府通过显性或隐性的银行债务担保来支持银行业时,它最终可能面临更高的主权债务水平。例如,2011年欧盟国内生产总值的30%是政府为2008—2012年欧盟成员国的银行债务提供的担保。这些国家的担保价值存在很大差异,其中爱尔兰提供的担保最多,约为2011年国内生产总值的250%。主权信用违约互换(CDS)保险额的急剧上升有力地表明,政府向银行业提供担保导致了重要的风险从银行业转移到政府。

此外,在2008—2012年的同一时期,欧盟成员国对银行业的国家援助(以资本重组、资产救助干预和流动性措施的形式)达到约5万亿欧元,约占2011年欧盟国内生产总值的40%。银行部门负债社会化的程度以及成本转移给纳税人的程度主要取决于为各自国家面临困境的银行所采取的解决机制。

第二个渠道与危机中国家的宏观经济状况有关。这个渠道有两个组成部分。首先,银行危机通常先于货币危机。由于这个原因,当银行业应对外汇负债的影响变得脆弱时,政府可能很难干预,因为干预的成本极高,所以银行业的问题可能导致主权债务危机。其次,银行危机减少经济增长,引发贷款紧缩,从而导致税收下降和预算赤字增加。因此,在税收收入锐减、自动稳定器带来的公共支出增加的同时,通常会伴随着公共债务的激增、主权信用评级的下降,有时还会出现主权债务违约。

2.3.2 杠杆和去杠杆周期

现在人们认识到,危机前的杠杆化(增加相对于股本的过度债务)和危机后的去杠杆化(大幅减少债务负担)的过程对于分析债务对经济主体的影响至关重要。这个过程需要详细的分析。

正如文献中经常提到的,金融机构有一定的倾向性。它们在危机前大幅提高了杠杆率。但在危机期间,它们采取了相反的行动,从而减少了危机期间的去杠杆化。因此,它们的杠杆行为是顺周期的。然而,这样的结论往往是基于账面价值数据,而账面价值并不一定反映当前的市场价格,因为账面价值很少更新。2007—2008年全球经济衰退前后的市场杠杆路径如图2.5所示。尽管金融机构在2007—2008年全球经济衰退之前大幅增加了资产负债表规模,即增加了债务和资产,但市场杠杆率仍保持相对稳定,仅小幅上升。这主要是因为这样一个事实:资产价格也在上涨,降低了杠杆率。然而,在危机期间,资产的市场价格急剧下降,速度快于债务的下降,导致杠杆率急剧上升。因此,市场杠杆率似乎是非周期性的。

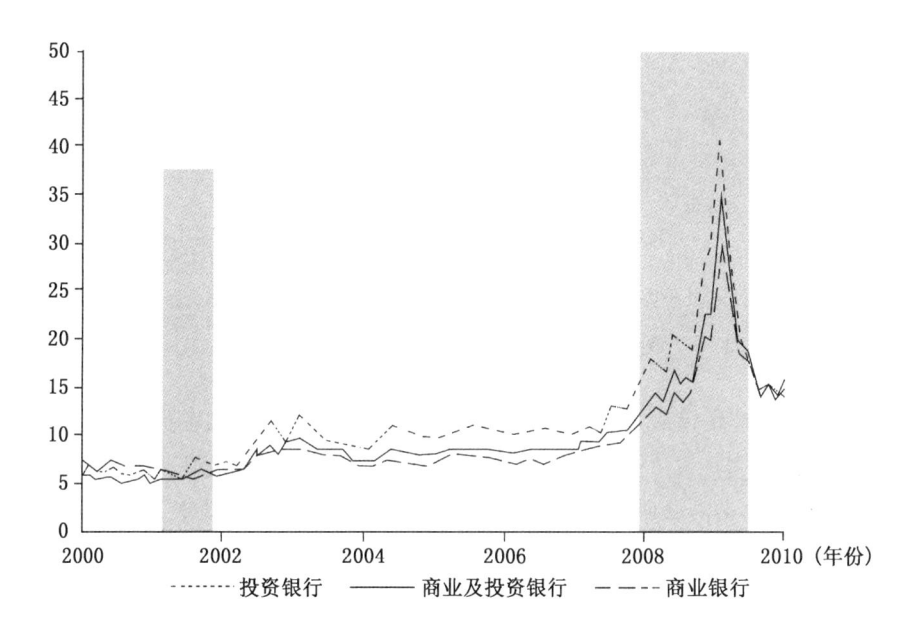

资料来源:来自圣路易斯联邦储备银行(Federal Reserve Bank of St. Louis)的统计数据。

图2.5 美国的市场杠杆率

经验证据还表明,贷款是顺周期的——无论是数量还是贷款标准,在衰退期间收紧,在繁荣时期放松。图2.6显示了美国商业银行贷款较一年前的百分比变化,在经济衰退期间大幅下降,之后又回升。

杠杆周期延伸到了全世界。它没有固定的周期,两次危机之间可能会有很长时间的间隔。杠杆或过度负债在繁荣时期发展,然后突然停止。在这样的周期中,过度负债的可能是个人、企业或政府。目前,发达经济体和发展中经济体的过度负债问题影响很大至少有两个具体原因。首先,过度负债会导致系统性危机,而这种系统性危机可能对实际和潜在产出、失业和产能利用产生非常巨大的、潜在的长期影响。其次,如果债务被认为是过度的,那么去杠杆化(减少债

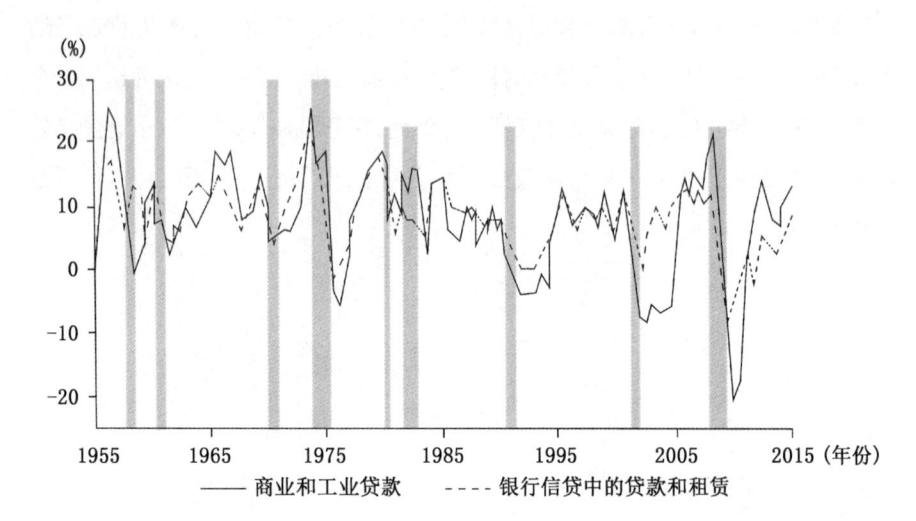

图 2.6 美国的顺周期贷款(百分比变化)

资料来源:来自圣路易斯联邦储备银行的统计数据。

务)的过程可能是持久和艰难的,即使它没有造成金融危机,或者甚至在危机阶段已经过去之后。

去杠杆化类似于凯恩斯所谓的节俭悖论。经济中各部门之间不协调的总体去杠杆化即使不会在个人层面上造成严重的问题,也会在整体层面上造成严重的问题。因此,大量削减债务的有害影响可能造成巨大的问题。政策制定者应该考虑到分散性去杠杆化的可能成本。

欧文·费雪认为,杠杆周期在20世纪30年代以债务通缩结束,而这加剧了经济大萧条。1929年之后,价格下跌,借贷者的实际债务增加,当债务人因此受损时,债权人就可以从中受益。净效应是负面的。债务积压在经济中产生了负面溢出效应。[1] 这种债务积压问题在2008年的危机中也出现过,当时过度的债务关系加剧了危机。[2]

在经济冲击下,高家庭债务的另一个严重成本来自被迫出售耐用品。这是一种强制销售的耐用品,比如房子。危机期间,失业率上升;这反过来又降低了

---

[1] 债务积压是指债务负担如此巨大,以至于一个实体无法承担额外的债务来为未来项目融资。债务积压阻碍了当前的投资,因为新项目的所有收益只会流向现有的债权人,使实体几乎没有动力和能力试图使自己摆脱困境。

[2] 当人们的债务超过资产时,就会给经济带来许多问题。当公司或家庭持有大量债务时,即使资产价值小幅下跌,也会使其濒临破产。如果一个家庭拥有一套价值10万美元的房子,并且欠银行9万美元,那么他们的净资产是1万美元。但是,如果他们的房子价值下降5%,他们的净资产价值就会减半,下降到5 000美元。

人们偿还债务的能力,意味着家庭违约和止赎的增加以及清仓甩卖时价格的大幅下跌。坎贝尔等(Campbell et al.,2011)估算了止赎对附近房屋价格的影响。例如,当单个止赎发生时,邻近区域的房价会下跌1%,但如果出现止赎浪潮,邻近区域的房价会下跌30%。价格下跌的这些负面影响引发了一系列连锁效应,比如抵押品价值下跌、银行资产负债表恶化和信贷下降。这种减价出售,即人们净资产的减少,降低了银行和公司的借贷潜力,进而扭曲了经济环境。以全球经济危机期间的美国为例,由于低价甩卖导致的房地产泡沫破裂,房价未曾达到其均衡价值。

有一些定量研究利用个别国家和截面数据分析杠杆效应对经济增长的影响。这些研究证明了过度杠杆的负面影响。它们主要表明,过度负债不仅会造成金融脆弱性,还会推高成本。布提尔和拉巴利(2012)在他们的研究中估计了1980—2011年间高杠杆的影响。他们根据危机前4年债务与国内生产总值之比的变化,将手头的国家样本分成两组。图2.7显示,危机后债务增幅较大的国家的增长率下降幅度约为债务增幅较小的国家的两倍。此外,债务增幅较小的国家比其他国家更早转向增长趋势。

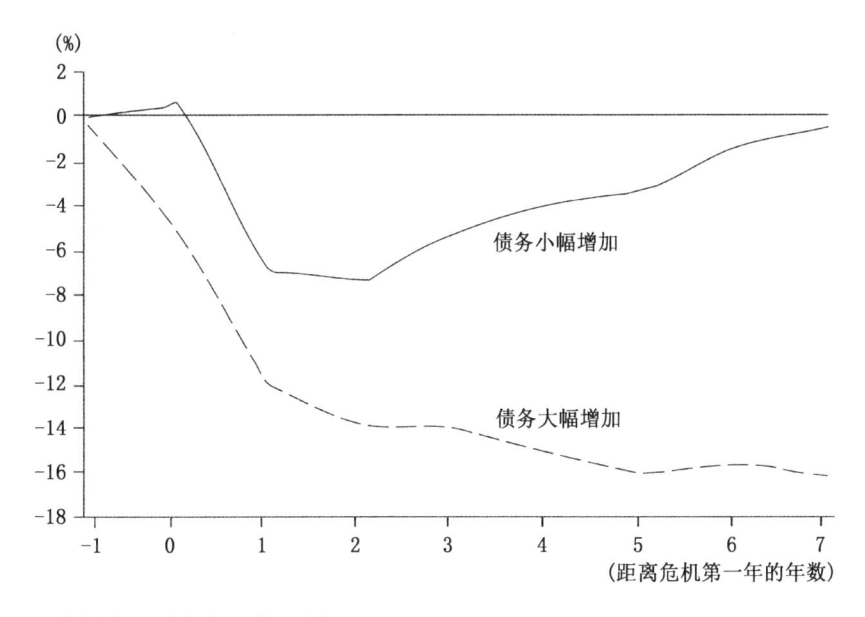

资料来源:布提尔和拉巴利(2012)。

图2.7　1980—2011年实际国内生产总值与银行危机后的前危机趋势(增长百分比)

2.4 结 语

自20世纪70年代末放松对贷款和全球资金流动的管制以来,债务危机在世界各地的发生频率有所增加。随着时间的推移,越来越多的人和国家变得更依赖债务。始于2007—2008年的金融危机是一场典型的债务市场危机。尽管股市迅速复苏,但债务市场的问题或多或少仍在继续。因此,为了理解全球危机和其他相对较小的危机,我们应该更多地关注债务市场。

尽管每个杠杆周期中借款人的身份在历史上是不同的,但债务仍是导致相关国家危机的一个重大问题。例如,在20世纪80年代早期,借款人是墨西哥和其他发展中国家的政府及国有企业;在80年代末期,借款人是日本的房主和房地产公司。在20世纪90年代初期,借款人是芬兰、挪威和瑞典的银行和房主;到了90年代后期,借款人是在新兴亚洲市场国家使用外部资源的银行。在21世纪中期,借款人主要是美国的购房者。

在最近的几十年里,我们看到债务增加背后有很多因素,包括金融创新、贷款标准下降、房价快速上涨、全球实际利率下降(由于储蓄过剩),以及人们对宏观经济波动性下降和持续较快增长的看法。在此期间,这些因素导致了信贷扩张的供给和需求的变化,从而引发了金融危机。

一些学者支持这样一种观点,即危机(尤其是2007—2008年爆发的全球危机)的原因不是过度借贷,而正好是收入不均的影响。在这些学者看来,全球金融危机的一个潜在原因是收入不均的加剧。这导致穷人过度借贷,富人投机高风险金融资产。低收入群体变得更依赖借贷,而高收入群体的支出比增加的收入要少。伴随着金融管制的放松,收入不均加剧了借贷活动,为危机埋下了伏笔。收入不均的相关性将在本书的后续部分进行更详尽的分析。

关于欧洲主权债务危机,一些学者从公共财政的角度来看待这场危机。他们提请注意的一点是,政府没有保持在其预算的合理限度内。对他们来说,为了防止另一场危机,应该实施更严格的财政规则——一个更好的《马斯特里赫特条约》(Maastricht Treaty)。然而,也有一些学者认为,主要问题是私人借贷而不是公共借贷。按照这种观点,欧洲危机(希腊除外)是源于私营部门的信贷繁荣和房地产泡沫的结果。然而,当这个泡沫破裂时,政府不得不承担银行的这些坏账,从而使公共部门面临压力。

我们可以从债务危机中吸取一些政策教训,并提出一些政策建议去解决这些问题。政府尤其应加强市场监管,以降低市场失灵的风险。从这个意义上说,政府应该遵循维持金融稳定的政策,采取审慎的监管措施来防止过度借贷。事实上,这些改革大多仍然处于不同的实施阶段,应该不断检查它们的影响,并在发现新的问题时加以完善。

第3章 金融化和新自由主义

3.1 导 论

在过去30年里,资本主义的变化通常被描述为新自由主义、全球化和金融化。尽管学术界对前两个问题进行了大量研究,但对第三个问题的关注却少得多。然而,人们普遍认识到,金融化已成为经济活动背后的压倒性力量。因此,资本主义的主导特征就是金融化。这意味着经济体,特别是发达国家的经济体,从一个阶段过渡到另一个阶段,经济活动的重心从生产转移到融资。也就是说,资本家积累的本质正在经历一场深刻的变革。

金融化提升了货币的主导地位。到了20世纪末,私有化和金融化的原则已经进入了我们的个人生活。人们被鼓励去看到以个人金融资产作为后盾的货币形式的安全。这削弱了集体对社会问题的看法。诸如工会等集体实体遭到破坏,像养老金和各种社会保险这样的社会政策被纳入金融领域。一切都被视为金融资产。房子不再是房子,而是金融资产。因此,金融扩张开始更深刻地支配经济和社会关系。

本章主要回顾金融化的经济后果及其与危机的相关性。我们还分析了金融化、新自由主义政策与危机之间的联系。从这个意义上讲,我们将在本章接下来的几个部分中探讨在放松金融管制的背景下新自由主义及其对金融危机的影响。

3.2 什么是金融化？

除了新自由主义或全球化之外，金融化已经成为界定资本主义当前阶段的最全面的概念之一。尽管在 20 世纪 60 年代中期，一些非正统经济学家已经开始关注金融日益增长的权重和出现在 20 世纪 90 年代被广泛使用的金融化概念。该术语的广泛使用产生了来自不同理论背景的作者的不同观点，因此，对该术语并不存在一个为人们所普遍接受的定义。

金融化的概念经常被用来强调金融在当代经济中不断增长的重要性。但这仍然是一个有争议的概念。根据卡林尼克斯(Callinicos, 2010)，它有三种含义。第一种含义意味着银行业与工业资本的融合，这是鲁道夫·希法亭在 20 世纪前 10 年里提出的。但证据与这一含义不符。这是因为融资方式一直在随着时间和国家的变化而变化。例如，尽管德国和日本的工业对银行融资的依赖程度很高(虽然随着时间的推移，这种依赖程度也有所下降)，但在英国和美国，情况却并非如此，因为它们更依赖资本市场。此外，当代融合的方向不是从金融走向非金融，而是从非金融走向金融。也就是说，非金融公司已经开始从金融活动中获取相当大一部分的利润。

金融化的第二种含义是金融部门变得越来越自主这一事实。这主要意味着金融已经宣布独立于现实，只为自己的利益行事，而不考虑经济的总体健康状况。第三种含义是金融领域的不断扩大。金融开始主导几乎所有的金融行为体，并在新的金融产品或其向整个经济扩张的帮助下将它们相互融合。

根据第三种含义，爱泼斯坦(Epstein, 2005)将金融定义为"金融动机、金融市场、金融行为体和金融机构在国内和国际经济运行中的作用日益增强"。这个定义反映了世界各地，特别是发达国家的现状。由于新自由主义与信息技术的结合，金融市场和参与者已经遍布各地。这种日益增长的影响也反映"在积累模式上，在该模式中，利润越来越多地通过金融渠道而不是通过贸易和商品生产来获得"[克里普纳(Krippner)，2005 年，第 174 页]。

事实上，金融化是自 20 世纪后期以来一种历史趋势的结果。金融成为经济,特别是发达国家经济运作的重要因素。金融化的进程在第二次世界大战后速度尤其加快了。自20世纪70年代开始,这一进程被描述成从生产到融资的深刻转变。它影响到经济的各个方面:(1)金融利润在总收入中所占份额的不断上升;(2)金融、保险和房地产(FIRE)在国民收入中所占份额的增长;(3)相对于国内生产总值的债务不断上升;(4)风险金融产品泛滥;(5)不断加剧的金融资产泡沫。

更明显的是,经济的金融化表现在三个层面:行业、公司和家庭。金融在行业层面已经成为美国最赚钱的行业。其在国民产出中的份额从1960年的15%上升至2001年的将近23%,超过了20世纪90年代制造业所占的份额。其利润达到了高水平,在2008年危机爆发的前几年达到了顶峰(克里普纳,2005)。

在公司层面,我们看到了公司行为中的金融化。所有公司都开始更加强调股东价值最大化。在公司治理中,股东至上变得突出。这一点可以从金融高管的至上地位中看出。伴随公司层面的金融化的另一个行为变化就是非金融公司更多地参与金融活动,这构成了这些公司利润的重要组成部分。自20世纪70年代以来,它们的财务利润份额就已经增加了。这已经构成了一种新的资本积累模式,该模式与源自生产和贸易的资本积累模式是不同的。

图3.1展示了美国金融利润、非金融利润与国内生产总值的趋势。这表明,直到20世纪90年代为止,以上三者的增长趋势几乎是相同的。然而,在20世纪90年代末,正如福斯特和马多夫(Foster and Magdoff,2009年,第123页)所提到的:"随着美国金融公司的利润(在较小程度上也包括非金融公司的利润)飙升,金融似乎有了自己的生命,它似乎与相对停滞的国民收入增长无关了。"

在家庭层面,我们也看到金融化一直在扩大。随着时间的推移,家庭在总资产中所持有的金融资产已开始大幅增加。这主要是因为家庭越来越多地参与股票市场和流动基金,以及从固定收益转向固定缴款养老金。[1]家庭不断增加的债务也是这一发展的关键。它们进入信贷市场的主要原因更多是工资的停滞不前。

---

[1] 固定收益计划是"确定的",因为收益公式是预先确定且知道的。相反,对于"固定缴款退休计划"而言,计算雇主和雇员供款的公式是预先确定且知道的,但由于按照参与人的指示,投资共同基金、货币市场基金、年金或股票的回报是事先不知道的,因此无法预知要支付的资金收益。

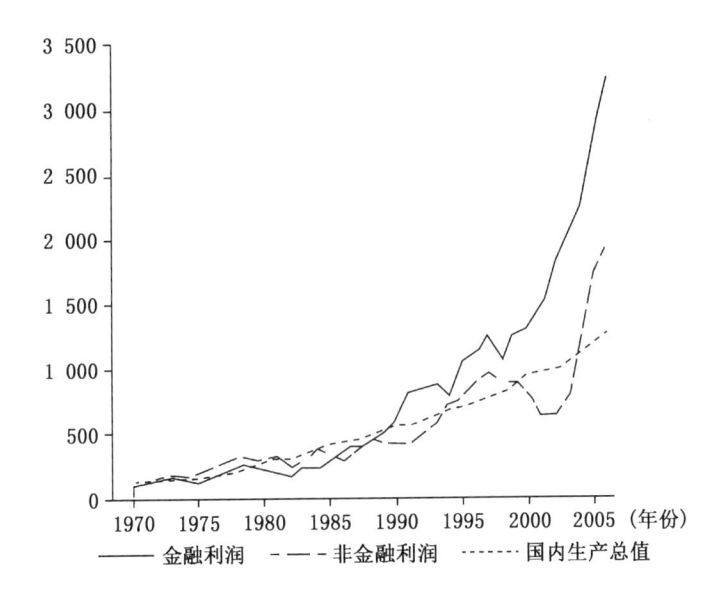

资料来源:福斯特和马多夫(2009)。

图 3.1 美国金融利润和非金融利润指数(1970年=100)

3.3 金融化的发展

3.3.1 金融化的历史概述

大萧条已经显现出了缺乏监管的市场的危险。因此,当局在20世纪30年代出台了好几项规定,以削减可能使社会陷入危险的财政激励措施。为了实现这一目标,美国当局制定了1933年和1935年《银行法》(the Banking Act of 1933 and 1935)、1933年《格拉斯—斯蒂格尔法案》(the Glass-Steagall Act of 1933)以及1934年《证券交易法》(the Security and Exchange Act of 1934)等法规。这些法规的主要目标是限制系统性风险和增加金融行为人的透明度。

总体而言,在20世纪50年代和60年代,在美国和其他发达国家,金融与实体经济之间建立了良好的平衡。但从20世纪60年代末开始的一些发展威胁到了银行的盈利能力。20世纪60年代末的高通胀水平导致实际利率下降,这反过来又降低了银行的盈利能力。此外,紧缩的货币政策减少了银行的贷款机会。随着这些变化,银行开始了好几项创新,以提高它们的利润。它们通过新金融产品主要是为了逃避20世纪60年代和70年代的监管。此外,非银行机构开始出现,因为它们不受约束银行的那些法规的限制。许多非金融企业开始设立金融子公司,例如通用汽车和福特。[1]

从20世纪60年代末到70年代初,制造业的利润率下降了约40%。布伦纳(Brenner,2006)提到,这种下降主要是缘于国际竞争加剧以及日本和德国进入全球市场所导致的价格下降压力。布伦纳认为,"……由于世界贸易的这种急剧增长,新的生产商在毫无预警的情况下,开始在世界市场上供应急剧增加的部分产品,取代长期稳居的现有生产商"(第110页)。也就是说,美国制造业利润下降,导致产能过剩的问题。制造业公司自然地也就转向了金融资产投资,而不是把实体投资深入下去。

在20世纪70年代初,石油危机产生了一个意想不到的副作用,加速了金融化的进程。由于油价上涨,石油生产国的超额收益流向了美国和欧洲的银行。这些所谓的石油美元增加了它们可以借出的资金。大部分这种资金流向了国外,而不是国内代理机构。如此大规模的融资影响了世界的金融环境。资本流动的不断增加,加之贸易量的不断增加,引发了自由主义的思想。凭借这些自由主义思想,"华盛顿共识"发展并塑造了美国和其他国家的金融活动。因此,它不仅为开始更多地参与金融活动的美国公司,也为美国政府带来了新的激励措施。

20世纪70年代的凯恩斯主义措施未能取得理想的效果,因此,政策制定者更多地转向了货币政策和紧缩政策。美联储坚持执行反通货膨胀政策。这反过来又导致了利率的上升,而银行的利润也自然上升了。随着在20世纪70年代和80年代较高的利率政策的实施,价格稳定性也变得突出了起来(爱泼斯坦,2005)。这种货币政策在20世纪80年代初进一步加速了金融化。罗纳德·里根(Ronald Reagan)从1981年开始通过放松劳动力市场、降低高税收和减少政

---

[1] 以通用电气为例:
你可能认为它是一个灯泡和电器制造商,对吧?而在1980年,制造业确实占其利润的92%。但到2008年初,通用电气的金融业务占其利润的56%(其子公司通用电气资本恰好是美国最大的非银行贷款机构)。现在想想通用汽车公司:它是制造汽车的,不是吗?但在通用汽车金融服务公司(General Motors Acceptance Corporation,GMAC)陷入次级抵押贷款危机之前,它的利润通常占母公司利润的60%—90%。(通用汽车卖掉了通用汽车金融服务公司,但此后又成立了一个新的金融部门——通用金融。)2008年底,当杠杆率极高的美国经济崩溃并陷入困境时,许多人预测,华尔街主导经济的时代已经结束。但到2011年3月,《华尔街日报》可能会报道,金融业再次创造了美国约30%的企业利润。虽然仍低于2002年的峰值,当时金融业占企业利润的44%,但30%是次贷泡沫期间金融业的平均水平。

[诺亚(Noah),2012年,第156页]

府监管,解除对所有市场的管制。特别是减少了公司所面临的障碍,例如,降低了资本利得税,并出台了与大型兼并有关的、更灵活的联邦政策。

在20世纪80年代,公司的利润持续下降。布伦纳(2006)指出了生产过剩和产能过剩,并提到了"由于资本存量的低回报率阻碍了对新工厂和设备的长期投资,资金越来越多地流向了金融和投机,以及奢侈品消费,这条道路是由国家政策来铺平的。国家政策毫不掩饰地向总体富人尤其是金融家倾斜"(第189页)。

从20世纪80年代开始,新自由主义政策缩小了国家的规模和范围。几乎所有市场,特别是金融市场,都解除了管制。这项政策主要基于自我调节市场及其有效配置的假设。基于个人主义的突出地位,公众利益不受重视,因为在这种观点中,只有个人而不是整个社会。

因此,在20世纪80年代,金融化已经成为美国经济不可或缺的一部分。这种发展有了一些迹象。其中之一是机构投资者在经济体系中的地位。这些投资者是解除管制的金融市场和被引入系统的新金融产品的主要受益者。伴随着这些发展,这类投资者控制了该系统,他们更强调财务方面的问题。是股东的利益,而不是公司利益相关者的利益,主导着公司的观点。与此相一致,公司治理结构也随着这些发展而发生着同步的变化。公司所有者旨在通过使公司经理人的激励与股东的激励相容来解决委托—代理问题(principal-agent problem)。这导致公司经理人越来越关注财务结果。

所有这些发展都有助于金融化在美国和其他发达国家扩散和深化。直到2008年全球危机爆发之前,这种情况一直持续着,没有任何中断。20世纪90年代的解除管制法案,比如1999年废除的《格拉斯—斯蒂格尔法案》,进一步加速了这一进程。在21世纪中期的金融化高峰时期,金融利润占据了美国商业利润总额的40%还要稍微多一点,几乎是第二次世界大战后平均值的两倍。然而,尽管2007—2008年爆发的全球金融危机改变了金融业的格局,但此时就断言经济危机标志着金融化的结束还为时过早。

3.3.2　全球经济衰退前金融市场的发展

在本节中,首先我将努力展示始于20世纪80年代初的金融化大浪潮的规模,然后我将详细阐述这一过程产生的原因。

图3.2更好地反映出美国金融化的程度,显示了金融和非金融部门的债务占国内生产总值的百分比的趋势。从20世纪80年代开始,非金融公司的债务占国内生产总值的百分比有所上升。但令人惊讶的是,金融公司的债务大幅增加。在近30年中,金融公司的债务占国内生产总值的比例从约20%上升至116%(马多夫和福斯特,2014)。在后危机期间,金融债务占国内生产总值的比例大幅下降,但其水平仍然居高不下。

资料来源:马多夫和福斯特(2014)。

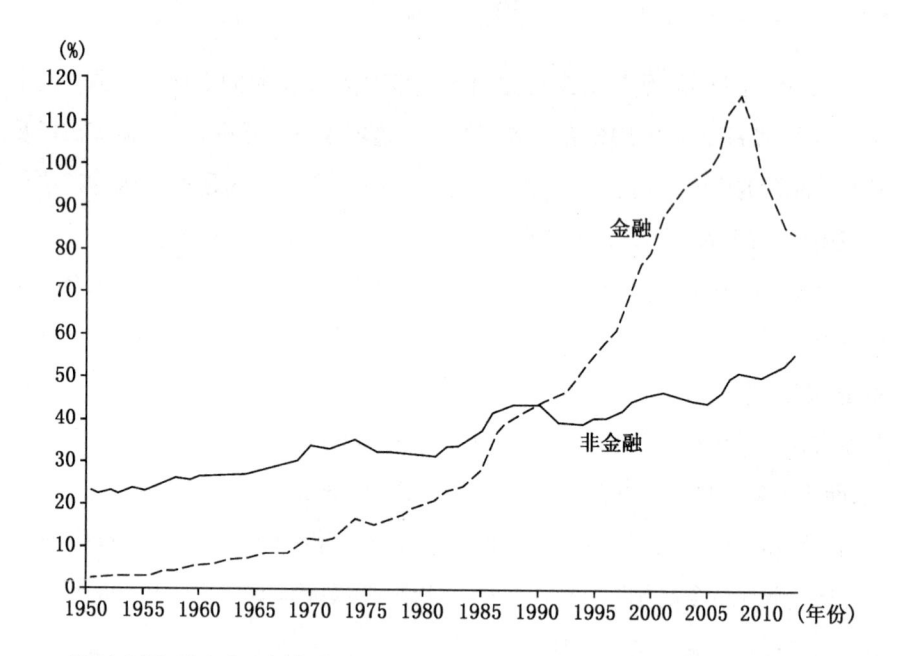

图3.2 非金融和金融公司债务(占美国国内生产总值的百分比)

图3.3从另一个角度说明了金融化规模的扩大(所有数字均标准化至1970年)。近几十年来,经济体系的重心已从以银行为基础转向以市场为基础的金融体系。如图3.3所示,证券市场相对于银行业有巨大增长。银行资产的增加与国民收入的增加是同步的。但与国内生产总值的增长相比,非银行金融机构的资产增幅很大。然而,在这种更加多样化和复杂化的金融结构中,银行与非银行机构之间的联系由于证券化是会继续存在的。

过去几十年发生了显著的变化。首先,金融行动者和机构发生了变化。好几家非银行机构已经出现并大幅发展。这些基金包括养老基金、保险公司、投资基金、货币市场基金、对冲基金、私募股权基金和特殊基金载体。与银行相比,这

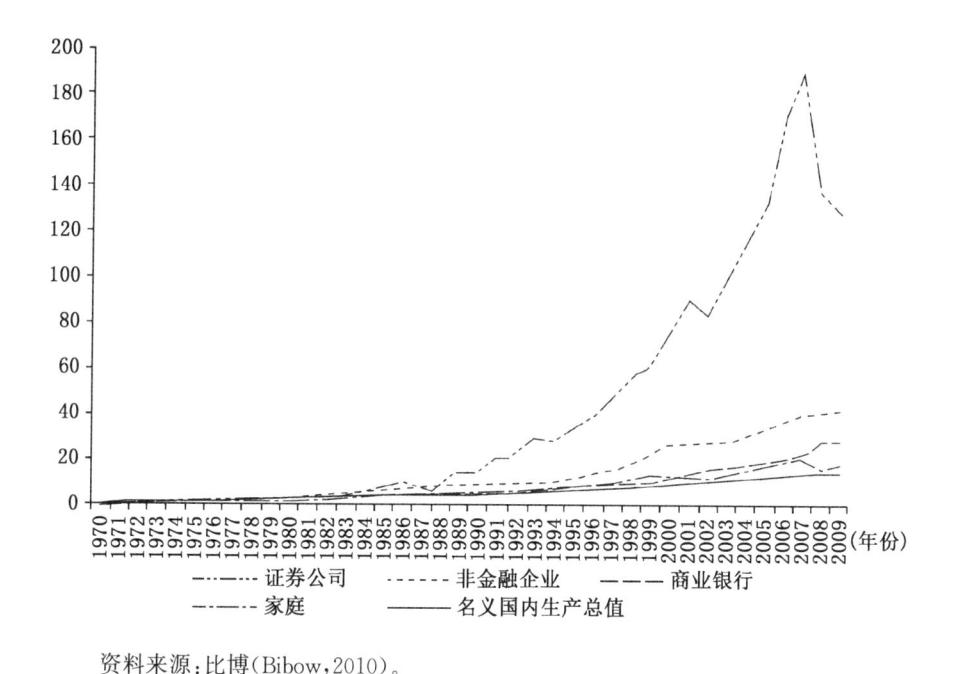

资料来源:比博(Bibow,2010)。

图 3.3 美国经济单位的金融资产

些金融机构受到的监管较少,因为它们通过金融创新来规避传统的银行业监管。但它们的功能几乎与银行相似。这种新结构被称为影子银行。而这种新结构一直是金融化的载体。

在此期间,银行从中获取利润的活动也发生了变化。它们从利息收入转向收费业务。它们以资产支持证券的形式出售抵押贷款(即原始贷款,然后以证券的形式将其出售给投资者,这称为原始—分配模式)。此外,贷款的主体,即资助的对象发生了变化。它们开始更多地向家庭而不是向公司提供贷款。抵押按揭贷款是这些贷款中最重要的部分。金融机构处理风险的方式同样发生了变化。随着新的金融产品的出现,承担风险的程度和普遍程度也已经发生了巨大的变化。例如,随着证券化的增加(简单地将贷款转化为证券),它们将风险划分为不同的部分(通过不同的证券),并将其分配给想要持有这些证券的不同参与者。这意味着出现了新的利益冲突和新的风险领域。例如,证券化增加了银行的融资潜能,它将发起者(贷款人,主要是银行)的风险转移到了证券买家身上。

伴随着这些发展,我们注意到银行不再是唯一重要的信贷来源。相反地,由诸如对冲基金、共同基金和养老基金等多元化投资者进行证券交易在提供信贷方面发挥了主导作用。随着复杂而晦涩的金融创新的同时推出,金融业被证明成为一个高风险的行业。此外,投机活动也加剧了。在这一投机过程中,银行发挥了积极的作用,因为金融财富的大规模扩张是由银行向资产买家提供大量信贷,以高杠杆率为其投机交易进行融资的。

事实上,这种高度加速的金融化得益于技术。强大的计算机和智能软件开发的信息技术降低了复杂金融产品和合同的计算和交易成本。它们一起加速了金融交易,并允许进行复杂的风险计算。然而,这里的关键点是,这些技术创新不能解决未来事件所涉及的内在的不确定性问题。此外,它们还制造了一种错觉,认为金融运作是谨慎的,几乎没有风险。

在全球经济衰退之前,复杂且有风险的资产大幅增加。2007年,证券化债务的总额是1990年的3倍,衍生品的总额是1999年的6倍。金融创新,特别是衍生品、证券化和结构化投资工具,对整个经济结构都变得至关重要。在对金融危机进行技术分析时,我们需要了解危机爆发前金融市场的这些重要发展。它们被分类为商业票据渠道、结构性投资工具和资产支持证券,杠杆收购,以及衍生品合同。

(1)商业票据渠道、结构性投资工具和证券化

在美国的金融结构中发展了两大重要的金融机构,即商业票据渠道和结构性投资工具(SIVs)。它们的共同之处是通过短期证券为长期资产融资。它们从自己发行的诸如商业票据和中期票据等典型的短期证券与它们所购买的长期资产(典型的是证券化产品)之间的收益率差中赚取利润,证券化产品是将贷款(在金融公司的资产中)转化为证券。这一程序允许贷款的发起者将这些贷款出售给投资者。这是一种潜在的、十分有利可图的活动,但同时也是一项高杠杆率和高风险的活动,这也解释了为什么银行在资产负债表外开发这项活动。它是金融部门大额借款的源头。

商业票据渠道是发行短期负债、商业票据,为中长期资产融资的非银行金融机构。尤其是银行,它们通过资产负债表外的方式为其资产融资,以规避资本要求的监管。它们被视为影子银行的一部分。同样地,结构性投资工具也是一种非银行金融机构,它们通过批发与零售融资之间的利差获利。但取而代之的是,它们的融资是基于中期票据(一种非常规债券票据,到期期限通常在5—10年之间),辅以商业票据。它们投资期限较长的公司债券和评级较低的结构性信贷产

品,如传统的长期资产、资产负债表和债务抵押债券(CDOs),这是一种结构性金融产品,汇集了产生现金流的资产,并将这些资产池重新打包成分散的部分,然后出售给投资者。在2007年危机爆发之前,渠道的总资产在美国达到了1.4万亿美元,全球结构性投资工具的总资产达到了将近4 000亿美元(杜梅尼尔和莱维,2011)。

(2)杠杆收购

杠杆收购(LBO)是一种将股权与债务结合起来收购公司的金融交易。私募股权公司通常遵循此类策略,将被收购公司的资产作为抵押品展示出来。它们的目标是通过将公司出售给其他公司来偿还大量借款。

图3.4显示了美国和欧洲杠杆收购业务的增长情况。在21世纪初之前,杠杆收购业务量并不高,在1993—2003年间,每年约为120亿美元。但在那之后,杠杆收购业务量急剧增长。例如,在2007年达到了最高水平,接近3 800亿美元,大约高出了30倍。图3.4还显示了欧洲类似的杠杆收购浪潮,该浪潮在2007年达到峰值2 900亿美元(杜梅尼尔和莱维,2011)。

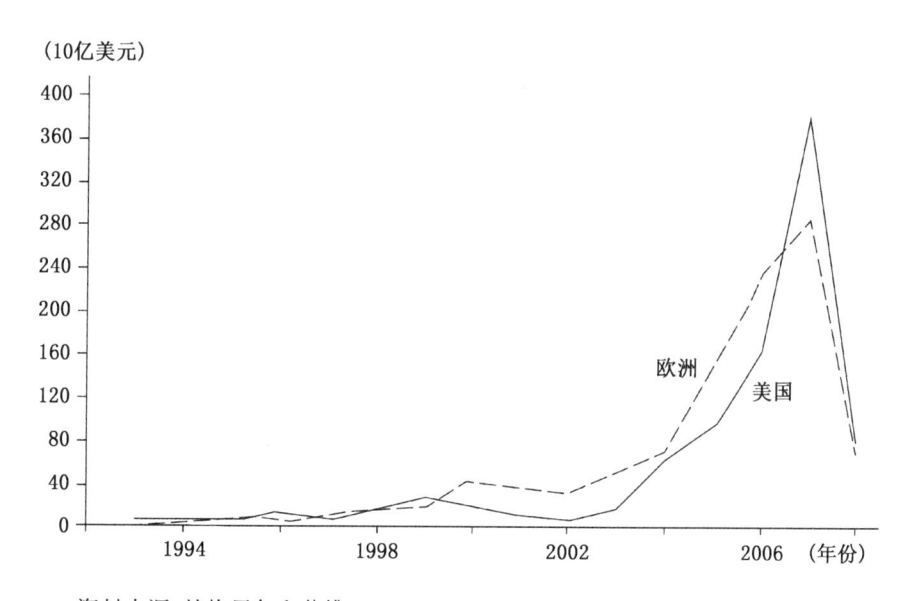

资料来源:杜梅尼尔和莱维(2011)。

图3.4 美国和欧洲杠杆收购的流动情况

事实上,杠杆收购显示了金融化的另一个维度。越来越多的借贷机会促使诸如私募股权公司之类的新兴公司购买具有高杠杆融资的公司。与对冲基金一样,私募股权公司从投机交易的廉价资金中获益。然而,值得注意的是,它们的交易不是金融资产,而是公司。它们专门从事公司的买卖。事实上,它们大多是资产剥离者。它们收购陷入困境的公司,或将其拆分成不同的部门,然后出售给其他公司。安永会计师事务所(Ernst and Young)于 2009 年发布的一份报告显示,私募股权公司所获得的利润主要来自使用债务(约占其利润的一半)和所收购公司的股票价格上涨(约占其利润的 1/3),而不是提高所收购公司的效率(仅占其收益的 1/5)。

(3)衍生品合同

2007—2008 年金融危机爆发前的另一个重大金融发展就是衍生品市场的兴起。它们成为一个重要的利润来源,但也被证明是极端风险的一个重要来源。人们意识到,衍生品市场可能会对金融市场产生潜在的不利影响,正如人们在 2007—2008 年爆发的全球危机期间所看到的那样。

衍生品是一种从标的资产中获得其价值的金融合同。这些金融合同的对应方试图从未来标的资产可能出现的价格波动中获益。标的资产的范围从商品到各种金融资产,如债券、货币、商品、股票、利率和市场指数等。衍生品合同可以买卖以对冲风险,但它们一般都用于投机以获得更大的利润。它们的杠杆率很高,风险太大。

在新自由主义时期的几十年里,衍生品的总名义价值急剧增长。从 20 世纪 80 年代开始,随着时间的推移,它们已经达到了很高的水平。它们在全球的名义交易量从 1998 年的 72 万亿美元上升到 2008 年的 684 万亿美元。当时全球总产值约为 60 万亿美元。

对冲基金是衍生品合同的主要参与者之一。它们的风险偏好促使它们处理高度投机的交易。它们的高杠杆率也为金融波动创造了巨大的可能性。

利率衍生品是衍生品的最大组成部分,2008 年总计 458 万亿美元。另一种近几十年来迅猛发展的衍生品合同是信用违约互换,它是一种金融衍生品,这种产品使得投资者能够与另一投资者"互换"(swap)或抵消其信用风险。信用违约互换创建于 20 世纪 90 年代中期,并增长到 58 万亿美元。图 3.5 显示了 2002 年后衍生品交易的急剧上升(杜梅尼尔和莱维,2011)。

在过去 10 年里,金融投资者也开始增加其投资组合中的商品期货。由于非商业参与者的金融投资者越来越感兴趣,自 2000 年以来,商品投资量大幅增加。

资料来源:杜梅尼尔和莱维(2011)。

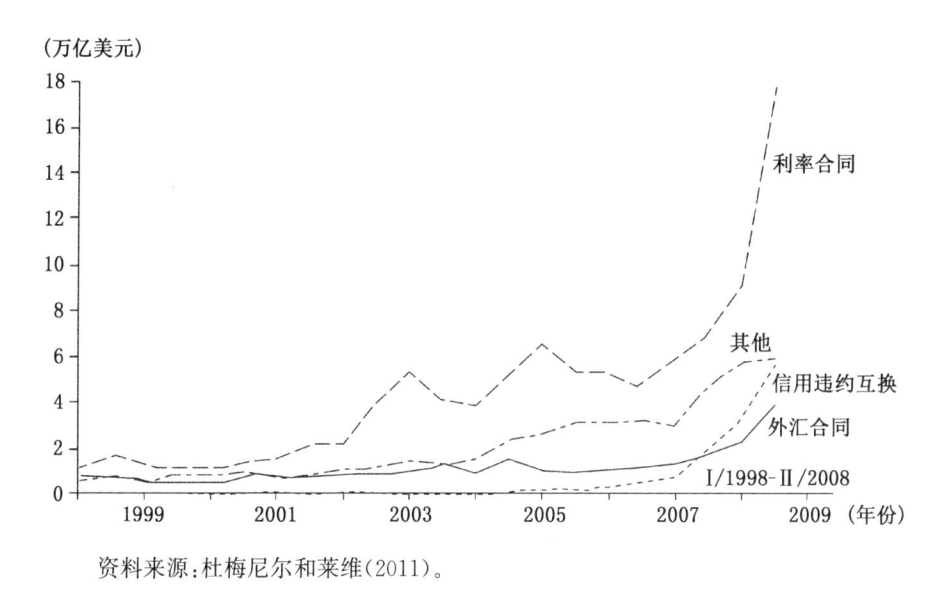

图 3.5 全球场外衍生品市场总值(半年一次)

这一过程被称为商品市场的金融化。美国商品期货交易委员会(Commodity Futures Trading Commission)的报告称,在 2010 年,商品衍生品市场的投机者数量是保护自己免受价格波动影响的传统交易者的 3 倍。

由于商品市场与金融市场之间的相关性较低,金融投资者增加了对商品的投资,以降低其投资组合中的总风险。然而,自 2000 年中期以来,金融投资者在商品市场中的作用增强,商品与股票市场的联系也增加了。但直到 2007 年的金融危机,人们才彻底地考虑到这一点。人们认为,商品价格的泡沫可能与商品期货市场的投机行为有关。因此,2007—2008 年能源、金属和农业部门大批商品的同步繁荣与萧条周期,引发了关于商品期货市场投机是否导致商品价格泡沫的激烈辩论。

金融化也改变了实体公司、非金融公司的行为。特别是股东角色的增加对这一点尤为有效。这可以从公司高管行为的变化中看出来。公司高管们更加关注股东的短期动机。因此,他们从"保留和再投资"政策转向了"缩小规模和分配"政策,从而财务动机对公司来说也变得更加重要。另一个变化是,公司越来越容易被机构投资者收购。公司可能成为机构投资者的受害者。如前所述,私募股权公司的杠杆收购仍然是对实体公司的外部威胁。

除了这些变化,公司所面临的经济环境也发生了变化。金融市场的波动性增加,因而风险也增加了,对非金融公司的商业环境产生了毁灭性影响,使它们不愿从事实体投资项目。投资相对于利润的疲软表现可以从图 3.6 中看出。自 20 世纪 80 年代中期以来,在所有主要经济体中都可以观察到投资利润比的下降。

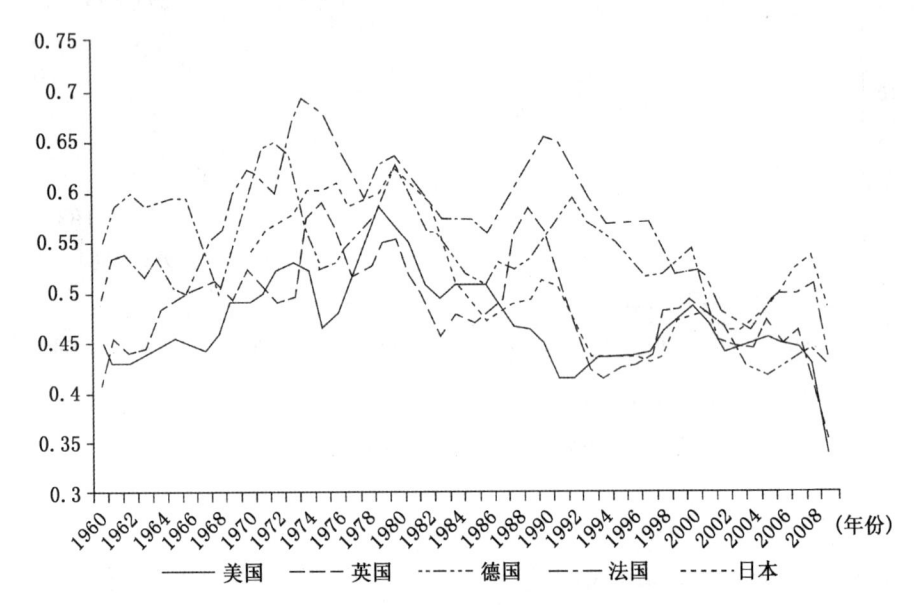

资料来源:斯托克哈默(Stockhammer,2012)。

图 3.6　投资与经营盈余之比

3.3.3　金融创新

在这里,我必须创建一个新的部分来展示金融创新在所有这些发展中的重要性,尽管这在本章中已经讨论过多次了。金融创新背后的主要个人动机和结构动机值得单独分析。

金融创新在 2007—2008 年全球经济危机的发展中扮演着重要的角色。人们很快意识到,其中一些创新产品和结构的破坏性影响在美国金融体系的崩溃中发挥了重要作用。例如,人们意识到债务抵押债券和抵押贷款支持证券的风险比想象中要高。持有这些资产的人无法轻易处置这些风险资产。

如前所述,从 20 世纪 70 年代开始,全球经济中的金融体系发生了变化。随着时间的推移,出现了新的金融产品。决定金融工具发展的各种因素包括全球金融的管制放松、信息和通信技术的进步、全球化以及金融理论发展。因此,我们经历了从传统的金融产品和更静态的结构向高度复杂、高风险的金融产品和动态结构的逐步转变。我们有了新的行动者、新的金融产品和新的机构。新制度从根本上改变了格局,产生了一批新的经济行为人,其中很多人经常被误解。

经济学和金融学的发展也加速了各种金融产品的推出。特别是金融理论家发展了新的金融产品的理论基础,并在信息技术的帮助下将其应用于金融市场。特别是基于布莱克—斯科尔斯(Black-Scholes)期权定价和copula概率公式的金融模型导致衍生品和结构化产品的快速增长。因此,这两个公式有助于金融机构开发新的风险产品,以满足偏好风险的投资者的需求。

宏观经济驱动的需求在深化和扩大对新金融工具的需求方面也发挥了关键作用。例如,在20世纪70年代生产投入价格波动加剧后,在商品衍生品的使用中可以更具体地看到这一点。另一个例子是20世纪80年代初利率波动加剧后,利率互换被广泛使用。在互联网泡沫崩溃后,由于企业违约的增加,信用违约互换的使用扩大了。为了在一个竞争更加激烈的环境中赚取费用,投资银行在研发这些产品中发挥着关键性的作用。那些创新协调了经济行为体,创造了日益相互联系、同质化和规模巨大的市场。法规还鼓励开发衍生品和结构性投资工具来规避它们。例如,美国在1933年颁布的Q条例(对存款账户支付利息的各种限制)促进了货币市场基金的增长,货币市场基金将很快成为金融体系中的一个系统性参与者。总的来说,这些金融创新已经形成了一个广泛的网络,将许多行为人联系在了一起。因此,各个经济体都持有风险更高的工具,更容易受到外部冲击的影响。

同时,应该提到的是,衍生品和结构性投资工具的增长也可能与政府行为有关。例如,美国1999年的《金融现代化法案》(Financial Modernization Bill)豁免了对衍生品的监管。与银行资产负债表上的相同贷款相比,《巴塞尔协议》规定减少了针对证券化资产的资本储备,因此银行发现寻求更大的证券化是有益的。

影子银行系统的发展对于理解金融扩张和创新至关重要。随着布雷顿森林体系的崩溃和后期全球化的不断发展,全球银行模式应运而生。这种银行模式首先始于欧洲,接着传到了日本,最后传到了美国。美国的银行受到严格监管,与欧洲和日本的银行相比,在竞争意识上存在一些劣势。随着1933年《格拉斯—斯蒂格尔法案》废除后1999年《格雷姆—里奇—比利雷法案》(Gramma-Leach-Bliley Act)的颁布,美国的银行体系转向了全球银行模式。这促使美国银行扩大了其不受当局监管的金融活动。它们创建了新的机构,使它们能够将各种金融业务整合到自己的领域中。例如,它们将零售银行业务、批发银行业务和保险业务合并到一个共同的法律实体下。银行活动的这种变化被称为影子银行。影子银行最初被视为传统银行领域之外的活动,但人们立即意识到,它是一种随着时间推移而发生转变的新版本的银行。通过这种方式,银行就退出了传统金融领域,参与并引入了许多从金融意义上来讲新的、有风险的和复杂的相互联系。

人们普遍认为,当引入一项创新时,发行人和购买者都会从中受益。然而,创新对个体机构及其稳定性的所有影响并没有得到彻底的审视。莱文(Laeven,2013年,第234页)详细阐述了这一点:"关于金融创新的文献主要关注创新的好的方面或坏的方面,而不是金融机构所有者利用这种创新的动机。"这主要是因为在经济学和金融学领域存在一些明确的学科偏见和偏好。政策制定者、监管者和该领域的大多数金融经济学家认为,金融创新导致市场更好地运作。里维里恩等(Llewellyn et al.,2009年,第26—27页)提到如下内容:

> 通过增加金融工具的范围,金融体系(朝着)更接近阿罗—德布鲁(Arrow-Debreu,1954)的理想状态发展。在这种理想状态下,所有交易者都可以确保在未来所有的突发事件中自己交付货物和服务,并且该体系更接近"自然状态"的数量……因此,金融创新具有显著提升金融体系效率的核心能力。

但这里的问题是,这些经济学家没有考虑到制度及其机制,因此,金融商业行为体的基本动机没有被很好地纳入考虑范围中。

3.4 金融化进程及其与其他经济发展的联系

金融化本身并不是经济中一个孤立的发展。它已经影响了经济体中的一些重要趋势,并且也受到了这些趋势的影响。现在我们来看看关键因素。

3.4.1 金融化和日益增长的债务

第二次世界大战后至1980年,债务总额相对于国内生产总值的增长一直保持适中的速度,从1952年的126%适度增长至1980年的155%。然而,在自由主义的几十年中,这一比例急剧上升,在2008年上升到了353%。至于金融部门的债务,可以看出它在1952年和1980年分别占国内生产总值的3%和20%。

但在自由主义的几十年里,这一比例大幅上升,在 2008 年全球危机爆发前,该比例上升到 119%。表 3.1 还表明,2008 年金融部门的债务超过了家庭债务(杜梅尼尔和莱维,2011)。这一发展代表了债务负担的一个重要转变。与过去相比,金融公司负债严重。

表 3.1　　　　美国所有部门的债务(占国内生产总值的百分比)　　　　单位:%

	1952 年	1980 年	2008 年
非金融部门	124	136	234
家庭	25	48	96
商业	30	51	78
政府	68	37	60
金融部门	3	20	119
总计	126	155	353

资料来源:杜梅尼尔和莱维(2011)。

金融部门不断增加的债务与上述定义的发展有关,这些发展是金融市场供求与政府行为的组合。通过金融化,金融行为者更加关注他们自身之间更多的融资活动以获取更高的回报,而不是向实体部门放贷。他们提供了更多的新金融产品,这些产品的需求者也越来越多,而且政府通过放松管制也促进了这一情况的出现。各种资产、贷款或证券以越来越快的速度在金融机构之间转移。因此,在 20 世纪 80 年代开始的新自由主义时期,金融部门成为主要的借贷者。

3.4.2　金融化与收入分配

尽管随着金融化的形成,收入不均已经显现,但金融部门日益增长的规模和重要性所形成的经济发展进一步加剧了收入不均。首先,金融公司日益增长的权力影响了日益增长的利润份额在不同经济部门之间的分配。它们从中受益最多。从它们利润的历史趋势中可以明显看出这一点。虽然 20 世纪 60 年代企业利润份额占比约为 1%,但从 20 世纪 80 年代初至今,这一比例大幅上升,在 2007 年金融危机前达到了 15%[里德和希默尔维特(Reed and Himmelweit),2012]。

随着金融化的扩张,非金融公司对这一日益增长的金融部门的依赖程度也越来越高。这种相互依赖改变了真正的公司治理方式。它们更加关注短期的经济收益。从这个意义上来说,它们更加重视股东的利益,更加强调短期利润(斯托克哈默,2010)。这种观点促使公司削减劳动力成本,并奖励目光短浅的高管。

这意味着失业、工资停滞不前,公司高层员工的薪酬膨胀,导致收入不均的加剧。

事实上,还有许多其他因素导致了工资份额的下降,例如技术进步、全球化和劳工机构的力量减弱等。因此,很难分解这些影响。然而,越来越多的证据表明,诸如技术变革和全球化等决定因素不足以解释工资份额的下降。因为这个原因,最近人们更加关注不断削弱的劳动机制如工会和集体谈判等,以及作为工资份额重要决定因素的金融化程度的不断提高。不同经济部门之间不断增长的利润份额的分配表明,金融部门是主要的受益者。

金融的另一个关键方面是它与财富分配不均的关系,财富不均比收入不均更为极端。金融部门的放松管制主要有利于金融行为者,这促使收入和财富分配不均的进一步加剧。放松监管还引发了其他因素的组合,加剧了财富不均。例如,从现已解除管制的信贷(尤其是房地产和金融投机)的爆炸式增长中获利、推高家庭消费、影子银行活动抵押贷款加速增长,以及追求高杠杆投资策略的对冲基金部门日益壮大。越来越多的对冲基金部门追求高杠杆投资战略。此外,由于放松了对金融活动的管制,财富不均加剧,也为监管捕获提供了更多空间。在这一过程中,监管者越来越受到那些本应受到监管的人的控制。因此,监管俘获使一些少数富裕群体受益,并给整个经济体系带来了巨大风险。

资本的流动性鼓励各国政府进一步减少税收,竞相从底层抽取资本或将其留在国内。大幅降低税率在财富积累中发挥了重要作用。许多国家试图通过大幅降低税率(国家间的税收竞争)和建立避税天堂来吸引资本。这也有利于金融资本,并拉开了金融家与非金融家之间的财富差距。

3.5 金融化与危机之间关联的理论方法

3.5.1 马克思主义传统

一些经济学家认为,最近发生在 2007—2008 年的经济危机呼吁人们回到马克思主义的核心辩论上来。这场争论与金融资本的概念有关,它可以帮助我们理解资本主义的动态。在 20 世纪初,鲁道夫·希法亭首创了这样一场辩论。在他看来,金融资本是资本主义垄断或帝国主义阶段的主宰力量。然而,后来的斯威齐(1994)提出了一个新的概念,即垄断金融资本。在他看来,这个术语定义了资本主义的本质。

斯威齐对希法亭的研究很熟悉。他知道金融如何在欧洲大陆的资本主义积累中发挥作用。斯威齐关于金融化的论述,成为每月评论学派的主要基础,影响极大。认同这一观点的政治经济学家提请人们注意经济停滞与金融在解释2007—2008年爆发的金融危机方面日益重要的作用之间的对比。这里的主要论点是,资本已经寻求了财务利润来弥补实际生产中利润率的下降。但不断增加的金融交易以危机告终。

《每月评论》(Monthly Review)杂志的作者关注当代资本主义的三个关键趋势:增长停滞、垄断和金融化。斯威齐对此解释如下:他从生产过程开始分析金融化。他认为,大公司不断增长的生产量没有被吸收,因此,没有足够的需求来购买它们的产品。这些公司的大产能是无法维持的。因此,它们将资本转移到其他领域。金融部门就是其中之一。不断增加的资本流入金融市场导致价格膨胀,因而经济泡沫周期性地出现。

这意味着,金融化主要源于实际积累过程中的障碍,是抵消停滞趋势的一种力量。福斯特和马多夫(2009年,第18—19页)以这种方式强调了这一点:"在过去30年中,最大的反补贴力量是金融化——以至于我们今天可以称之为'垄断金融资本'。"这意味着金融化本身并不是危机的原因。但他们一直在说:

> 它不是资本积累过程中的一个不太重要的帮手,而是逐渐变成了一种推动力……经济的生存离不开金融化(以及诸如军事开支等体系的其他支柱),最终也不能与之共存。

简言之,他们认为,金融化的发生是由于实体公司利润的下降(因而也是经济停滞的症状)但随后金融化本身却推动了经济泡沫的发生。

然而,在每月评论学派看来,日益增长的金融化造成了其他复杂的问题;金融公司减少了企业利润,从而阻碍了生产性投资。这些复杂问题的其中之一就是,高的金融利润的机会导致了更高的金融投资,并导致了实体投资的下降。另一个复杂因素是,增加金融支出会减少可用于实际资本积累的资金。而经理人激励机制的改变是企业金融化程度提高的另一个重要影响。这表现在计划生产过程的周期缩短上。实体公司的高管更关注短期利润,而不是长期实际生产的效益,导致实体投资进一步下降。

在金融市场中形成的新自由主义的金融和信贷政策没有考虑到产能过剩或需

求不足的问题。它们找不到为重新积累提供稳定基础的政策。一些诸如增加信贷的可获得性或降低利率的政策,可以在一定程度上缓解这些问题。但只要潜在的过度积累问题仍然存在,它们只会导致诸如过度借贷和资产泡沫等新问题。

如上所述,那些与马克思主义思想一致的人主要将金融化视作对实体部门利润机会减少的一种反应。这是将金融领域视为完全依赖于实体经济中的"物质基础"的"上层建筑"。然而,这种观点可能不足以理解资本主义的动态。金融化也对资本主义关系的重组产生了影响。也就是说,它不仅是一种被动的回应,而且是一种建设性的力量。在金融体系内的创新有潜力重组生产过程,并通过资本国际化将其扩展到全球层面。很明显,金融和金融动机的广泛发展在新自由主义的演变中起着至关重要的作用。

每月评论学派认为,货币资本、银行资本、信贷和投机资本都是资本主义的必要阶段。没有它们,资本主义是不可想象的。虚拟资本和金融体系产生的所有信贷都是货币形式固有的,是资本主义积累的必要组成部分,即使其收入最终依赖于"实体"经济(也就是说,资本主义依赖于商品的生产,而不仅仅是商品的流通)。资本主义需要它们才能正常运作,并通过金融创新来创造新的融资机会。此外,他们没有考虑到资本主义制度在金融积累过程中有走向危机的内在趋势。因此,危机并不是积累过程的必然结果。应该从阶级关系的新模式和国家权力的形式来看待它。这是危机出现的特定背景。此外,该学派的支持者提到,如果经济中资本商品与消费商品部门之间的不平衡得到缓解,并通过可以明确的再分配政策恢复无效需求,那么危机就是可以避免的。

3.5.2 后凯恩斯主义分析

尽管后凯恩斯主义对金融化的分析在某种程度上强调了停滞生产与金融增长之间的联系,就像那些《每月评论》圈子里的马克思主义者所主张的那样,但后凯恩斯主义经济学家们主要关注的是不断增长的金融对生产活动的不利影响。从这个意义上说,实体部门的问题主要与金融部门的扩张有关。也就是说,他们从金融转向现实,而不是像马克思主义者那样从现实转向金融。

在这个意义上,根据拉帕维托萨斯(Lapavitsas,2011)的观点,后凯恩斯主义的金融化分析主要与吃息者的概念相关。他认为,明斯基分析与后凯恩斯主义分析没有直接联系。明斯基分析关注的是投资的金融理论,而不是金融与经济其他部分之间的平衡。

吃息者的出现在一定程度上是新自由主义经济政策的结果,他们以牺牲工业利润为代价增加了金融利润。因此,财政动机阻碍了投资,导致发达国家的经济停滞。吃息者这一概念对凯恩斯的分析很重要。凯恩斯认为,吃息者的利润来源于资本的稀缺,而他的金融动机抑制了真正的投资。对凯恩斯来说,资本主义的健康表现需要通过低利率来实现为人们所知的"吃息者安乐死"(euthanasia of the rentier)的局面。这样,我们就应该将吃息者从经济体系中移除,至少他们在经济中所扮演的角色应该减轻。然而,在马克思的研究中,吃息者阶级并没有起到关键作用,他们只是短暂地出现过。

吃息者是有钱的资本家。他们不在实体部门进行投资,而是将钱借给那些进行真正投资的人。也就是说,是其他资本家而不是这些有钱的资本家在进行生产性投资。然而,前者中的这些资本家将其收入的一小部分支付给借钱给他们的这些后者资本家。他们盈余的一部分流向了有钱的资本家。因此,他们之间存在利益冲突。通过限制工业资本家可用的投资资金和/或降低工业资本家的回报,有钱的资本家的存在对实体部门的利润产生了负面影响。

在后凯恩斯主义的方法中,对资本主义发展阶段的分类也是固有的。与此相一致,资本主义的最新阶段被指定为金融主导的资本主义。在这种结构中,在宏观经济框架下分析了金融化的需求侧和分配影响。从这个角度来看,金融化被定义为三个发展的组合:公司股东价值定位的上升、不断增加的债务融资消费,以及将员工收入重新分配给公司所有者和经理人。

关于第一个发展,即股东价值定位的上升,可以说它对公司的管理产生了两个影响。首先,更多的股息被分配,因而用于新的投资内部资金减少。这自然导致投资越来越多由成本较高的债务提供资金。其次,经理人的薪酬结构发生了变化。他们以奖金和股票期权的形式获得报酬。这改变了经理人的动机,导致他们更关注短期的盈利能力,而不是公司的长期可持续性。

关于作为第二个发展的债务融资消费,正如本书在不同部分提到的一样,由于资产价格上涨的债务和财富效应,经济体系不断增长的金融能力鼓励了进一步的消费[敦豪(Dünhaupt),2016]。最后,后凯恩斯主义经济学家认为,第三个发展是金融化也会影响收入分配。关于功能性收入分配,有人认为,股东对股息支付日益增长的需求是以牺牲工资在国民收入中所占的份额为代价的。因此,随着对金融问题的担忧日益加重,公司的目标是有针对性地向股东支付更多股息,这会导致员工工资的下降。

后凯恩斯主义经济学家在增长和分配模型中讨论金融化。关于金融化,他们定义了两种不同的增长模型。它们是"融资主导模式"(finance-led model)和"无投资盈利模式"(profits without investment model)。融资导向的增长模式包含了股东价值不断增加的情况。这对经济增长产生了积极影响。这是因为,尽管该模式创造了从劳动收入到吃息者收入的再分配,但由于吃息者收入的高消费倾向以及与强大的财富效应相关的债务融资消费,消费也是强劲的。此外,通过加速器效应,投资也增加了。

第二种增长模式,即"无投资盈利",实际上与第一种增长模式是类似的。但有一个重要的区别,那就是第二种模式没有像第一种模式那样刺激投资。在这个模型中,需求来自其他来源,如消费、政府财政支出或增加净出口。从这个意义上讲,敦豪(2016)认为,美国经济的增长是由家庭消费的增加而非自20世纪80年代以来公司的投资支出产生的,但20世纪90年代中期的新经济时期除外。同样,在2007—2008年全球危机爆发之前,美国经济的增长主要来自债务融资消费和不断增加的政府支出,而不是投资的增加。这是不可持续的,经济最终在2007—2008年崩溃了。

3.6 新自由主义、监管解除和金融化

3.6.1 新自由主义的兴起

在20世纪50年代和60年代,新自由主义在美国和欧洲的保守派圈子中发展成为一股知识潮流。他们背离了自我调节市场的新古典主义概念,强调个人决策。他们详细阐述了人类福利的改善与一个由强有力的产权、自由市场和自由贸易支撑的体制结构相兼容的观点。自那以后,这些观点形成了与新自由主义相关的知识和意识形态背景。

第二次世界大战后,欧洲国家的社会主义政党非常强大,苏联的政治影响力遍及世界各地。在许多资本主义大国,社会主义政党获得了公众的广泛支持。这些国家的政府发展了与劳工团结的新形式,以避免革命的威胁。但是在20世

纪70年代,社会主义运动的威胁在西方减少了,左翼政党变成了改革派。

事实上,新自由主义的兴起与各种相互关联的过程有关。这主要是对盈利能力下降、产能过剩和巨额资本积累等因素的反应。资本试图对此作出回应,以避免盈利能力下降。这表现为生产的地理转移、劳动生产率的提高、工会化的下降和社会福利的减少。在这段自由时期,这些变化产生了几种不同的影响:实际工资的停滞、福利国家的削弱、金融市场的放松管制、伴随着布雷顿森林体系崩溃的金融市场不确定性的增加、私有化的加剧、资本流动性的增加、全球竞争的加剧、外包、垄断,以及技术创新的快速扩散。

随着布雷顿森林体系的崩溃,交易所变得更加不稳定,资本流动性加强。这加速了外汇交易、风险对冲和投机。世界各地的金融投资者开始追求新的金融产品。对金融体系的限制有所放松。例如,取消了对利率和信贷数量的控制,取消了国际资本流动的障碍,建立和促进了资本市场等。此外,货币政策重心的转移,导致当局特别关注价格的稳定,而忽视了对包容性增长和收入平等的担忧。

除了这些发展之外,从20世纪60年代和70年代开始还出现了全球竞争的一种新形式。这主要是因为日本和德国等国参与了世界经济。全球新的跨国公司的增长导致了利润率的下降。这也引发了20世纪80年代的敌意收购运动。所有这些都导致了劳动分工的国际化程度的加剧以及劳动力构成和分布地点的转变。与此同时,新技术特别是信息技术的进步导致了劳动力的节省,并抑制了工资。

新自由主义传播期间的所有这些发展可以归纳为三个主要标题:不平等、金融化和资产泡沫。通过新自由主义资本主义制度出现的所有这些发展,塑造了新自由主义几十年里资本积累的范围和程度。图3.7描述了这种机制。

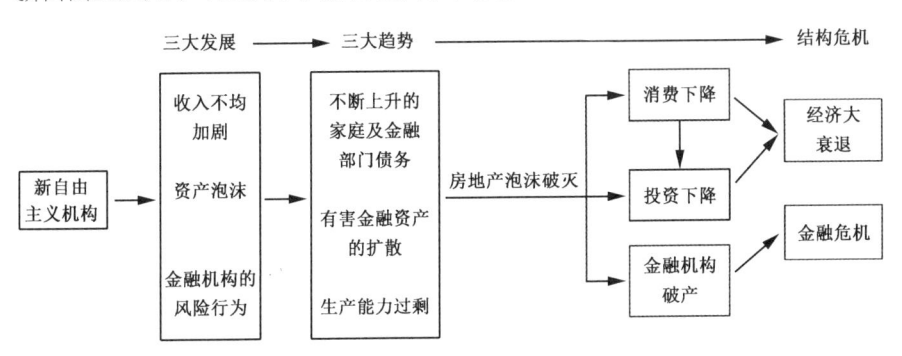

资料来源:科茨(2016)。

图3.7 经济危机的可能原因

新自由主义机构进一步加剧了收入不均。我们可以从以下发展中看到这一点：工会减少，临时工作增多，社会福利减少，福利国家受到限制，公司和富人群体减税，公司首席执行官薪酬过高。

在金融领域，发生了从传统的金融做法到风险更大的金融活动和投机活动的重大转变。许多学者认为，放松金融管制是这一转变背后的主要原因。事实上，正是放松金融监管，才使得金融机构的做法发生了转变。放松金融管制不仅是政府主动行动的结果，也是在资本主义体制中的相互尝试。其中一些尝试包括金融部门与实体部门的激烈竞争、高薪招聘首席执行官、企业视野变得越来越窄，以及自由金融理论的崛起。

资本主义是否天生就偏向于资产泡沫，这是一个有争议的问题。从第二次世界大战结束到20世纪80年代，美国似乎没有大的资产泡沫。然而，随着20世纪80年代开始的新自由主义政策的实施，资产泡沫的频率增加了。新自由主义政策及其发展所导致的不平等加剧，促使富人从事风险更高和投机性更强的金融交易，导致资产泡沫随着时间的推移不断扩大。

3.6.2　新自由主义与金融化的关系

人们普遍认为，金融化进程与新自由主义重组之间存在着密切的关系，但关键问题是哪一个过程决定了另一个过程，即因果关系的方向或者仅仅是巧合。

人们普遍认识到，在20世纪80年代左右发生了重大转变，从国家管制资本主义到新自由资本主义。金融自由化是新自由主义时期的一个关键部分。然而，金融化与新自由主义之间的关系并不是一件简单的事情。在一些作者看来，金融资本日益强大的实力导致了新自由主义，使金融资本受益。然而，正如科茨（2011）所说，这种观点存在严重问题。他质疑这个论点。

为此，科茨（2011）首先提出了以下理由：如果对金融资本与非金融资本的兴趣点不同，必然导致两者之间的斗争。但没有证据表明存在这种斗争。20世纪70年代末，新自由主义首先在美国和英国扎根。在美国，向新自由主义的转变似乎得到了资产阶级的一致支持。大资本的主要部分早些时候与有组织的劳工联合，支持受管制的资本主义结构。20世纪70年代初，大多数资本家对工会的看法是一致的。他们表现出与工会的团结。后来这一情况发生了变化。大公司改变了它们与劳工的联盟，这加速了新自由主义进程。正如哈维（Harvey, 2005）

所说,1979 年撒切尔首相在英国开始新自由主义重组时,尽管资本家之间没有达成协议,但金融界对非金融资本没有严格的立场。反对意见来自对撒切尔新自由主义政策作出反应的老派、贵族金融和工业部门。

那些认为金融资本的主导地位解释了新自由主义变革的人对金融资本的定义非常宽泛。他们对资本的金融部分和非金融部分没有做任何区分。从这个意义上说,金融包括所有的资本家,而不仅仅是金融机构。因此,金融资本主导非金融资本的观点根本没有解释力。但是,从狭义上来讲,如果金融资本不同于非金融资本,那么金融资本是如何获得主导地位的问题便更值得回答了。

众所周知,非金融资本在战后经济结构中占主导地位。但与此同时,在美国,金融机构(主要是银行)对其交易所受到的限制有一些重要担忧。然而,这些担忧直到自由时期才得到考虑。自由主义思想通过传播自由市场效率的概念来消除这些限制。这导致了在金融部门和其他经济部门的新自由主义开始重组。这支持了金融化是由新自由主义重组驱动的观点,而不是金融决定了新自由主义重组的路径的另一种观点。

3.7 金融监管解除

21 世纪在发达国家和发展中国家出现的金融危机对金融监管及其对经济表现的影响提出了深刻的问题。随着金融化的广泛开展,它已成为一个更加突出的问题。在本节中,我们现在考虑自第二次世界大战结束以来金融监管的广泛参数,重点关注在金融化和新自由主义背景下的监管范围和前景。

3.7.1 第二次世界大战后的监管:否定市场的监管

从第二次世界大战结束到 20 世纪 70 年代中期,全球对国内和国际金融水平有各种规定和控制,试图限制和否定所有市场,特别是金融市场。凯恩斯关于金融过度的观点为严格监控金融提供了理论和意识形态上的合法性,凯恩斯呼吁通过遵循加强生产性资本家的作用的经济政策来"让吃息者安乐死"。金融监管是这个所谓的凯恩斯主义时期不可或缺的一部分。

金融市场和金融机构的监管主要始于 20 世纪 30 年代的经济大萧条之后。该时期美国主要的体制和法律变化是伴随着 1933 年《格拉斯—斯蒂格尔法案》

等一些重要法规的出台发生的,该法案将商业银行与投资银行分开,并对银行利率施加了限制(Q条例)。《格拉斯—斯蒂格尔法案》代表了金融监管的一般方法,直到自由时期的逐渐出现。

监管体系适用于国内,也适用于国际货币和金融。它依赖于《布雷顿森林协议》规定的将美元作为世界货币,以及国内金融体系对价格、数量和功能的行政控制。在凯恩斯主义时期,三大要素在总体上代表了成熟资本主义国家的金融监管的特征,尽管在各种不同的金融体系之间总是存在一些差异,例如基于市场的(盎格鲁—撒克逊)和基于银行的(德国—日本)金融体系。

第一,银行的利率受到限制。信贷利率经常由行政部门决定,并故意保持在低水平,以支持生产性资本家。存款利率的控制更加严格,一系列存款的利率往往为零。此外,在信贷数量和信贷流动方向方面也实施控制。第二,金融机构的业务领域受到限制。金融抑制的这一方面又因特定国家的历史和体制轨迹而有所不同,但发达国家和发展中国家有几个共同特征。通过立法,商业银行通常与投资银行分开。提供长期投资资金的银行通常也通过获得债务方面的特权(例如,发行长期债券)而与其他商业银行分开。第三,国际资本流动受到限制。这是保证美元可兑换成黄金的《布雷顿森林协议》的必要延伸。实际上,尽管美元在国际上通常用于支付和存储价值,但黄金仍然是各国之间的全球终极货币手段。国际货币交易基本上以固定汇率进行。因此,必须限制资本流动,以维持外汇汇率的稳定。

布雷顿森林体系结束后一段时期的特点是汇率剧烈波动;此外,在20世纪70年代通货膨胀急剧上升,导致了利率波动。对于活跃在世界市场上的金融机构来说,取消对国际资本流入的管制变得十分重要,因为这正是为了应对新的波动所产生的风险。

取消国际资本管制和放松国内监管为金融自由化奠定了基础。一个重要的步骤是20世纪60年代美国部分废除了Q条例,从而释放了银行负债的部分利率。同样重要的是,英国在20世纪70年代引入了竞争与信贷控制(Competition and Credit Control)立法,开始废除限制英国银行的国际法规。20世纪70年代,金融监管加速放松,80年代这在许多国家成为常态。最终的结果是,对金融价格、数量和功能的控制大幅消失,从而导致否定市场的系统性监管的实质性消失。

在20世纪70年代,金融自由化也波及了发展中国家,这主要是因为低利率未能鼓励生产性资本家的投资。发展资金大概可以由内部产生,因为国内储蓄会对上升的利率做出积极反应。

这些想法和政策开始了一种趋势,最终导致20世纪80年代末的华盛顿共识,该共识主要基于这样一种观点,即金融抑制会适得其反,因为它会导致投资疲软和效率低下。从这个角度来看,发展中国家融资的适当方法是允许利率和所有随之而来的金融规模由金融市场自由决定。在此,我们必须指出,发展中国家的金融自由化一向具有不同的特性。与发达国家不同,自由化的金融部分是通过国际货币基金组织和世界银行等多边组织的压力强加给发展中国家的。实施金融自由化背后的力量主要是对多边组织提供的国际贷款附加的条件,以及发展中国家在过去几十年里一再陷入经济危机的事实。

3.7.2 金融化条件下的监管:符合市场的监管

金融自由化的主导地位并不意味着金融监管的缺失。无论是在国内还是在国际上,金融一直都受到监管,但监管的类型与第二次世界大战后的时期截然不同。普遍的做法可以被描述为符合市场的监管,与之形成对照的是设定金融价格、数量和功能的否定市场的监管。

在金融化年代,特别是在20世纪80年代之后,金融监管的特征形式是市场的一致性。这类监管往往主要适用于个别金融机构,而不是整个金融体系。它往往旨在通过施加一些限制来影响金融机构的资产负债表。请注意,第二次世界大战后的否定市场的监管也影响了银行的资产负债表,包括资产方面。因此,贷款和储备金都受到控制,以确保信贷方向以及银行有足够的流动性。相比之下,在金融化的岁月里,符合市场的监管已将监管的注意力转移到了资产负债表的负债方面,首先是转移到自有资本的充足性,以确保银行的偿付能力。这种监管方法已在《巴塞尔协议》(称为巴塞尔协议Ⅰ、Ⅱ和现在的巴塞尔协议Ⅲ)[1]中设计。所有这些《巴塞尔协议》都与符合市场的监管高度兼容。[2]

---

[1]《巴塞尔协议》是由巴塞尔银行监管委员会(BCBS)制定的三个系列银行法规(巴塞尔协议Ⅰ、Ⅱ和Ⅲ)。该委员会提供银行监管方面的建议,特别是关于资本风险、市场风险和操作风险方面的建议。这些协议确保金融机构有足够的账户资本来吸收意外损失。

[2]《巴塞尔协议》是国际清算银行(BIS)的产物,该机构旨在通过各种体制方法,包括定期会议,促进各中央银行之间的合作。

20世纪90年代,随着银行在公开市场上进行调解(包括衍生品交易)的趋势继续快速发展,资本充足率监管变得明显起来。银行对金融交易的大量参与意味着由资产价格变化带来的新的损失风险,而这些风险引起了市场风险。因为这个原因,《巴塞尔协议》发展的关键一步就是引入对市场风险作出规定的修正案。对于那些最大型的银行来说,这意味着引入基于风险价值(VaR)计算风险的先进模型。[1]因此,银行资产负债表开始不断反映公开市场中证券价格的变动,这一因素在2007—2008年的危机发展中被证明是重要的。

2007—2008年的危机表明了《巴塞尔协议Ⅱ》的失败。因此,一个后果就是,通过2010—2011年开始形成的《巴塞尔协议Ⅲ》进一步发展监管框架。《巴塞尔协议Ⅲ》的基本逻辑与前两个协议相似:由金融体系设计的有利于市场的监管,旨在通过提高资本充足率来加强单个金融机构的偿付能力。但一个重要的区别是,它更加强调公开市场交易的风险,尤其是与衍生品相关的交易风险。

在2007—2008年的危机过程中,很显然,银行和其他金融机构大量使用信用违约互换创造了由市场交易所引起的新的信用风险来源。将衍生工具纳入银行会计实务,在创造这些新风险方面起到重要作用。这一发展在21世纪已经逐渐显现。在2007—2008年的经济泡沫中,我们观察到,银行绕过了《巴塞尔协议Ⅱ》的规定。证券化涉及建立新的机构,如发行资产支持负债的结构性投资工具。银行的资产被转移到资产负债表外,以规避资本金的要求。简言之,符合市场的监管促使银行将资产证券化,以避免受到更高资本要求的约束。

这一过程被称为监管套利。这意味着那些受监管的企业总是试图绕过这些规定。例如,绕过《巴塞尔协议Ⅱ》只是金融体系自发倾向于避免代价高昂的监管的一个例子。这是因为新的资本充足率法规为大型银行创造了参与监管套利的机会。但是,如果认为符合市场的监管可以永久性地设计出来以避免监管套利的危险,这是一种误导。我们所能期待的最好结果,就是不断修订监管框架,以对抗金融机构绕过现有监管的努力。

在金融化的背景下,与符合市场的监管相关的失败导致了对监管新方法的探索。人们提出了把金融系统当作一个网络或一个生物系统来看待的想法,但这些都没有导致关于监管的具体建议。也曾有人试图探索宏观审慎监管,但这

---

[1] 风险价值方法模拟银行投资组合市场价值的变化,并根据可能的市值损失计算出资本要求。

些举措除了建立一系列早期预警信号或自主干预杠杆,以帮助监管机构应对危机之外,几乎没有其他意义。

3.8 结 语

金融化是以金融和非金融主体行为的改变为基础的资本主义转型。在过去40年中,随着新自由主义思想的发展,这种转变已经发生,并且是通过放松对金融市场和其他市场的监管而形成的。

近几十年来,金融机构和产品发生了巨大变化。日益增加的证券化、新金融产品,特别是衍生产品的激增、对冲基金和影子银行部门的增长、监管的变化以及长期放松监管,彻底改变了金融市场和机构的格局。金融已经从一种综合功能形态转变为一种市场中介链,涵盖了金融行为的参与者、产品、结构和安排。

金融化在好几个方面改变了经济主体的行为。其中之一是,金融机构强调将股东的分红作为业绩标准,尤其是在盎格鲁—撒克逊国家。公司已经开始尽可能减少员工人数,并将公司收益分配给股东,而不是保留公司收益并将其再投资企业和发放员工回报。公司的视野变窄了,专注于更多的短期利润。金融化带来的另一个重要变化是债务的增加。经济行为体,特别是家庭,已被系统地诱导去进一步借贷。

我认为,金融化不仅仅是取消监管的政策变化的结果,它的发展更多地与新自由主义思想有关。此外,2007—2008年的危机及其后果表明,金融化是持续存在的。处理其有问题的结果将促使我们更多地思考金融监管框架。我们需要一个有远见的视角来认识金融市场中的相互作用、市场失灵和外部性。它不应局限于定期监测、压力测试或其他例行程序。从这个意义上说,所有监管机构都应该从整体上来监督整个金融体系,而不仅仅是对特定市场中的个别机构或代理机构进行监管。

第 4 章 收入不均

4.1 导 论

自18世纪以来,收入和财富的分配一直是经济和社会领域的一个重要问题。经济学中一直有一个悠久的传统,那就是强调分配对经济过程的影响,这在斯密(Smith)、李嘉图、马克思和凯恩斯的著作中都有体现。经济学家,尤其是马克思主义学派和后凯恩斯主义学派的经济学家,继续探索收入不均的影响。

但是,第二次世界大战后,人们对收入分配问题的兴趣下降了;这主要是因为这一时期收入不均现象的减少。因此,主流经济学家在解释金融危机时并没有把对收入分配的考虑放在重要位置。正如阿特金森和莫雷利(Atkinson and Morelli,2015)简洁指出的那样,金德尔伯格和阿利伯(Kindleberger and Aliber,2011)、克鲁格曼(2009)以及莱因哈特和罗戈夫(2009)等著名学者在他们的研究中甚至没有提到收入分配。此外,在最近的一项研究——罗伯特·席勒的《次贷解决方案》(the Subprime Solution,2008)——中,不平等还是没有出现。2009年为调查全球危机而成立的美国金融危机调查委员会(US Financial Crisis Inquiry Commission)根本没有提到不平等。因此,一些经济学家要么忽视了不平等的宏观经济影响,要么积极看待它,因为它创造了向需求者扩大信贷的机会。

最近,许多研究者开始指出,收入不均是我们这个时代最重要的问题之一。在过去几十年里,许多国家的不平等现象显著加剧。一些研究者将很多社会弊病归咎于收入不均。理查德·威尔金森(Richard Wilkinson)和凯特·皮克特(Kate Pickett)声称,如果英国将收入不均减半,"谋杀率将减半,精神疾病将减少 2/3,肥胖将减半,监禁将减少 80%,青少年出生率将减少 80%,信任水平将提高 85%"。此外,像保罗·克鲁格曼这样的经济学家声称,过高程度的收入不均使社会两极分化,并使我们的民主制度陷入危险之中。作为一名主流经济学家,拉古拉姆·拉詹还提请人们注意收入不均在 2008 年全球危机中的作用。

事实上,经济学家们一直对政治、社会学和平等主义政策所导致的收入不均感兴趣。然而,近年来,特别是在危机之后,这种兴趣的性质已演变为对其对诸如失业和增长等宏观经济变量的影响的分析。在凯恩斯主义的传统中就有这样的观点。但现在,这些想法已经开始渗透到主流经济学中。从 21 世纪初开始,特别是伴随着 2008 年的全球危机,一些主流经济学家关注收入不均加剧的原因和影响。他们开始越来越多地讨论收入不均在危机发展中的作用。这场辩论进入了公共领域,尤其是在拉詹(2010)的《断层线》(*Fault Lines*)一书中。在该书中,作者拉詹指出了债务与收入不均之间的联系,并指出是收入不均导致了 2007－2008 年的全球经济衰退。

众所周知,美国是世界上两次大危机的中心——1929 年的大萧条和 2007－2008 年的经济大衰退。有趣的是,这两次大危机之间有一个重要的相似之处。在这两次危机之前,收入不均都骤然加剧。在两次大危机爆发之前的这些相似的趋势,进一步促使经济学家关注收入不均在危机中可能发挥的作用。从这个意义上说,在本章中,我们还将借助理论方法来讨论日益加剧的收入不均与危机发生之间的关系的经验维度。

4.2 收入不均加剧的证据

近几十年的收入不均模式可以通过功能性收入分配(劳动力和资本的收入份额)和个人收入分配(不同收入群体的收入份额)的趋势来追踪。这两类收入不均的趋势促使我们能够观察到收入不均的领域随着时间的结构性和基于主体的变化。

功能性收入分配是一种关注劳动力和资本区别的分配概念。估算劳动力与资本之间的收入份额;通过这种方式,我们就可以评估经济发展是否有利于劳动力或资本。如果劳动力收入份额的增加不利于资本家们的企业家收入(即利润),那么据说收入分配就有了改善。

个人收入分配不同于功能性收入分配。它关注的是个人、家庭或不同经济或社会群体之间的收入分配,而不是劳动力和资本两种收入类别之间的分配。我们使用各种量化方法来估计个人收入分配水平,下面我们将使用其中一些方法。

4.2.1 劳动力份额的趋势

直到20世纪80年代,劳动力收入份额一直保持稳定,这被视为全世界经济的一个程式化事实。然而,近几十年来,这种情况发生了变化。经验证据表明,许多发达国家和发展中国家的劳动力份额在稳步下降。从1990年到2009年,26个国家的劳动力收入份额从约66%下降到约62%(经合组织,2012)。在经合组织最近的另一项研究中,G20国家调整后的平均劳动力份额(包括自雇收入)在1980年至21世纪头10年的后期期间每年下降约0.3个百分点。然而,对于新兴国家和发展中国家来说,结果并不那么明确。尽管亚洲和北非的工资份额下降幅度更大,但拉丁美洲的工资份额下降幅度较小且稳定;此外,在一些拉丁美洲国家,情况甚至有了一些改善。同样地,欧盟委员会利用其年度宏观经济数据库(AMECO)估算了G20国家加上西班牙的劳动力份额趋势。可以看出,绝大多数国家的劳动力份额有所下降(见图4.1)。

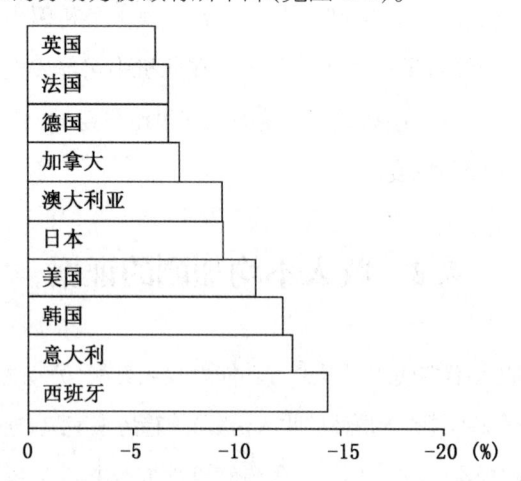

资料来源:欧盟委员会年度宏观经济数据库。

图 4.1 1970—2014年G20国家加上西班牙在发达经济体中的劳动力份额下降情况

请注意,人们普遍认为,劳动力在国民收入中所占份额的下降仅限于美国。然而,从图4.1和其他研究中可以看出,这显然不是真的。例如,卡拉巴布尼斯和内曼(Karabarbounis and Neiman, 2013)在他们的研究中分析了56个不同国家的数据,发现其中38个国家的劳动力份额显著下降。这表明,在这10年里,劳动力份额的下降幅度大于美国。中国的降幅尤为明显,是美国的3倍。

在这里,我们必须提请注意另一点,即劳动力收入份额不均衡地下降,有利于发达国家的高收入者。在1990年至21世纪头10年的中期,经合组织国家中收入最高的1%的劳动力收入份额上升了约20%。这是因为,尽管工人的劳动力收入停滞不前,但高管员工的收入却以高薪和过高奖金的形式大幅增加。也就是说,如果将高级管理人员的收入排除在总劳动力收入之外,那么劳动力份额的下降幅度就会大得多。

全球劳动力份额下降有一些根本性的原因。它们主要是技术进步、日益增长的技能偏向型技术及其扩散、资本深化,以及劳动力丰富的国家进入全球经济。与发展中国家相比,这些因素在发达国家似乎更具影响力。随着时间的推移,它们进一步加剧了收入不均。

随着时间的推移,技术进步导致生产力显著提高。然而,与这一发展密切相关的是,生产率的提高长期以来在工资中没有反映出来。在G20国家的工资增长落后于生产力增长,因此工人的收入份额下降。在发达国家,如图4.2所示,自2000年以来就可以看到这一点。在美国、德国和日本的经济中,这一点也显而易见。这种趋势在其他发达国家和新兴国家也可以看到,比如意大利、英国、韩国和墨西哥。

技术改进可能不会均衡地影响生产中使用的所有投入,也就是说,对边际生产率的影响不同。这被认为是因为与其他投入比起来,它可能会更偏向于某些投入。例如,诸如更复杂的软件、工厂自动化、先进的库存管理技术和取代了工人所做的日常和文书工作的计算机控制的机器等技术变革。然而,大数据和高速通信等新兴技术已经改善了数据驱动推理,因此,对工程、创造性工作和设计技能做出了更多贡献。简言之,这些技术变革改变了劳动力需求的结构。在对低技能劳动力的需求有所下降的同时,对高技能劳动力的需求却增加了。这一过程被称为技能偏向型技术变革,因此,技术变革有利于拥有高人力资本的人。

(指数，2000年=100)

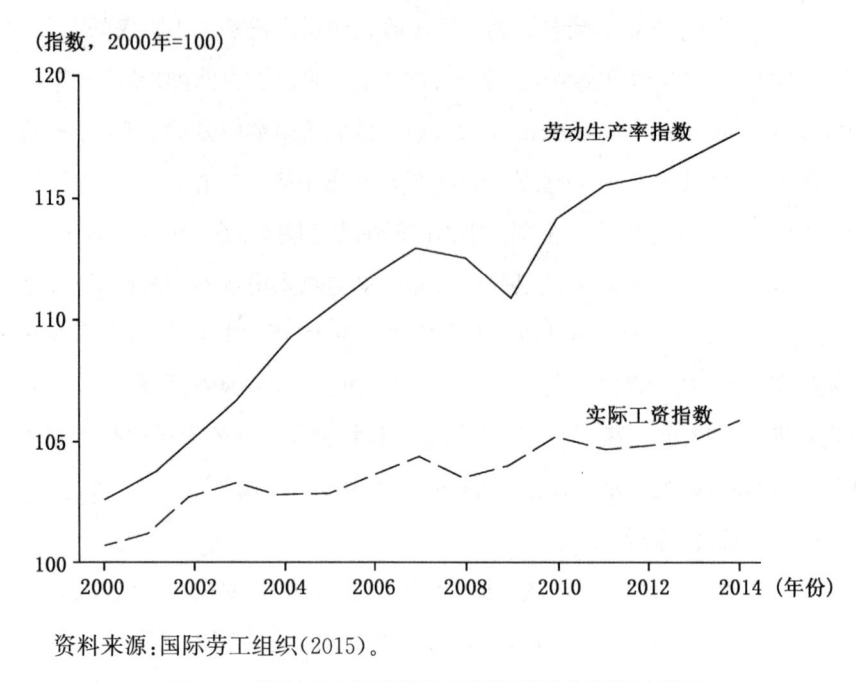

图 4.2　部分 G20 国家平均工资和劳动生产率的演变

资料来源：国际劳工组织(2015)。

许多研究表明，在1973年以前，美国工人的工资都有很高的增长。在那之前，无论他们的教育水平如何，生产力的上升趋势都增加了每个群体的工人。然而，随着20世纪70年代大规模的石油冲击和经济衰退以及70年代后期自由主义经济政策的出台，工人的收益开始朝着相反的方向分化，扩大了不同人力资本的不同群体之间的收入差距。因此，例如，在20世纪80年代早期，拥有大学学位的员工开始看到他们的工资增长。然而，没有大学学位的工人(主要是那些只有高中学历的人)面临着更糟糕的状况，他们的收入相对下降；因此，他们的工资停滞不前或下降。事实上，始于20世纪80年代早期的个人电脑革命就是这一发展的信号。

除了技术变革，全球化似乎也影响了劳动力份额的趋势。正如一些研究表明的那样，特别是伴随着激烈竞争的引入和主要是劳动力充裕的国家进入全球经济，发达国家的劳动力份额减少了。特别是中国和印度在这一发展中发挥了重要作用。这降低了发达国家工人的议价能力，尤其是在低技能工人的部门。这些国家的低成本产品大量涌入发达国家。对低技能工人的需求下降，因而工会的力量也削弱了，工会成员就是这些类型的工人。

劳动力市场政策和制度的变化是劳动力份额下降背后的另一个显要因素。劳动力市场机构力量的下降对工人尤其是中低收入工人产生了负面影响。在这里,我们可以总结出劳动力市场政策和制度的一些重要变化:(1)工会化率的下降。正如实证研究表明的那样,收入不均的加剧与工会化率下降有关。例如,国际货币基金组织工作人员讨论说明(SDN)证明,发达国家基尼系数的下降有一半是由于工会化率的下降。其他一些研究也证实了这一发现,尽管它们发现的影响并没有那么强烈。工会权力的下降也导致工会失去了影响决策者指导经济政策、改善工人福利的权力。他们几乎失去了影响再分配政策的权力,比如累进税率。(2)其他劳动力市场机制的权力下降。除了工会化率和集体谈判率下降外,其他劳动力市场机制也失去了它们的重要性。例如,就业保护、失业福利和最低工资恶化。在通过工资和就业渠道减少收入不均方面,它们的效果有所下降。一些研究还表明,随之而来的是,非正式和兼职等不太安全的就业做法的发展进一步加剧了不平等。

金融化,即金融市场的作用增强,也被视作收入不均加剧和劳动力份额下降的一个重要因素。近几十年来,金融行为体在经济发展中发挥了重要作用。它们追求更高的利润,强调股东的短期利益,如股票价格和股息等,而不是员工的福利。

4.2.2 个人收入分配的趋势

近几十年来,世界各地个人收入分配的不平等加剧,对劳动力份额的下降也带来了类似的影响。在大多数发达国家,以基尼指数衡量的个人收入不均(市场收入和可支配收入)已大大增加。[1] 这种发展在高收入群体中更为显著。收入最高的群体所占的份额一直在上升,这对收入底层的群体不利。尤其是在许多国家,40%的底层人口所占份额急剧下降。在美国,1979—2007年间,收入最高的1%的人群获得了国民收入增长的一半。欧洲也发生了类似的情况。这表明,尽管前10%的工薪阶层获得了总工资支付的25%,但前10%的资本回报却占据了总资本收益的60%(经合组织,2011;阿特金森等,2011)。

---

[1] 基尼系数衡量的是收入不平等。基尼系数为0,表示完全平等,所有值都相同(例如,每个人的收入都一样);基尼系数为1(或100%),表示价值之间的最大不平等(例如,对于很多人来说,只有一个人拥有所有的收入或消费,而其他人没有,基尼系数将非常接近1)。

然而,新兴市场收入分配的变化似乎产生了好坏参半的结果。例如,自21世纪头10年的中期以来,土耳其、巴西、阿根廷和墨西哥的收入不均现象有所下降。虽然在土耳其、阿根廷和巴西这一下降更为明显,但在墨西哥的下降率却没有那么高。相比之下,在中国、印度、印度尼西亚和俄罗斯等其他新兴国家,收入不均在同一时期有所加剧。然而,这一增幅并没有发达国家那么高。

除一些国家外,许多国家收入不均加剧的趋势持续了大约30年。在经济低迷期间,这一点有所改变,但在随后的复苏期,收入不均又开始上升;换言之,经济衰退期间收入不均现象的短期改善会恢复到收入不均的长期趋势。例如,在美国经济危机期间,收入最高的10%人群的收入份额从2000年的47.6%下降到2002年的43.8%。但在随后的复苏中,该份额很快就上涨了,甚至达到了2008年大衰退前的最高值。

从20世纪70年代初起,美国的经济增长给人留下了深刻印象,因此,该国没有经济停滞,生产率也在上升。但这些收益的分配发生了变化。因此,不同群体之间存在着显著的重新分配。为了看到这一点,可以将平均收入与中位收入进行比较。在正常时期,平均收入和中位收入的变化不会相差太大。但最近几年发生了相反的情况,因此,平均收入与中位收入之间的差异显著增加,如图4.3所示。1973—2011年间,生产率平均增长约1.56%,最近几年甚至达到了更高的水平(2000—2011年间为1.88%)。然而,小时工资的中位数根本没有变化(每年仅为0.1%),因为生产率的提高并没有使低收入者受益,而是集中在高收入者身上。因此,中位收入的增长幅度没有平均收入的增长幅度那么大。

美国不同收入群体的收入份额的相对变化也令人震惊。图4.4显示,中产阶级的收入变化不大,变得停滞不前。因此,当富裕收入群体变得更加富有时,中等收入群体却无法达到他们的水平,落在了后面。在1967—2008年间,美国收入最高的20%的人群的收入增加了70 600美元,增幅约为70%。中间1/5人口的收入增长要少得多,只有10 200美元,增长了近25%。

皮凯蒂和萨兹(Piketty and Saez,2006)记录了英国、德国、法国和美国收入不平等的长期趋势。在他们的研究中,这表明收入不均在很长一段时间内是相对稳定的。然而,由于第一次和第二次世界大战的爆发,收入不均现象大大减少。从20世纪80年代开始,好几项研究,特别是皮凯蒂和萨兹(2006)、皮凯蒂

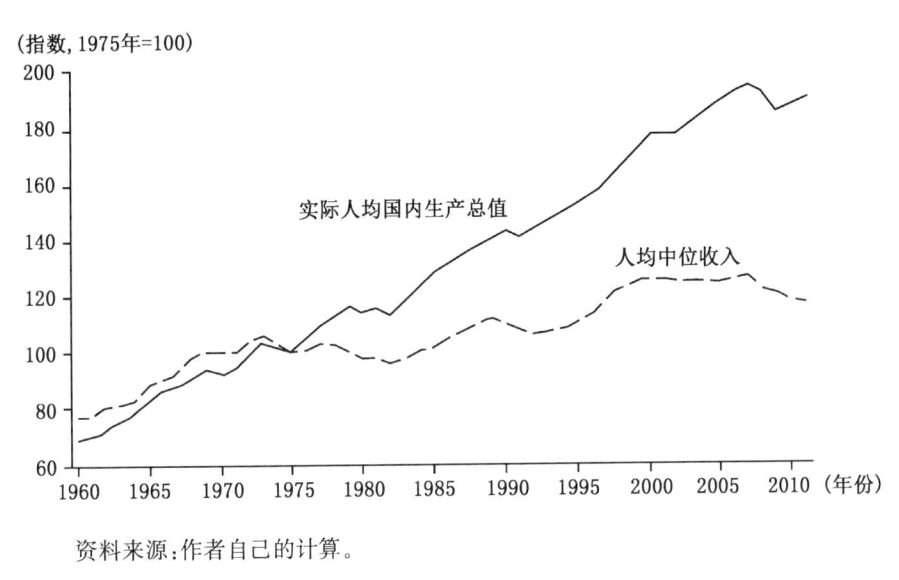

(指数,1975年=100)

图4.3 美国的平均收入和中位收入差异

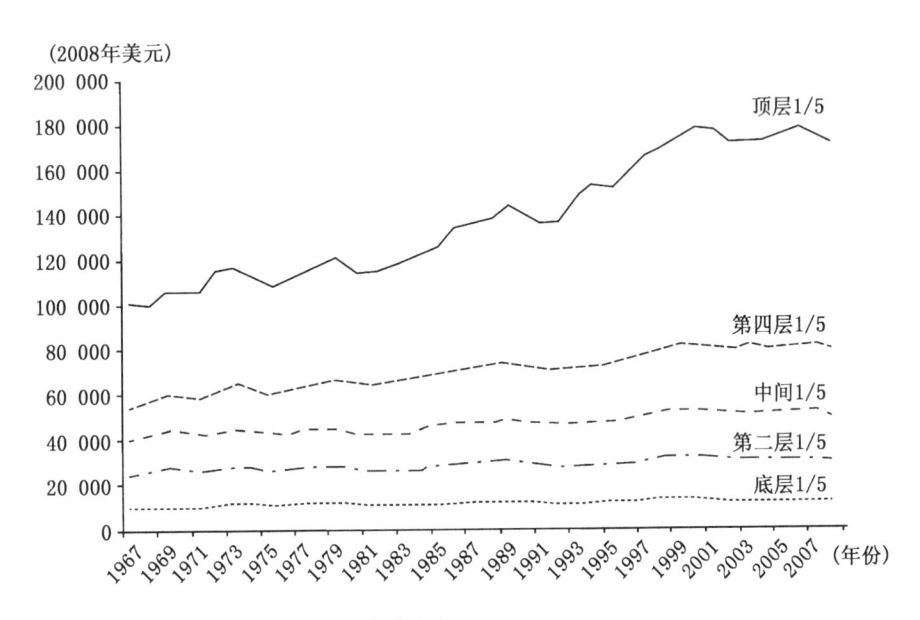

资料来源:作者自己的计算。

(2008年美元)

图4.4 按五分位数划分的平均家庭收入

资料来源:美国国会联合经济委员会(2010)。

(2014)以及阿特金森等(2011)的研究,证明了最高收入的急剧增长,特别是在发达国家(尤其是美国和英国),但在印度或中国等新兴国家也有。高层收入份额的上升一直与高收入人群(即那些处在高级管理职位的员工)工资的上升有关。

图 4.5 显示了前 1/10 收入群体在法国、英国、德国和美国所占份额的演变情况。这种下降趋势在 20 世纪 70 年代末和 80 年代初改变了方向。此后,所有这些国家前 1/10 的收入份额呈持续增长趋势。

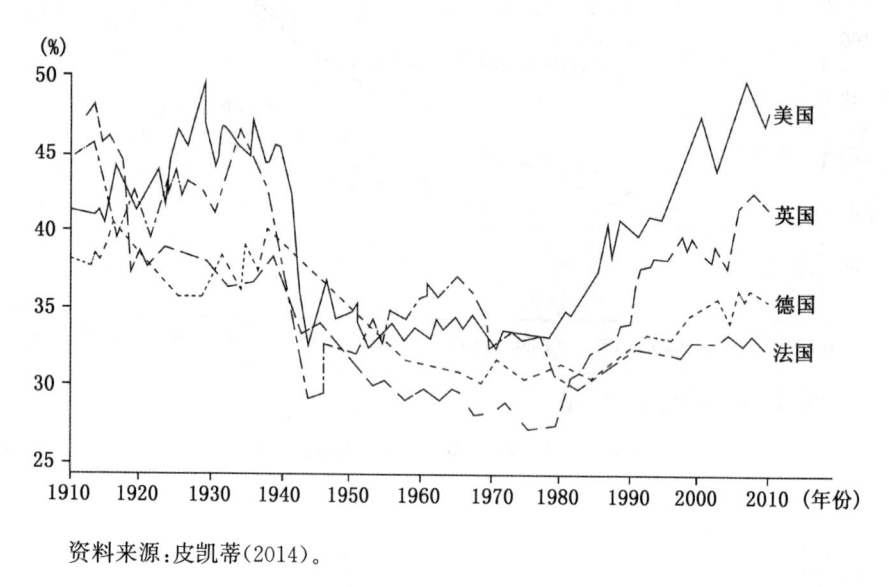

资料来源:皮凯蒂(2014)。

图 4.5　1910—2010 年收入前 1/10 阶层的收入份额

根据皮凯蒂的观点,高收入群体的收入增长都已流向了高技能员工。也就是说,收入不均的加剧是顶级银行家、公司首席执行官和资本股东收入增加的结果。图 4.6 显示了这一点。在 1990—2005 年间,工人工资上涨了 4%,最低工资下降了 9%,支付给首席执行官的平均薪酬却上涨了 298%,甚至超过了企业利润 107% 的增幅。2015 年 5 月,奥巴马总统在乔治城大学发表演讲时指出,排名前 25 位的对冲基金经理的收入超过了美国所有幼儿园教师的收入总和。

我们以上所讨论的都与收入不均有关,但我们知道财富不均更为严重。财富分配是一个更复杂的问题,因为它的概念边界更令人难以琢磨,财富数据也更难获得。与可以从税务机关和其他机构处获取的收入数据相比,财富数据收集的可靠性较低。人们不会分享有关他们的财富信息。然而,皮凯蒂花了很大的力气收集财富数据。从图 4.7 中可以观察这一情况。

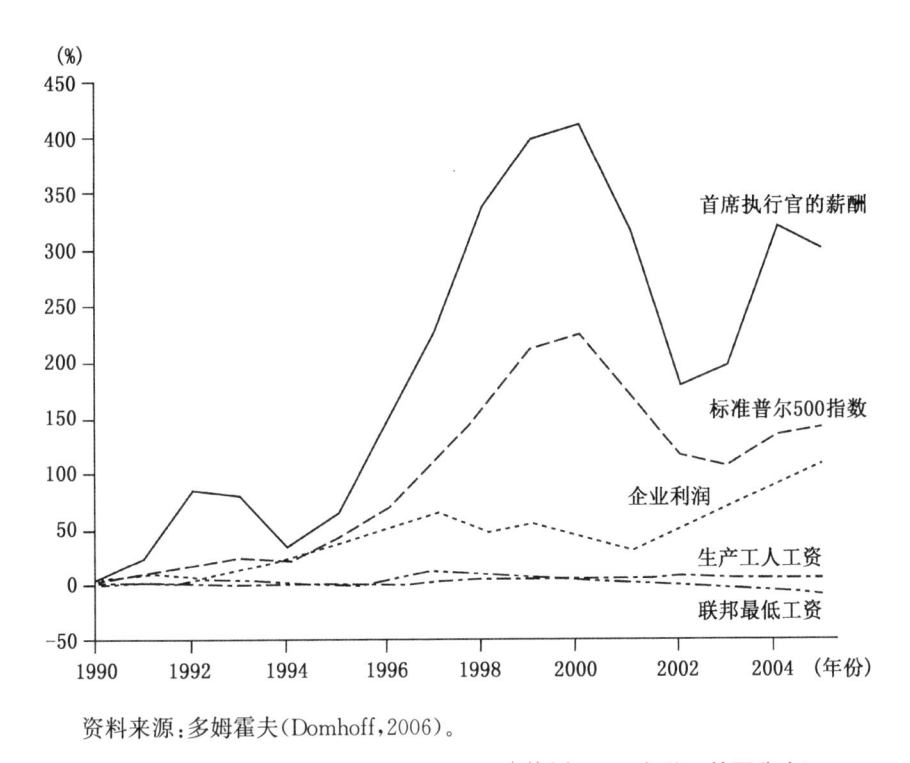

资料来源：多姆霍夫（Domhoff，2006）。

图 4.6　1990 年以来不同经济行为体的收益（占 2005 年美元的百分比）

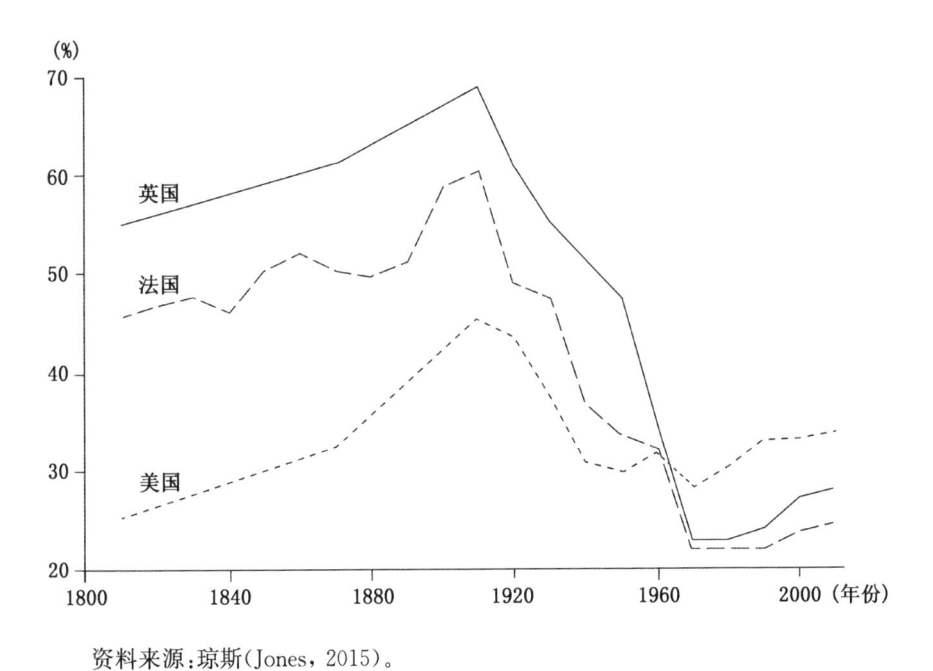

资料来源：琼斯（Jones，2015）。

图 4.7　1800—2010 年三个国家前 1% 的财富份额

皮凯蒂从这些数据中得到了好几项发现。首先，财富分配不均比收入分配不均要严重得多。图4.7显示，2010年，美国最富有的1％家庭获得了大约35％的财富，但萨兹和祖克曼(Saez and Zucman,2014)的一项最新研究表明，这在收入中的占比是40％，而不是17％。前1％的家庭的财富与美国150万个家庭的财富总和相当。仅沃尔顿家族(沃尔玛公司的所有者们)一个家族所拥有的财富就相当于美国底层40％人口的财富总和。2015年，全球62位最富有的亿万富翁所拥有的财富超过了世界贫穷人口的一半(36亿人)所拥有的财富。这一数字比2010年的388人有所下降(乐施会，2016)。其次，与1810－1960年间相比，英国和法国目前的财富不均程度要低得多。1910年，当前1％收入的人群获得了总财富的60％时，目前这些国家的这一比例为25％－30％。随着两次世界大战、大萧条和累进税的兴起，1910－1965年间，法国、英国和美国的财富不均程度急剧下降。最后，图4.7显示，财富不均在过去的50年里一直持续上升。与其他国家相比，这一点在美国最富有的1％人群的财富份额中更为明显。

4.3　全球大萧条和全球经济衰退前的收入不均

2007－2008年金融危机促使研究人员寻找1929年经济大萧条与2007－2008年经济大衰退之间的相似之处。他们中的大多数人指出，这两种情况的共同趋势是低利率、管制放松和金融化的日益加剧。但这种推理需要更深入的审查。也许正如一些学者所声称的那样，从更深的层次上来讲，它们可能是近因；收入不均可能引发所有这些后果，因为收入和财富分配在这两个时期变得愈加不平等了。

事实上，在经历了1929年和2008年大危机的经济体中，也有几个重要的区别。例如，其中之一就是在1929年，美国政府支出占国民收入的比例仅为3％，而在2008年这一比例要高得多，约为22％。另一个区别是金融化和金融投机的程度。与20世纪20年代末相比，金融化和金融投机的程度在21世纪头10年更为普遍。在21世纪头10年投机主要集中在房地产行业，而在20世纪20年代后期投机的主体则是股票市场。

从历史上看，美国的收入不均时期是1860－1900年、1914年至20世纪20年代末，以及20世纪70年代至21世纪头10年。在这三个收入不均时期中，有两个时期都爆发了经济危机。在这两个时期,经济状况似乎非常繁荣。在1922—1929年间,经济增长率和失业率分别为4.7%和3.7%;而在1993—2007年间,经济增长率和失业率则分别为3.25%和5.2%。然而,在这两个时期,生产率的增长都超过了工资的增长。这造成了影响很大的分配问题。

如图4.8所示,收入不均在经济大萧条和经济大衰退危机之前达到了峰值。在1928年,经济收入位列前10%的人获得了经济总收入的49%。然后我们知道,历史上最严重的衰退发生在美国。近80年后,在2007年全球危机之前,经济收入位列前10%的收入份额达到了最高水平,为49.7%(美国国会联合经济委员会,2010)。在经济收入位列最富有的5%、1%和0.1%的其他收入群体的收入份额中,也出现了类似的趋势。

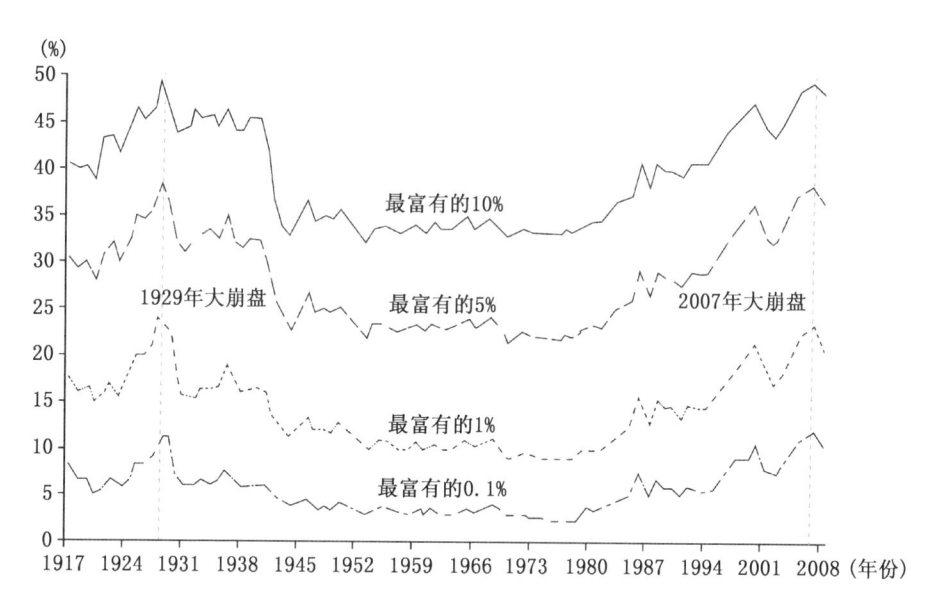

资料来源:美国国会联合经济委员会(2010)。

图4.8 美国最富有者的收入份额

此外,菲利普斯(Phillips,2002年,第11页)提到,百万富翁的数量从1922年的7 000人增加到1929年的30 000人。公司税和边际所得税的减少(从65%到32%)加剧了收入不均现象。同样地,在截至2008年的前几十年里,低收入群体的实际收入也有所下降。这两个时期的另一个相似之处是,高收入群体获得了更高的份额,特别是超高收入群体,即经济收入位列前0.01%的人群。该份额在20世纪20年代从1.7%上升到5%,在21世纪头10年里从0.9%上升到6%[怀斯曼和贝克(Wisman and Baker),2011年,第66页]。

怀斯曼和贝克(2011)还表明,在两次危机发生的过程中,生产率的增长都显著超过了工资的增长,导致劳动力份额下降、资本份额上升。在20世纪20年代,工资的停滞部分源于主要在制造业的节省劳动力的技术创新,这导致了需求从非熟练劳动力向熟练劳动力的转移。节省劳动力的技术取代了技能较低的劳动力,因此他们的工资相对下降。这也可以从以下事实中看出:尽管制造业产量在过去的10年里增长了约64%,但工人的数量几乎没有变化。同样,如上所述,在2007—2008年危机爆发之前的30年里,由于节省劳动力的技术以及破坏国内制造业就业机会的国际贸易的不断增加,工资的增长明显落后于生产率的提高。降低工资份额从而增加资本份额,自然会导致富人储蓄的增加,并促使他们参与更多的金融交易;我们稍后将更详细地讨论这个问题。

4.4 收入不均与金融危机关联的理论观点

在本节中,我们将从理论上解释如前所述在发达国家人们普遍观察到的收入不均与从这些国家蔓延到全世界的危机之间的联系。我们可以简单地将这些理论观点分为主流理论和非主流理论,马克思主义和后凯恩斯主义的方法将在这些理论下进行讨论。

4.4.1 主流理论

与后凯恩斯主义者和马克思主义者(我们将在下一小节讨论他们)相反,主流经济学家不接受危机是资本主义生产中固有的。根据他们的观点,经济具有均衡倾向;需求和供给的力量会像一只看不见的手一样来调节它们。因此,从这个观点来看,危机在正常情况下不会发生,因为它们是异常现象,而不是固有的趋势。这种想法可以追溯到斯密、穆勒(Mill)和李嘉图等古典经济学家身上。基于这一传统,新古典主义理论认为,市场在充分知情的主体最大化其效用的情况下有效运行。金融市场运转平稳、高效。有效市场理论最能说明这一点,该理论阐述了金融资产不会持续偏离其基本价值;因此,它们的价格不会持续低估或高估,并立即回到其基本价值。

在新古典主义观点中,理性和完整的信息在防止经济失衡方面发挥着关键作用。它们确保金融中介机构(基本上是银行)向可靠的借款人贷款,而借款人则将尽可能多地借款,以维持其经济活动。因此,危机不是真实市场和金融市场中出现的系统性误判的结果,而是政府扭曲性干预或经济系统的意外外部冲击(如自然灾害和内战)的结果。在这些情况下,危机实际上是平衡需求与供给力量的纠正机制。它们克服了外部干扰和错误的政府政策。这为经济体系提供了弹性。因此,从这个角度来看,危机不是内生的,也不是源自内部决定的力量。与这一观点一致的是,由于收入不均只是生产力变化的结果,它不会对经济产生破坏性和扭曲性的影响。

主流经济学对收入不均的忽视,人们也可以从他们经常使用的动态随机一般均衡模型(DSGE)中观察到。他们基于一个代表性代理,这意味着他们不关心分配问题。此外,在均衡模型中,不存在过度负债问题,因此金融代理人不存在于这些模型中。简言之,根据大多数主流理论,收入不均不是一个严重的问题。它的存在不会对总需求产生负面影响。这主要是因为收入的波动将通过金融市场提供的信贷(正如永久收入假说所断言的那样)得到消解。

然而,尽管主流对金融危机的普遍看法没有太大变化,但在次贷危机之后,一些主流经济学家对所使用的假设提出了疑问,知名经济学家也承认收入不均会引发危机。拉詹(2010)是最早提出收入不均与2007—2008年全球危机之间的理论联系的经济学家之一。他认为,偏重技能的技术已经发生了巨大转变,改变了收入不均的趋势,加深了经济中的不平等。为了抵消这种不平等,美国政府鼓励向收入较低的家庭发放贷款。这扩大了经济中的信贷规模。这也得到了低利率的支持,部分资金来自不断增加的资本流入,尤其是来自中国的资本流入。这一过程的最终结果是过度负债,这是任何经济体都无法长期维持的。

与其他非正统的经济学家相比,拉詹确实认为资本主义制度不容易发生危机。他强调政府的失败,政府扭曲了对金融市场和贫困家庭的激励。他还关注教育失败的问题,这是加剧收入不均的关键。在这个意义上,拉詹提出了一些政策建议。例如,教育是减少收入不均的政策之一。政府可以纠正不同社会群体之间出现的教育差距,否则从长远来看,这将会变成收入不均。他还建议,金融监管的设计应减少投机活动,国际组织应致力于以缓解全球失衡为目标。

与拉詹一样,其他主流经济学家,如鲁比尼(Roubini, 2011)、莱奇(Reich, 2010)、斯蒂格利茨(Stiglitz, 2009)和米兰诺维奇(Milanovic, 2010)也反对主流观点,即认为不平等与总需求之间没有联系。例如,米兰诺维奇与拉詹的观点一致,认为政客们急于干预令人不安的中等收入停滞问题,并希望缓解低收入群体的借贷限制,以增加他们的消费。同样地,斯蒂格利茨(2009)也认为,如果没有2001年后宽松的货币政策,由于工资的停滞,总需求将是不够的。信贷的扩大使得美国人的消费超出了他们的收入。他们追赶富有的同龄人,以保持他们的消费地位。这种推理与凡勃仑(Veblen)的炫耀性消费观类似。

此外,富人不断增加的权力和寻租行为(他们成功地游说减少国家干预和再分配),以及工人阶级权力的下降(由于管制放松、全球化和较弱的工会),再加上现有的偏重技能的技术变革,意味着收入两极分化在危机前迅猛加剧。然而,从长远看,这种行为是不可持续的,因为家庭变得过度杠杆化,而且房地产泡沫也无法再持续下去。保罗·克鲁格曼也认识到,富人对经济政策的影响一直是一个主要问题,但与约瑟夫·斯蒂格利茨相反,他断言,危机前的主要问题不是收入不均加剧导致的消费不足,而是美国贫困和中等收入家庭的过度消费。他认为,经济危机与日益扩大的收入不均之间存在着一个共同的起因,而不是由一个导致另一个的情况。在他看来,两者的根源相同,主要是由过度的自由主义政策引发的。

一些主流作家也承认,在危机的出现中,不仅美国收入不均的高水平而且全球收入不均的高水平也很重要。例如,范德莫特(Vandemoortele,2009)特别关注这种关系。在他看来,国家内部和国家之间的不平等是相辅相成的。虽然国内不平等导致总需求问题,但全球不平等导致国际收支失衡(资本流动不均和储备积累不均)。所有这些都在危机的酝酿过程中发挥了重要作用。这一主题将在本书的全球失衡部分进行更详细的介绍。

4.4.2 非主流理论

关于分配变化对经济过程和社会事务的影响的研究,在经济学中有着悠久的历史,斯密、李嘉图、马克思和凯恩斯的著作都对其进行过讨论。尽管这个话题在20世纪最后25年里有些过时,但经济学家,尤其是马克思主义者和后凯恩斯主义者,仍在继续讨论收入不均可能带来的负面影响。

(1)马克思主义危机理论与收入不均的作用

以马克思的研究为基础,马克思主义经济学家主要通过三种不同的观点来解释危机。第一类马克思主义者认为,危机源于积累过程中的问题。在这一过程的后期,由于工人的工会力量或工人的日益稀缺,实际工资的增加减少了利润。这就是所谓的利润挤压理论。第二类马克思主义者将危机解释为利润率下降趋势的结果,这是资本主义制度中所固有的。这被称为利润率下降的趋势。这两种理论将在本书的后续章节中进行更详细的讨论。第三类马克思主义者认为,危机源于剩余价值的实现,导致生产过剩或消费不足。

在马克思危机理论的所有这些版本中,分配问题都是一个关键的概念,因为它们都与劳动力和资本之间的阶级冲突有关。马克思说,资本家利润的来源是剥削劳动力产生的剩余价值。因此,产出可以分为工人的工资和资本家的利润。如果利润变大,就意味着更多的劳动力产生的剩余价值被资本家所占有。这可能源于工人生产率的提高、工资的降低或工作时间的增加。

支持利润下降观点的马克思主义者指出,资本主义经济之所以进入危机,是因为当这些经济体使用更多的恒定资本(更多的机器或资本货物)时,即当恒定资本与剩余价值的比率上升时,剥削程度会下降。利润下降是因为资本家之间存在激烈的竞争,通过增加投资扩大了资本积累。因此,利润下降并不仅仅是工人日益增长的抵抗或实际工资上涨的结果,尽管它们加速了这一进程。从这个意义上说,不平等是危机的结果,而不是危机产生的原因。然而,利润挤压范式的支持者声称,不平等的加剧不是危机的原因,危机的原因是不平等的减少。这一论点是惊人的。这主要意味着生产规模的扩大带来更多的就业机会,加强了工人的议价地位,降低了资本家的利润,导致资本积累减少。这反过来又会导致危机的发生。

生产过剩/消费不足理论是唯一直接提出收入不均是资本主义危机的主要原因的相关马克思主义理论。从这个观点来看,剩余价值没有实现,因此资本家不能出售他们的产品,因为没有足够的需求。资本家之间的竞争促使他们生产更多的产品。为了增加利润,他们试图降低工资。结果,由于产品供应增加和需求下降(工资下降),资本家受到有效需求的限制。马克思(1993[1857],第91页)提出:

> 生产调节消费。它创造了后者的材料;没有它,消费将缺少对象。但消费也能调节生产,因为它为产品创造了产品的主体。该产品仅在消费中才能获得"最后一道工序"……没有生产,就没有消费;但同时,

没有消费,就没有生产。

因此,任何经济体中,经济单位的消费能力都是经济如何发展的主要决定因素。就业水平和工资的下降会破坏这种消费能力并导致危机。没有足够的消费需求,资本家就没有增加投资支出的动机。他们不能通过出售产品来盈利。消费能力或总需求的下降对应着收入不均的加剧。正如斯威齐(1942)、巴兰和斯威齐(1966)以及福斯特和马多夫(2009)等所指出的那样,由于可能出现的大规模生产过剩,收入不均加剧可能会导致经济的全面停滞或破裂。

此外,一些思想与上述观点相近的马克思主义者声称,收入分配不均(工资份额下降)导致了金融化和债务需求的增加。因此,这个潜在的实现问题产生了不同的解决方案。其中一些国家(如美国)通过债务来克服需求不足,而其他一些国家(如德国、日本和中国)则通过增加出口来避免国内需求不足。还有一部分盈余被转移到金融领域。从这个意义上说,随着金融部门的扩张,投机性投资取代了生产性的实体投资。通过这种方式,消费通过金融资产价格的膨胀而引发,这就产生了财富效应。与此同时,更多的金融资产被转移到家庭,以维持他们的消费。这一机制简单地描述了一种增长模式,其起点是收入不均(工资停滞、工资和奖金过高),然后导致过度负债,表现为向家庭发放越来越多的信贷和次级抵押贷款,而这些家庭可能无法轻易偿还。因此,从这个观点来看,推动债务主导型增长模式的收入不均导致了金融危机。

(2)后凯恩斯主义危机理论与收入不均的作用

后凯恩斯主义者主要关注功能性收入如何在工人、资本家与吃息者之间分配,以及如何影响有效需求。这构成了他们主要论点的基础。从这个意义上说,后凯恩斯主义者将经济的表现与收入分配的变化联系了起来。在他们的分析中,他们首先区分了功能性收入分配和个人收入分配。正如他们所提到的,功能性收入分配对于阶级分析很重要。它展示了在一个经济体中工人和资本家如何分享总产量。但个人收入分配描述的是个人之间的收入不均对经济总需求的影响。

从功能分配的角度来看,实际工资的变化方向可以以不同的方式影响整个经济的运行。例如,在经济意义上,实际工资的增加可能会产生积极和消极的影响。更高的工资意味着更高的需求和更高的产量,因为工人的边际消费倾向比资本家高得多。因此,公司进行了更多的投资,雇用了更多的工人[帕雷(Palley),2010a]。然而,与此同时,工资的增加可能会减少资本家的利润,因为公司投资的动力减少,导致积累减少。因此,净效应取决于经济环境。

个人收入分配的变化在影响需求水平方面也有类似的影响。但它并不直接涉及工资的生产成本效应。日益加剧的收入不均可能对消费产生毁灭性的影响,因为较低收入群体的边际消费倾向高于富裕群体。这种由一些后凯恩斯主义经济学家提出的观点实际上类似于马克思的消费不足理论。这是因为严重的收入不均会导致消费下降,而消费下降又会进而扭曲积累过程。

后凯恩斯主义者还提请人们注意金融化体系中的不平等问题。在一个高度金融化的体系中,收入不均可能并不明显,因为消费不均并不普遍,低收入群体很容易获得信贷。因此,由于贷款的可获得性增加,他们的负债变得更多了。然而,尽管这种情况最初看起来很稳定,但最终巨大的债务负担无法维持,债务人被迫增加储蓄(去杠杆化)、减少消费。这很可能导致债务负担沉重的经济衰退,并有引发危机的潜在可能性。

事实上,有些经济发展可以抵消收入不均加剧的负面影响。例如,资本家可以减少他们的储蓄,消费更多的奢侈品(增加他们的消费倾向),或者可以增加投资支出或增加外部需求(增加贸易顺差)。然而,正如帕雷所说:"大规模生产的经济需要大规模的消费市场来支持,而强劲的大众消费市场依赖于健康的收入分配"(帕雷,2002年,第11页)。这一推理与凯恩斯的观点非常一致。凯恩斯(1936年,第372页)认为:

> 经济社会的突出缺点是财富和收入的任意且不公平分配,以及被视为永久习惯的消费倾向的每一次减弱,都必然会削弱对资本的需求和对消费的需求。

以同样的方式,卡莱斯基提请人们注意当富人变得更加富有时的无效需求问题,也就是说,从长远来看,他们较高的储蓄率将减少总需求。他提到收入不均和需求不足会同时发生。

主流经济学家特别强调工资的成本方面。因此,在他们看来,工资下降对生产和就业有积极影响。但这并没有得到实证数据的验证。例如,尽管工资几十年来一直停滞不前,但20世纪90年代后国内生产总值的平均年增长率并不高。然而,后凯恩斯主义者认为工资具有双重作用:需求效应和成本效应。由于家庭的边际消费倾向高于富人,工资份额的下降反映了不平等的加剧,从而减少了总需求。这就是需求效应。然而,成本效应也发挥了作用:由于工资的下降,生产成本会降低,盈利能力会提高。此外,单位成本的下降也将提高国际竞争力,进而最终提高净出口。

因此,工资下降会产生各种影响:国内需求下降、盈利能力增加,以及外部需求增加。净效应将是所有这三个因素的综合效应。在工人与资本家的边际消费倾向之间存在很大差异,以及投资对盈利能力的敏感性较低、进出口对相对价格的敏感性较低的情况下,工资的增加将对总需求产生积极影响。这种制度被称为工资主导,否则(因此如果它有负面影响)就被称为利润主导。

这些影响可能会随着国家所经历的环境而变化。对这些影响进行广泛的实证研究,结果显示有三个发现:①消费对工资份额下降的反应比投资更敏感。这意味着在许多国家,无论是发达国家还是发展中国家,国内需求(消费与投资之和)是由工资主导的。从这个意义上说,经济增长是由净出口效应决定的,进而取决于价格和劳动力成本的进出口价格弹性。②国际贸易通道不仅取决于价格和劳动力成本的进出口价格弹性,也取决于贸易开放的程度(出口和进口在国内生产总值中的份额)。③在一个高度全球化的贸易环境中,工资变化的影响非常受限,因此,工资下降的竞争效应可能是有限的,因为各国在同一时间采取相同的战略。

自20世纪80年代以来,这种竞相压低工资的预期结果是导致了全球经济需求的停滞。因此,现在的问题是,如果工资份额普遍停滞,那么在2007－2008年经济危机之前,世界经济是如何增长的?这种情况可以用两种增长模式来解释:①美国、英国等发达国家和新兴经济体的债务主导型增长模式;②德国、日本、北欧国家以及中国和一些东亚国家的出口主导型增长模式。因此,在同一时期,债务主导型增长战略和出口主导型增长战略在全世界范围内同时被采用。这两种增长战略似乎都是为了避免工资下降所导致的需求持续停滞。

图4.9总结了所有这些论点,以描述2007－2008年全球危机爆发前发生的情况。由于世界总体上处于工资主导的体制中,收入不均的加剧导致了需求的停滞。为了解决这一问题,各国采用了债务主导型或出口主导型增长模式。正如我们所知,债务主导型增长模式导致了信贷扩张,从而增加了需求。遵循这种增长模式的国家产生了巨额经常账户赤字。然而,其他一些国家采用了另一种增长模式,即出口主导型增长模式。通过这种方式,这些国家受益于其他国家的

需求,因为它们的国内工资水平停滞不前。这两种增长模式本质上都不稳定,因为它们都依赖于高负债率。在债务主导型增长模式中,可以清楚地看到,这些国家的家庭债务已经上升,以实现增长。在出口主导型增长模式中,也出现了高水平的债务,但在这种情况下,其他国家的外债主要是贸易伙伴的外债增加了,而不是国内债务增加了。

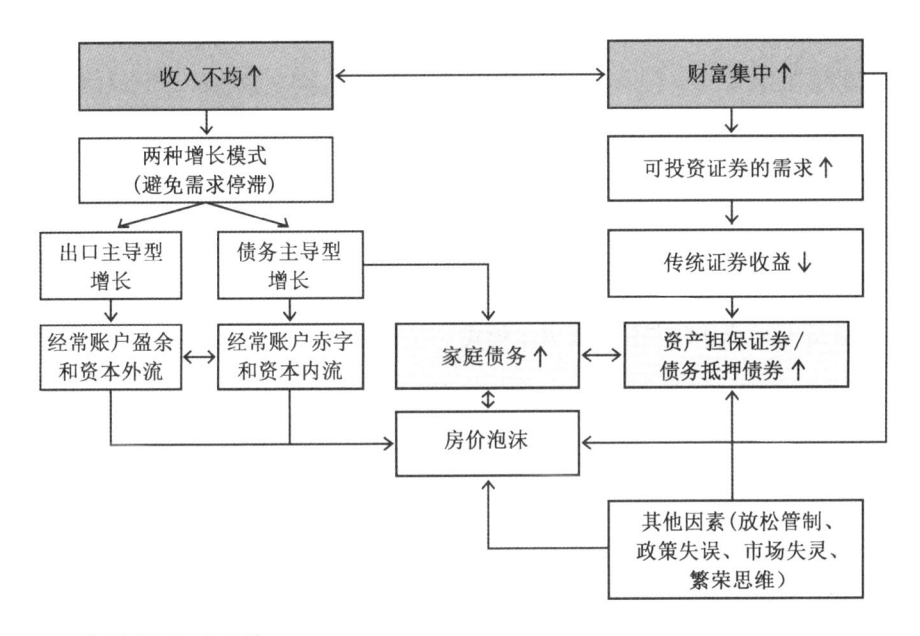

资料来源:戈达等(Goda et al.,2014)。

图 4.9　不断加剧的不平等和增长机制

如图 4.9 所示,财富集中度的提高也有助于为维持这些脆弱的增长机制提供资金。这些由富人提供的资金通常流入风险较高的资产,如资产担保证券(ABS)和债务抵押债券。在这一发展中,特别是超级富豪发挥了关键作用。由于他们对金融资产需求的增加,传统债券的收益率下降了。这反过来又促使投资者寻求收益率更高的替代投资。他们成为新构造的、复杂且高风险的金融资产的主要买家。因此,他们诱使金融机构产生新的风险资产,并导致他们的基金所提供的次级贷款的扩张,即使这种扩张是部分性的。此外,他们还向政治施加压力,要求其设计金融结构,并解除对金融结构的管制,使之与他们的目的相一致。

4.5 对收入不均与危机之间联系的实证分析

在本节中,我们将以更具体的方式探讨收入不均与其他相关重要变量之间的主要渠道,特别关注2007—2008年的全球经济危机。

最近的学术研究正在对收入不均与危机之间的关系做出新的解释。这种新出现的文献定义了5个渠道,它们是:(1)收入不均与需求疲软;(2)家庭债务和资产泡沫的增长;(3)财富不均与金融投机;(4)收入不均和经常账户赤字的加剧;(5)收入不均和监管的增加。下面我们将从理论和实证的角度讨论所有这些渠道。事实上,它们是上述讨论的理论中更为紧凑和具体的形式,在2007—2008年全球危机之后得到了更多经济学家的认可。

渠道1:收入不均与消费者需求模式

许多国家的工资在国民收入中所占的份额大幅下降。如上所述,好几项研究证实,增长率取决于工资趋势,而不是利润趋势。也就是说,如果工资下降,许多国家的经济就会放缓。此外,随着时间的推移,工资分配的变化也变得至关重要。也就是说,高收入者的工资增长幅度远远超过了中低收入者的工资增长幅度。这改变了工薪阶层的消费模式,进一步压低了总体需求,因为高工资群体储蓄更多,所以他们的需求增长不如储蓄率低的群体多。因此,与收入分配更加均衡的情况相比,一个国家的总体消费率在收入不均程度较高的情况下通常会下降。

然而,根据米尔顿·弗里德曼(Milton Friedman)的永久收入理论、弗兰科·莫迪利安尼(Franco Modigliani)和理查德·布伦伯格(Richard Brumberg)的生命周期假说等主流理论,总体水平上的储蓄和消费与永久收入分配无关。从这个意义上说,只有当临时收入的方差较大时,才会导致更高的预防性储蓄。此外,根据这种关于永久收入的论点,结合理性预期的假设,人们在金融市场的帮助下平稳消费,即使在收入的临时成分显示出更高的可变性的情况下也是如此。从这个角度来看,2007—2008年危机之前不平等的加剧仅仅反映了临时收入的更高可变性,因此,低收入群体的家庭通过从信贷市场借款为自己投保。

因此,根据永久收入假说,家庭信贷需求的增加仅仅源于不同收入群体收入的短暂变化。然而,这种观点无法构建不平等加剧、总储蓄率下降与家庭债务增加之间的关系。如果人们认为未来收入的不确定性正在增加,那么收入的不稳定性就会导致更多的储蓄。然而,在2007—2008年危机之前的很长一段时间里,储蓄率一直在下降。尽管自20世纪80年代中期储蓄率开始下降以来,人们一直在争论这个问题,但它仍然是一个谜。

根据皮凯蒂和萨兹(2013)的说法,收入从穷人向富人的转移是永久性的,而不是暂时性的。他们断言,自20世纪80年代初期以来,美国发生了巨大的收入转移。当排名前1%和10%的人变得更富有的时候,其余的人,即排名后90%的人,却变得更穷了。在此期间,收入从后者向前者转移了约15%。因此,消费的永久收入假说中对较高的临时收入水平的解释,不足以解释人们观察到的收入从最低的95%向最高的5%永久转移的事实。如果这种转移真的是永久性的,那么在永久性消费理论的框架下,解释债务增加的唯一方法是,家庭不会立即觉察到收入冲击是永久的。

在2007—2008年危机爆发前的几十年里,美国家庭倾向于减少储蓄,同时却增加了借贷。拉詹(2010)将这些发展与同时期日益加剧的不平等联系了起来。在他看来,不平等加剧主要源于"大学溢价"(college premium)。他声称,教育的总体结构已经偏离了技术进步的要求。技术进步超过了教育进步。社会中很大一部分人没有机会获得合格的教育。这进一步加深了受过良好教育的人与受教育程度较低的人之间的不平等。但那些受教育程度较低的人却继续消费,长期过着入不敷出的生活。

研究者们已经开始更多地考虑消费增长与收入水平不一致的问题,就像2007—2008年全球危机爆发之前所发生的那样。为此,他们更多地运用了行为学文献。他们主要受益于凡勃仑(1989)的炫耀性消费假说和詹姆斯·杜森贝里(James Duesenberry)的相对收入假说,后者为消费增长提供了直观的解释。社会学家兼经济学家托尔斯坦·凡勃仑创造了"炫耀性消费"(conspicuous consumption)一词,将消费解释为获得或维持特定社会地位的一种手段。在一些学者看来,在2007—2008年全球经济危机爆发之前,中低收入群体的这种激励加速了这些家庭无法承受的消费,从而引发了借贷,最终导致经济体系崩溃。

相对收入假说指出,家庭的消费与绝对收入水平无关。相反,它是两个因素的函数:(1)家庭在其当地参考群体内收入分配中的地位。这是一个外部标准,用一些外部参考群体的过去消费来表示。这也被定义为"攀比"(keeping up with the Joneses)。(2)家庭当前与过去收入之间的关系。这是一个内部标准,用个人过去的消费水平来表示。该标准通常被定义为"习惯形成"(habit formation)。这一观点试图解释收入相对较低的家庭的高消费水平,尽管他们的收入来源长期停滞不前。用更专业的术语来说,这两种类型的参考消费意味着家庭具有"时间不可分割"(time non-separable)的消费功能。

富人收入的增加有潜在可能影响不太富裕的人的消费。这是通过"支出瀑布"(expenditure cascade)实现的。这意味着一个群体消费模式的变化与另一个群体的消费模式相关。也就是说,一个群体的消费可以被其他群体视为一个参考点。如果人们开始认为自己的消费水平低于周围人的消费水平,他们就会提高消费水平,从而引发支出瀑布。这背后的主要原因是最富有者的收入增加,反映了他们的消费及其对低收入者消费行为的影响。斯蒂格利茨(2009)也强调了这种情况。他声称,即使在收入停滞的情况下,贫困家庭仍希望维持他们的生活水平,这推动了借贷的增长。他们不看自己的收入水平,他们关注的是别人的消费。

拉詹将全球经济衰退期间低收入家庭的消费模式描述为是非理性的。他提道:

> ……他们的观点是,如果中产阶级家庭的消费持续增长,如果他们每隔几年就能买得起一辆新车,偶尔还能享受一次异国情调的假期,或许他们就不会那么关注自己停滞不前的月薪了。
>
> (拉詹,2010年,第8页)

然而,当拉詹关于不平等的观点(基于受过良好教育的人与未受过良好教育的人之间的收入差异)与相对收入假说相结合时,我们就可以清楚地看到,从低收入家庭的角度来看,面对高收入家庭迅速增长的消费,信贷融资消费(减少储蓄而增加借贷的情况)可能是一种完全理性的反应。这就是为什么当他们观察到其他人消费更多时,他们的反应是理性的。因此,受他人消费标准的影响可能是消费者在追求广泛认可的目标时的一种理性反应。

渠道2:家庭债务和资产泡沫的增长

正如我们所展示的,在经济大衰退和经济大萧条之前,家庭债务大幅增加,收入不均加剧。詹姆斯·加尔布雷斯(James Galbraith)在其著作《不平等与不稳定》(Inequality and Instability,2012)中支持这一事实。他说:"随着华尔街崛起,开始主宰美国经济,美国的收入和薪酬不均开始随着信贷周期的曲调同步起舞。"他强调,信贷扩张是导致不平等与经济不稳定的主要因素。

图 4.10 和图 4.11 显示了这两次大危机爆发前的这一模式。图 4.10 描绘了 2007—2008 年经济大衰退前美国不平等的演变以及家庭债务与国内生产总值之比。在 1983—2007 年间,收入不均现象迅猛加剧。收入分配顶层 5% 的人所获得的总收入份额从 1983 年的 22% 上升到 2007 年的 34%。昆霍夫和兰塞勒(2010)认为,最富有的 5% 的人的债务水平(15%)高于最贫穷的 95% 的人。但在 2007 年,底层 95% 的人的债务与收入比是收入分配顶层 5% 的人的 2 倍。

资料来源:昆霍夫和兰塞勒(2010)。

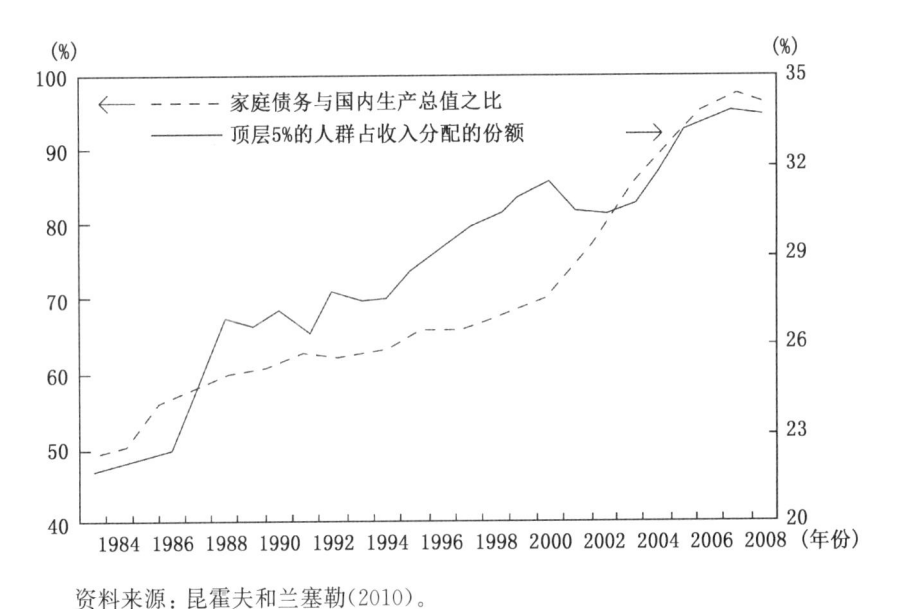

图 4.10 经济大衰退之前美国的收入不均以及家庭债务与国内生产总值之比

20 世纪 70 年代,管制放松几乎在所有发达国家蔓延开来。这引发了信贷扩张。银行开始不顾违约风险,为各种活动提供资金,尤其是为用于消费、抵押贷款和投机领域的个人贷款。这种信贷扩张导致了资产泡沫。在 21 世纪头 10 年里,这一点在房地产泡沫中得到了体现。人们由于预期房价会上涨而过度举债买房。

在大萧条之前的 1920—1928 年间,收入不均以及家庭债务与国内生产总值之比出现了类似的趋势。图 4.11 显示了这一点。1920—1928 年间,收入最高的 5% 的人群的收入份额从约 27% 上升至约 35%。同时期,家庭债务与国内生产总值之比也大幅上升,从约17%上升至约37%。

图4.11　1920—1929年间美国的收入不均以及家庭债务与国内生产总值之比

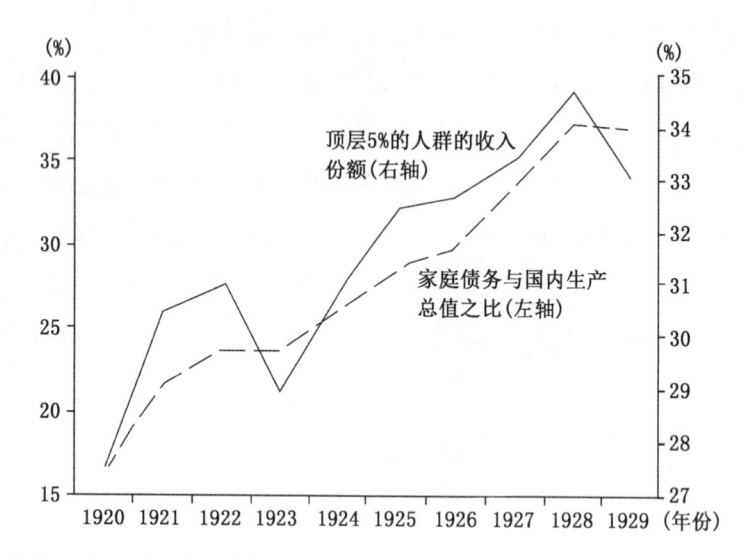

资料来源:昆霍夫和兰塞勒(2010)。

在收入不均的背景下,家庭债务的上升似乎有两个相互补充的驱动因素。首先,由于家庭经历了工资停滞,并希望从资产增长中受益,特别是从房价上涨中受益,因此对金融的需求增加了。其次,由于贷款限制降低、全球过剩(资金从亚洲国家和石油生产国流出)以及富人的资金转移到金融市场,低收入群体获得信贷的机会增加了。前一种观点主要暗示不平等的加剧改变了低收入群体的行为。这导致人们认为,危机是由穷人过度借贷造成的。后一种观点与过度信贷扩张是由金融机构的诱惑引起还是由政府政策驱动相关,其中这些政策促进了对中产阶级选民的信贷。事实上,这是一场关于信贷量增加是源于需求还是源于供应因素的辩论。因此,这也是一场关于什么渠道的不平等对整个经济的影响最大的辩论。这场辩论实际上与我们指责谁的问题有关。也就是说,我们是否应该指责掠夺性贷款行为,还是指责那些不负责任、超出自己能力范围举债的不道德的债务人。

学者们在这两个观点上存在分歧。例如,巴尔巴和皮维蒂(Barba and Pivetti,2009)将个人债务的上升解释为需求方现象。他们认为,不断上升的家庭债务主要源于实际工资的停滞和福利国家的紧缩。同样,沃尔夫(2010)也认为,家庭债务的增加源于家庭在工资停滞不前的情况下保持消费水平的动机。

相比之下,其他学者则专注于供应方面的发展。例如,昆霍夫和兰塞勒(2010)认为,随着时间的推移,富人们变得更加富有,富人的储蓄增加导致了更高的信贷供应。利桑德罗(Lysandrou,2011)还强调,对风险金融产品的需求来自私人财富的巨大积累。在类似的背景下,一些学者对美国家庭过度消费并陷入一种消费热潮的观点提出了异议。沃伦和沃伦(Warren and Warren,2004)谴责了这一点,称金融部门的驱动力诱导家庭借贷和消费,而不是过度消费的神话。

拉詹也强调了供给方面,但背景不同。拉詹认为,金融机会的增加是由政府引起的。他认为,在 20 世纪 90 年代和 21 世纪初的早期,美国政府敦促政府支持的金融机构[如房地美(Freddie Mac)和房利美(Fannie Mae)]为抵押贷款提供融资。

作为这场辩论的一部分,供应方面出现了另一个重要转变。这是货币政策的变化。不平等与货币政策之间的关系在文献中被广泛忽视。菲图西和萨拉切诺(Fitoussi and Saraceno,2010)表示,"不平等的加剧……抑制了总需求,并促使货币政策通过维持低利率水平做出反应,这本身就使得私人债务增长超过了可持续水平"。这实际上与拉詹的想法相似。根据这一点,货币政策与不平等相关,引发借贷,从而导致信贷泡沫。

在这一点上,奥地利学派与后凯恩斯主义学派之间出现了明显的分歧。正如奥地利经济学家所阐述的那样,通货膨胀的意外会降低实际工资,从而提高利润,反过来导致收入从工人手中转移到资本家手中。因此,扩张性货币政策同时增加了信贷数量和不平等。相反,后凯恩斯主义者强调,美联储的反通货膨胀政策通过减少就业和工资加剧了不平等。

因此,我认为似乎很难区分影响家庭借贷的需求和供给因素。答案是两者的复杂结合。特里迪科(Tridico,2012)从供给和需求两个角度给出了解释。这两种观点他都强调了。

渠道 3:收入/财富不均与金融投机活动

另一个重要问题是,金融投机/金融不稳定与收入不均之间是否存在任何联系。这一问题之所以凸显出来,是因为财富越来越集中在顶层人士手中,这使得顶层人士更倾向于投机。与其他团体相比,他们参与的资产风险更高。正如好几位经济学家所说,财富集中在一些群体手中,导致他们采取更加鲁莽的杠杆和冒险姿态。

让我们看看这是如何发生的;也就是说,富人的鲁莽行为往往会把整个体系置于危险之中。这个道理很直白,当富人变得更富有时,他们拥有更多的机会用自己的钱去承担更多的风险。根据新经济基金会(the New Economics Foundation,2014)提供的统计数据,美国非常少的一部分人的财富在2007—2008年危机爆发前的10年中翻了一番,从19万亿美元增至41万亿美元。事实上,这一直是高风险产品开发和积累的原因之一。众所周知,富人拥有市场上一半以上的风险投资资产,如债务抵押债券和衍生品。因此,富人对更高回报的渴望增加了。影子银行体系创造的新的高风险金融产品满足了这一需求。超级富豪是有毒金融产品的主要买家。事实上,直到2002年,美国的债务抵押债券市场还没有那么大,但在那之后的5年里,它的市场规模增长了12倍。现在,人们普遍认识到,这些风险资产是由财富分配顶层人群的需求产生的,这是过去几十年不平等加剧的结果。

可以说,这些金融产品在2005年前后的供应量的增加本应该降低它们的价格,但这并没有发生。相反,对它们的需求增加了。由于收益丰厚,越来越多的投资者和公司开始参与金融市场。他们将资源从生产领域转移到金融市场。在这个日益金融化的过程中,经济收入两极分化进一步加剧,因为已经富裕的富人从资产价格上涨中获益。美联储的调查数据显示,富裕家庭持有的资产风险更高。2007年,前10%的富人持有约60%的支票、储蓄和货币市场资产,以及约50%的存单资产,但是直接持有的股票约为90%,债券为88%,共同基金和对冲基金为52%[肯尼科(Kennickell),2009]。这也验证了一个事实,即不断加剧的财富不均促使富人在金融市场上承担更大的风险(见表4.1)。

表 4.1   2007 年美国各收入组别的金融资产构成   单位:%

	家庭净资产分布的百分比				
	0—50	50—90	90—95	95—99	99—100
持有支票、储蓄、货币市场资产和活期存款账户	6.5	33	11.4	26.2	22.9
持有定期存单	3.1	46.6	11.5	23.7	15.1
直接持有公开交易的股票	0.6	9	8	30.5	51.9
货币市场共同基金和对冲基金以外的共同基金	0.4	11.6	10.3	30.9	46.7

资料来源:肯尼科(2009)。

渠道4：收入不均和经常账户赤字的加剧

近年来，许多学者开始关注美国不平等与全球贸易失衡之间的因果关系[例如，奥伯斯法尔德和罗戈夫（Obstfeld and Rogoff），2010；菲图西和斯蒂格利茨，2009]。这一观点主要阐述了收入不均的加剧是如何导致其他国家出口导向型增长战略的出现的。特别是在盎格鲁—撒克逊国家以及发达的金融市场中，穷人和中等收入群体很容易从国内外贷款机构借款，为他们的消费提供资金。这些消费品中有很大一部分包含进口产品。除了不平等对国际金融和贸易平衡的影响之外，新兴经济体的不平等也强化了这一进程。这些国家的工资已经很低，其金融体系还不够发达，无法借贷。这导致需求不足和出口导向型增长。这些国家的债权人把钱借给外国发达国家，而不是借给他们国内的单位。

从另一个角度来看，收入不均对经常项目的影响实际上与储蓄行为有关。这是由 $X-M = S-I$ 表示的一个简单关系推导出来的，即净出口等于净储蓄。储蓄国有经常项目的盈余，而非储蓄国有经常项目的赤字。不平等可以通过两种方式影响储蓄行为，一种是积极的，另一种是消极的；不平等的加剧预计会影响人们在收入分配中的地位。处于收入分配底层的人预计储蓄会减少，因此借贷会增加；相反，那些处于收入分配顶层的人预计储蓄会更多。因此，从总体层面上来说，不平等对经常账户的净影响是模糊的，取决于哪个群体占主导地位。这种机制如图4.12所示。

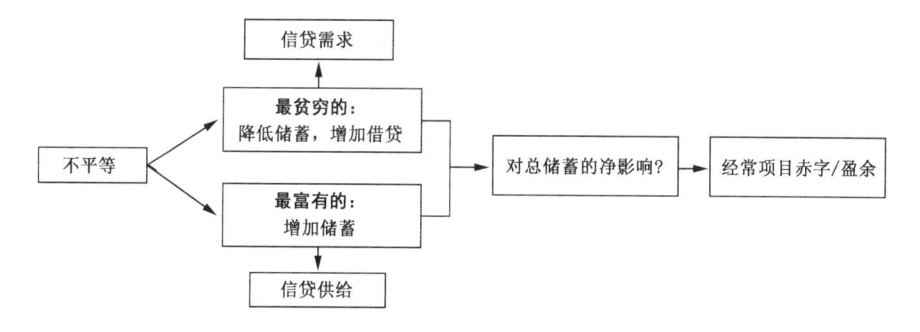

图4.12 收入不均与经常账户余额之间的联系

渠道5：收入不均、政治和监管增加

美国收入的两极分化也影响了金融不稳定，因为它增加了对政客们的游说压力，以鼓励放松金融管制的政策。政治压力来自收入分配的对立端。那些处于收入分配底层的人向政客施加压力，要求获得更多信贷，以替代不断增长的家庭收入；那些处在收入分配顶层的人对政治进程更有影响力，他们也向政客施加压力，要求他们开放金融市场，以增加收益。可以看出，这两种来自社会不同部分的不同需求促使政治家们放松对该系统的管制。也就是说，高度不平等会引发政治或货币反应，从而可能导致信贷膨胀、过度债务积累和金融动荡加剧。事实上，这一政治过程可能比我们在这里描述的更加复杂，但它抓住了不同收入群体的主要动机，这些群体的需求因收入两极分化加剧而有所不同。

拉詹(2010)对这场辩论做出了重要贡献。他指出，美国日益加剧的不平等迫使政客们采取后续政策，为低收入群体提供借贷便利。通过税收和社会支出政策重新分配收入在政治上很难实施。相反，各国政府通常选择支持和颁布政策，以促进穷人和中等收入群体获得信贷。这主要以放松管制和为国家支持的机构提供资金机会的形式出现。拉詹(2010年,第39页)提道：

> 即使没有政客想出一个马基雅维利式的计划，用宽松的贷款来安抚焦虑的选民，但他们的行动——有大量证据表明，政客们推动更宽松的住房信贷——本来也是可以由他们关心的选民来引导的。

尽管这一观点受到了批评，因为美国的政治体系主要是对高收入选民的反应。但我认为，低收入群体与高收入群体之间的需求是一致的。一方希望获得更多信贷，另一方希望给予更多信贷；因此要一致。这使得政治家的工作变得更容易了。

达龙·阿西莫格鲁(Daron Acemoglu,2009)也参与了这次辩论。他声称，是政治导致了不平等和金融危机。因此，不平等与金融危机之间存在的是共存关系，而不是因果关系。阿西莫格鲁认为，政客们考虑的是少数富人的利益，而不是大多数穷人和中等收入者的利益。实施的政策总体上有利于富人，而非中低收入群体。他认为，这就是为什么金融放松管制政策在2007—2008年的危机之前得到实施的原因。从这个意义上来说，不平等通过一个自我强化的过程导致了金融不稳定性的加剧：(1)日益加剧的不平等导致了富人政治权力的扩张；(2)他们利用这种权力设计有利于自己的金融结构；(3)这造成了进一步的金融脆弱性和日益加剧的不平等，并返回到(1)的状态。

4.6 结　语

　　许多学者已经开始强调伴随 2007—2008 年全球金融危机而来的不平等的重要性。在他们看来,正是经济不平等引发了政策反应,最终导致了 2007—2008 年的经济危机。根据他们的观点,具有技能偏向的技术变化显著地区分了低技能和低教育程度的工人与高技能和高教育程度的工人的收入。由于美国没有完善的再分配机制,政客们诉诸其他方法来安抚低收入群体。他们试图通过诱导金融系统收取较低的利率来促进住房所有权。这反过来又导致了债务的累积,最终导致了金融崩溃。

　　所有这些论点主要是由拉詹提出的,被称为拉詹假说。这在美国引发了一种关于不平等及其影响的争议。一些人认为他的想法是在暗示"穷人导致了危机",以及政府针对穷人要求采取的错误政策。然而,很明显,拉詹并没有考虑到收入分配顶层的收入爆炸式增长,而是侧重于关注由技能偏向的技术变革所导致的 90/10 与 90/50 收入差距的变化。超级富豪所掌握的导致金融市场放松管制的政治进程被忽视了。在这个意义上,其他学者提到,不平等和金融不稳定只是同时发生;这不是因果关系。或许,金融放松监管是不平等和金融不稳定的共同决定因素。

　　显然,市场并不存在于真空中。它们需要政治、社会和文化规范。尤其是政治进程对于决定市场的方向至关重要。高度的经济不平等造成了政治不平等。在这种高度不平等的社会中,社会福利不可能惠及所有人;有些人比其他人受益更多。这也降低了社会流动性。

　　不平等是资本主义的自然结果。正如托马斯·皮凯蒂所言,20 世纪中叶相对更为公平的长时期是一种历史反常现象,而镀金时代(美国历史上 19 世纪末,从 19 世纪 70 年代到 1900 年左右)与我们这个时代的差距则是常态。这一点在金融危机期间变得更加明显;政治体系将损失社会化,但允许银行将利润私有化,帮助了施害者,但对失去住房和工作的受害者几乎没有帮助。

　　因此,正如现在广泛公认的那样,更加平等的收入分配对整个社会至关重要。为此,有必要扭转财富集中和收入不均的实际水平,以帮助解决资本主义的固有问题。

第 5 章 金融不稳定假说

5.1 导 论

人们普遍认为,2007—2008 年全球危机是一场明斯基危机。有人认为,明斯基的金融不稳定假说所确定的过程解释了这场全球危机爆发之前发生的事情。因此,在提到有关 2007—2008 年那场金融危机时,海曼·明斯基(1919—1996)是被人们提及最多的一位经济学家。

金融不稳定(或脆弱性)假说是一种关于危机的理论,在这种理论中,经济的实体层面与金融层面相互作用,并导致一系列周期性事件。因此,通过更多地关注实体与金融之间的联系,明斯基的观点与金融化论点所阐述的观点有所不同。从他的观点来看,内部动力本质上倾向于将资本主义推向不稳定的状态和严重的萧条。明斯基认为,由于货币和金融市场制度的变化所带来的日益复杂的局面,以及政策当局的反应,危机有扩大规模的趋势。

在本章中,我们将通过引出明斯基的想法来探讨他的金融不稳定假说,主要是探讨金融危机及其与当前和过去危机的相关性。正如我们将在接下来的章节中所看到的一样,明斯基认为,资本主义中的经济运作是一个动态的过程。这一观点使他有别于主流经济学。这解释了为什么明斯基会被主流经济学家普遍忽视的原因,主流经济学家将经济问题视为有效的市场配置。然而,我们观察到,自 2007—2008 年全球危机以来,学术界对明斯基分析的兴趣一直在显著增长。

5.2　明斯基的金融不稳定假说(FIH)

明斯基写了两本重要的书,分别是 1975 年的《约翰·梅纳德·凯恩斯》(*John Maynard Keynes*)和 1986 年的《稳定不稳定的经济》(*Stabilizing an Unstable Economy*)。他将自己对经济学的贡献定义为对凯恩斯的著作《就业、利息和货币通论》(*General Theory of Employment, Interest and Money*)的诠释。

明斯基的理论有两个关键假设。首先,资本主义经济中有两种融资体制,它们主要是稳定的和不稳定的体制。其次,经济可以根据经济动态从一种融资体制过渡到另一种融资体制。因此,在明斯基看来,金融不稳定并非外部因素;相反,它们是资本主义生产的内在特征。

在明斯基的金融不稳定假说中,出发点是金融承诺是如何改变经济中的经济主体的。他根据现金流对经济主体(家庭、公司和政府)进行了分类。与此相一致的有三种主要的现金流:收入、资产负债表和投资组合。收入现金流包括工资、薪金和利润。资产负债表现金流是指现有的和继承的负债或债务工具。投资组合现金流是指那些导致资本和金融资产易手的交易。明斯基指出,金融体系的健全与否取决于这些现金流的相对权重。

资产负债表和投资组合的现金流是基于收入现金流的。如果收入现金流(已实现的或预期的)足以满足所需的支付,该单位就被称为对冲融资。如果预期收入低于资产负债表现金流,那么支付的唯一方式就是借款,在这种情况下,该单位就会被要求进行投机性融资。然而,在单位增加债务去偿还债务的情况下,它们就会被要求进行庞氏融资。[1]

从这个意义上说,投机和庞氏融资单位都需要参与投资组合交易。也就是说,它们需要通过出售资产或借贷来偿还债务。但对冲金融单位并不通过投资组合交易来支付债务。这意味着它们在支付债务时不会受到金融状况变化的严重影响。然而,当事情变得糟糕时,这对投机单位和庞氏单位来说并不容易。例

---

〔1〕　庞氏金融是以查尔斯·庞兹(Charles Ponzi)的名字命名的,他在 20 世纪 20 年代的美国因使用这种骗术而臭名昭著。

如,利率上升或收入下降将损害这些单位,导致它们难以实现自己的承诺。在这些情况下,投机融资单位可能被证明是庞氏单位;但在相反的情况下(利率下降和收入增加),庞氏融资单位可以变成投机单位。也就是说,再融资结构的任何变化都会影响到期付款,从而改变一个单位的资产负债表状况。因此,从一种融资类型过渡到另一种融资类型的发生可能取决于收益的变化。

因此,在明斯基看来,如果现金流中的微小变化或承诺不会对行为方履行其财务承诺的能力产生不利影响,那么,金融体系的可持续性和稳定性就被定义为是健全的。明斯基强调,经济体中现金流趋势的相对权重决定了金融体系的脆弱性。如果经济单位能够履行其资产负债表上的承诺,那么该金融体系在财务上往往是健全的。但如果单位需要进行投资组合交易来兑现它们的资产负债表承诺,那么经济往往具有潜在的财务脆弱性,并会演变为容易发生危机。此外,当庞氏金融变得广泛时,它往往与欺诈性金融行为联系在一起,这也可能对经济造成进一步的破坏性影响。

在明斯基的理论中,时间和不确定性在金融的动态过程中至关重要。在经济系统的不确定性、私有制和复杂的金融实践的情况下,甚至是一个拥有良好的初始金融条件的经济,也可能随着时间的推移而演变成一种更脆弱的经济结构。资本主义经济的内生结构往往有增加投机和庞氏融资单位权重的势头。这反过来又使经济容易受到外部的冲击。

以上总结的这些经济中不同单位的不同融资趋势对于理解真实投资至关重要。这是因为在明斯基的理论中,投资决策关键取决于金融市场。在明斯基看来,这只是凯恩斯主义的观点,因为凯恩斯对投资的分析主要基于金融市场变量的变化。而投资的变化反过来又极大地决定了经济周期的程度。从这个意义上,明斯基认为,投资需求是由资本货物的需求与供给价格之差决定的,这主要与凯恩斯对 MEI(投资边际效率)和利率的定义有关。虽然需求价格只是通过购买新的资本货物在未来几年产生的利润的折现值(现值),但该资本货物的生产成本构成了它的供给价格。这种供求价格框架是一种理论,在这种理论中,投资被概念化为经济中两个部分自主的部门——实体部门和金融部门——之间相互作用的结果。

尽管金融机构和实体机构的期望在某种程度上有所不同,但由于金融主体决定了用于将利润预期转换为资本货物需求价格的折现系数,因此,我们不存在金融部门不完全了解实体部门决策者的信息和期望的情况。这是因为在明斯基的模型中,实体经济不具有相对的自主权。因此,资本货物的需求价格主要由实体部门在预测利润现值时收取的利率决定,资本货物的供给价格主要由金融市场决定。他提到这一点:"投资的需求价格来自资本资产的(金融)市场价格,资本资产的市场价格取决于凯恩斯在流动性偏好的框架下确定的关系"(明斯基,1982年,第29页)。也就是说,在明斯基的著作中,现实世界与金融世界是相互关联的,就像在凯恩斯的著作中一样。[1]

基于这些理论基础,我们可以追溯明斯基假说中关于经济系统如何从金融稳定走向金融脆弱的主要方面(定义如下)。

5.2.1 繁荣与萧条阶段——从金融稳定到金融不稳定

在一场经济危机的余波中,借款人和贷款人在财务方面都会变得非常保守。贷款人更加焦虑,因而要求较高的安全利润率。借款人对未来利润变得更加悲观,因而他们对自己的投资变得更加谨慎。这反映出在承担和发放债务方面更加保守的行为变化,迫使系统进入更稳定的状态,尽管利润预期和投资都很低。在这个阶段,预期实现了,借贷关系变得更加稳定。根据明斯基的行为假设理论,稳定阶段会慢慢导致更高的自信。借款人变得更加自信,开始借贷更多,从而降低了他们的安全边际。因此,投资商品的有效需求价格就上升了。与此同时,市场上信用违约率的降低,即借款人信用历史记录的改善,也推高了贷款人的信心。这使得他们能够进一步降低安全边际,并希望以更低的成本发放更多贷款。这意味着经济中会有更多的债务融资投资(明斯基,1986)。

伴随着增加投资获得更高的利润,其他反馈机制开始运作(见图5.1)。这里有三种反馈效应。首先,借款人获得了一个履行其过去债务承诺的机会。履行债务承诺进一步增强了信心,使借款人和贷款人降低了安全边际,并将更多的债务用于投资融资。其次,实现预期利润现值 $PV(\pi)$,并将其视为永久值。因此,它将把资金从内部财政(F)转移到外部来源。最后,这提高了未来投资现金

---

[1] 宏观经济活动的方向主要是先从一个部门开始,然后传导到其他部门。在凯恩斯和明斯基看来,启动部门是金融部门;但是对大多数马克思主义者来说,启动部门是实体部门。凯恩斯批评了实体领域与货币领域之间的新古典二分法。他发展了一种货币生产经济的模型,而不是二分法。在这种方法中,货币发挥着关键作用,渗透到经济的所有领域。他承认,尽管凯恩斯没有发展出危机理论,但所有的动荡都发生在这种货币环境中。

流增加的积极预期。这三种效应导致更多的内部和外部融资投资(分别用 I_i 和 I_d 表示)。

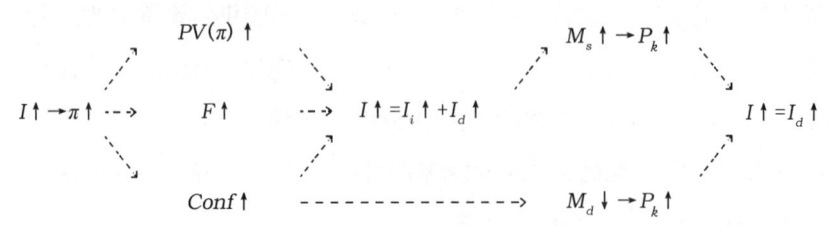

$$I\uparrow \to \pi\uparrow \dashrightarrow \begin{array}{c} PV(\pi)\uparrow \\ F\uparrow \\ Conf\uparrow \end{array} \dashrightarrow I\uparrow = I_i\uparrow + I_d\uparrow \dashrightarrow \begin{array}{c} M_s\uparrow \to P_k\uparrow \\ \\ M_d\downarrow \to P_k\uparrow \end{array} \dashrightarrow I\uparrow = I_d\uparrow$$

注:Conf=信心,I=投资,I_i=内部融资投资,I_d=债务融资投资,M_s=货币供应量,M_d=货币需求量,π=利润,P_k=资产价格,$PV(\pi)$=预期利润现值,F=内部资金。

资料来源:德策尔和赫尔(Detzer and Herr,2014)。

图 5.1 投资的反馈机制

如图 5.1 所示,反馈过程最终导致投资(I)进一步加速。德·安东尼(De Antoni,2006)描述了这个过程以及其他机制。它们与明斯基关于资产价格决定、流动性的重要性和内生货币创造过程的观点有关。

事实上,所有这些机制最终都与明斯基关于货币创造内生性的观点有关。这意味着经济中的信贷扩张创造了货币供应量(M_s)。如果经济中的行为主体增加了它们对贷款的需求来为它们的投资融资,就会增加货币供应,这反过来又会诱导对资产的需求上升,如图 5.1 所示。因此,资产的市场价格(P_k)就会上升。信心的增加、更高的利润和预期得到验证导致了对货币的需求(M_d)降低。也就是说,信心减少了对货币的需求;相反,人们在不确定性增加的状态下会持有更多的钱。因此,在信心增强的环境下,公众转向更多的非流动性资产,而不是流动性资产,从而改变了他们的投资组合。这自然会导致更多的债务融资投资(I_d)。

在这次投资热潮中,由于经济行为主体降低了它们的安全边际,并期望收入高于它们的负债,短期贷款就会加速。最终投机单位和庞氏单位的相对数量就上升了。因此,预期的轻微恶化就会引发借款人违约。金融体系也由此从稳定的金融结构转向了不稳定的金融结构。这描述了一个将经济从稳定状态推向不稳定状态的内生过程。如果繁荣期延长,对稳定性可能就会更加不利。正如明斯基所说,这被定义为"稳定是不稳定的"。

如上所述,明斯基的投资理论将企业的投资决策与融资决策和贷款人决策联系了起来。这决定了经济活动的水平,也解释了系统逐渐走向不稳定的原因。明斯基将投资决策建模为当前产出价格(用于新投资)与资产价格(现有投资商品的估值)之间的相互关系。这一观点与凯恩斯用资本边际效率和货币利率来解释投资的观点不同。这些观点之间的差异很大程度上源于明斯基对托宾的 q [1]概念的使用。

新投资的供给价格被定义为投资的当期产出价格,它是劳动力成本、加成、利率和生产率的函数。其需求价格是根据不确定性和预期收益率,从新投资品获得的预期利润的折现价值中得出的。需求价格与资产市场即金融市场的收益有关。这种分析也可以在托宾的 q 理论中看到,它简单地类似于新投资的需求价格与供给价格之比。如果该比率大于1,投资者希望保持他们的投资直到它等于1。

如果由资产市场决定的需求价格高于供给价格,投资者就会进行投资。这一投资过程将持续下去,直到实现产能充分利用,需求价格与供给价格持平。在全产能实施后,即使需求不变,供给价格也会上涨。然而,在投资需求达到这一点之前,金融通常会限制投资需求。这是因为新的投资需要更多的外部融资。随着更多的外部融资,借款人的承诺增加,但从投资中获得的利润仍然处于不确定状态。当投资回报低于预期时,就会使公司容易受到违约的影响。这对贷款人来说也是有风险的,如果发生违约,贷款人可能拿不回自己的钱,因为抵押物的价值很可能比贷款的价值小。因此,借贷双方的风险都增加了。

明斯基金融不稳定假说的一个关键部分就是利润与投资支出之间的关系。这种关系使金融脆弱性内生,产生累积过程,因而更多的投资会创造更多的利润,更多的利润进而又会导致更多的投资。现金的流动同时也会导致债务承诺履行的加速。这样,这种创收的过程有助于维持公司的融资。然而,当投资放缓并开始下降时,公司的收入也会下降。现金流的下降可能导致企业无法实现其财务承诺。这最终会导致一场过度负债危机。

当经济在繁荣和稳定时期表现良好时,问题就会积累起来。这种长期的扩张将改变投资者的投资组合。他们会承担更多的风险,进入更多的投机和庞氏融资。然而,利率的上升通常是触发了从繁荣到萧条的过程的危险信号。在经

---

[1] 托宾 q 值,或托宾 q 比率,是公司资产的市场价值(用已发行股票和债务的市值来衡量)除以公司资产重置成本的比率。在金融文献中,托宾 q 比率被广泛用作衡量投资机会的指标。

济繁荣期,由于通胀压力,中央银行提高了利率。这是衰退的开始,图5.1中所示的反馈过程是相反的。不断上升的利率导致庞氏骗局单位的净值变为负值。随着时间的推移,投机和庞氏融资公司在偿还债务方面遇到了问题。

包括金融和非金融机构在内的金融体系中所有行为主体都需要筹集新的资金来源或出售其资产。出售资产(去杠杆化)以履行债务承诺将给资产价格带来压力。这反过来又减少了投资,进而减少利润。这导致资产价格进一步下跌。这些公司的现金流下降,导致一些对冲单位变成投机单位。借贷双方的风险感知增加。它们开始提高安全边际,并降低债务比例。因此,现金流被用来减少债务,而不是进行新的投资。这些发展将进一步减少投资和消费需求,产生加速和乘数效应。这最终会导致失业和萧条(明斯基,1986)。

在这里,我们必须回顾一些关于商品和资产定价的重要问题,以便更好地了解它们在萧条和繁荣时期的价格波动情况。在商品市场中,购买产品是为了消费;而在资产市场中,购买金融产品是为了其未来的预期价格。这决定了买家和卖家对价格变化的不同反应。在商品市场上,当商品价格上涨时,对商品的需求就会下降。但在资产市场里,情况则并非如此;因此,当资产价格上涨时,对它们的需求也会上升。商品市场一般倾向于价格稳定,而金融市场往往波动较大,没有价格平衡的倾向,容易出现繁荣—萧条周期。购买金融资产是为了获得资本收益。如果一个人购买了一项资产,这个人是预计其价格会上涨的。如果它像预期那样上涨,就会使人们产生信心,并促使人们持有它或购买更多的资产,因为人们预期未来会进一步上涨。与商品市场不同,当资产价格上涨时,投资者不会出售资产,因此资产的供应不会增加。在相反的情况下,即价格下跌摧毁信心,投资者会出售他们所拥有的资产,从而增加了资产的供应,进一步加速了资产价格下跌。这是一个根本不稳定的正反馈特性。它是一个自我强化的资产—债务周期,是明斯基分析的关键部分。

这种金融脆弱和不稳定的环境对投资产生了实际影响,因此,金融市场加快了经济下滑的速度。经济恶化通过乘数和加速效应被放大。去杠杆化过程导致资产价格暴跌,反过来又降低了减少投资的动力。明斯基强调,如果央行在这些经济低迷时期不采取任何措施,比如稳定资产价格,经济衰退的程度将会更严重。他还建议政府应该进行干预,例如,通过扩张性财政政策来抑制经济中的需求波动。经济衰退的影响取决于政府机构的政策。本章最后几个部分将会更详细地讨论中央银行和政府的作用的话题。

正如所见,明斯基为金融脆弱性提供了一个完全内生的解释,这对理解金融不稳定的发生非常有用。但在这里我们必须强调,明斯基的内生分析并不是一种基于信息的金融脆弱性分析方法。他的方法不是基于信息不对称,尽管他使用信息不对称来描述代理行为。在他的分析中,经济主体不是完全理性的,但经济泡沫、信息和其他缺陷不是他分析的核心。明斯基因此明确地将基于非对称信息的方法作为其分析的基础:"构建有意义的宏观经济学的非对称信息方法在逻辑上是有缺陷的"(明斯基,1992a,第9页)。他暗示,尽管信息不完善是制度设计的一个重要方面,但这只是金融机构的一个方面。在实体与金融高度联系的经济环境中,还有其他重要的综合机制。然而,在我看来,明斯基分析中的行为维度并没有很好地构建起来。不应忽视的是,在明斯基的分析中,投资组合的长期转变是在乐观的条件下发生的,尽管他强调乐观发展的经济是经济长期向好的自然结果。

5.2.2 监管放松

如上所述,冒险动机是明斯基方法的一个初始假设。冒险行为的累积造成了在经济范围内广泛蔓延的反常结果。有几个制度因素,如金融创新、利率期限结构等促进了风险的承担。除此之外,明斯基还提请注意监管机构和投资者的谨慎程度。经济的谨慎程度取决于经济周期,无论是向上还是向下的经济趋势。经济中所有行为主体的谨慎性在经济上升周期中降低,而在经济下降周期中急剧增加。

这种观点在被称为明斯基周期的概念中得到了很好的阐述,它有两个特点,即风险承担增加和监管放松,如图5.2所示。经济主体冒险行为的增加可以通过其风险供给和需求的增加来确定,而监管放松的过程只能被描述为风险供给的增加。

在明斯基周期理论中,存在着重要的心理效应,这与行为经济学的几个论点相似,这些论点将在本书的第7章讨论。这些影响在经济主体乐观情绪的传播中尤为明显。在经济好转期间,经济主体逐渐变得更加乐观。这种乐观表现在资产价格的上涨和对收入流动的乐观预期上。这反过来又会导致更多的冒险行为。

这一过程伴随着监管放松的过程。这种监管放松有三个方面:首先是监管

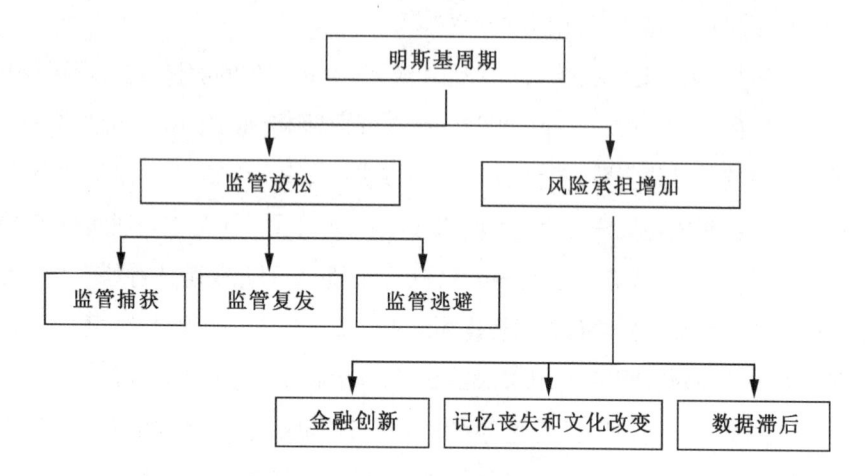

```
                    ┌──────────────┐
                    │  明斯基周期   │
                    └──────┬───────┘
              ┌────────────┴────────────┐
              ▼                         ▼
        ┌──────────┐            ┌──────────────┐
        │ 监管放松 │            │ 风险承担增加 │
        └────┬─────┘            └──────┬───────┘
    ┌────────┼────────┐        ┌──────┼───────┐
    ▼        ▼        ▼        ▼      ▼       ▼
 监管捕获 监管复发 监管逃避  金融创新 记忆丧失 数据滞后
                                     和文化改变
```

资料来源：改编自帕雷(2009)。

图 5.2 明斯基周期机制

捕获。明斯基将监管机构定义为稳定或阻止约束金融公司交易的机构。由于这些限制主要减少了金融公司的利润，它们的目标是抓住监管机构来减轻监管。这一过程甚至得到了主流经济学家的认可。其次是监管复发。随着时间的推移，监管者作为人类，会失去对他们监管的经济主体的监管意识。由于乐观情绪蔓延到整个经济，监管机构的敏感度下降了。最后是监管逃避。金融公司试图通过创新金融方法和新产品来规避监管。通过创新，它们的目标是走出阻挠机构的管控领域。因此，这就像是监管者与金融主体之间的一场动态博弈。这部分解释了影子银行体系和衍生品出现的原因。

每一项规定，无论设计得多么完善，都会产生规避的动机。这是明斯基周期理论的主要基础。尽管有这些规定，冒险行为仍在扩大。增加的冒险行为由三个维度组成。金融创新是产生新的、有风险的金融工具的第一个维度，包括证券化和证券分拆以及复杂的衍生品合约。这些新的金融产品改变了家庭和金融机构在经济中的冒险行为。

如图 5.2 所示，第二个维度与记忆丧失和文化改变有关，这诱使人们承担更多的风险。随着时间的推移，人们和机构会忘记以前的严峻经济形势。例如，在 1929 年经济大萧条之后，由于公司股票的严重下跌，人们不倾向于购买股票。然而，后来的几代人又开始大量购买公司股票。文化改变也有助于风险行为的改变。现在的这代人可能更倾向于冒险，因为他们渴望很快变得富有。文化环境在引导风险行为方面至关重要。第三个维度是数据滞后。事实上,数据的生成过程是不断变化的,但是人们使用过去的信息,很可能根据过去的信息做出错误的决定。尽管如此,人们并没有放弃这种方法。

5.3 在其他方法论背景下的金融不稳定假说论点

尽管明斯基在 20 世纪 50 年代开始了他的研究,并一直在完善他的理论直到 1996 年去世,但是他的方法在很大程度上被主流经济学忽视了。这并不意味着他的研究不为人知,因为它早已被后凯恩斯主义经济学家所接受。当前这场始于 2007—2008 年美国次级抵押贷款市场崩溃的金融危机,提供了一个重要理由,说明他的方法如何为我们提供了金融资本主义运作的基础。

明斯基的论点有一些关键的根源,而他的论点正是建立在这些根源基础上的。金融不稳定假说的主要论点不仅与凯恩斯的投资金融理论有关,还与熊彼特(Schumpeter)的信贷观有关,后者强调经济信贷的内生扩张。明斯基将熊彼特的跨期资本主义过程与凯恩斯的资本主义积累过程结合起来,这与脆弱的金融结构有关。明斯基(1993 年,第 106 页)指出:

> 为了理解商业周期的短期动态和经济的长期演变,有必要了解起支配作用的融资关系,以及商人、银行家和投资组合经理的逐利活动是如何导致金融结构的演变的。

最终导致的 2007—2008 年全球金融危机的资本主义动态表明,明斯基的论点可以成为理解现代危机的一个健全且相关的分析工具。它已经成为基于有效市场假说的主流方法的一个重要替代方案,后者忽视了金融市场的不完善性,而明斯基恰恰强调了这一点。[1] 在主流的方法中,货币是中性的,因此它没有实际效果,这意味着货币不能改变相对价格、就业和增长。市场的功能是消除可能的非中性,使其不断趋向于明确的平衡。

事实上,主流宏观经济学指出了货币可能在短期内影响实体经济的一些方面。其中之一是,对货币主义者来说,货币供应的增加会造成货币余额过剩,人

---

〔1〕 有效市场假说是这样一种观点,即资产价格的下一次变动必须是完全随机的,因此不受任何先前价格走势的影响。正是这一特性使金融分析师能够估算未来资产价格变动的概率分布。由于投资者是理性的,他们的决策建立在可靠的信息基础上,因此在这一假设中,错误定价并不是永久的。

们试图通过购买消费品来消除这种过剩。另一个是货币供应量增加后的利率对投资和消费的诱导作用。然而,在明斯基看来,就影响实际生产而言,这些影响并不强。首先,明斯基强调货币的数量是内在决定的,因此,货币数量理论不足以解释现代经济中发生的事情。然后他表示,利率对消费和投资没那么有效,因此,它们的利率弹性很低,利率的影响会被其他变量抵消。对他来说,重要的是金融而不是金钱。

明斯基认为,金融影响实体经济有三个渠道。第一个渠道是,资产价格的变动影响消费和投资支出。资产价格的上涨会产生财富效应,促使持有资产的人消费更多。当资产价格上涨时,投资者购买新资本商品的动机就会增强。在相反的情况下,即当资产价格下跌时,人们开始出售资产以满足他们的财务承诺,这也减少了对投资商品的需求。

第二个渠道是期望渠道,代理人通过期望渠道修改自己的立场。明斯基不相信新古典学派的理性预期。[1] 相反,他相信周期性预期会将经济推入不稳定状态,进而使融资机制从投机融资转向庞氏融资,并在经济崩溃后再次转向对冲融资。金融主体具有前瞻性,也就是说,它们不记得过去在扩张的乐观阶段所犯的错误。

信贷配给是金融影响实体经济的第三个渠道。在经济繁荣时期,几乎每个人都需要贷款。然而,当经济泡沫破裂时,即使是信誉最好的借款人也无法获得贷款,甚至被迫出售现有资产。他们受到信贷配给的限制,这限制了他们在消费和投资方面的支出。这将对实际生产和就业水平产生不利影响。

正如所见,金融联系是明斯基假说的核心。经济中的其他关系,即劳动、工业和生产领域的关系,是次要的。他强调,关键的联系是银行家与客户之间的联系,而不是工厂老板与工人之间的联系。他关注的是一个具有代表性的代理人,他是一个金融资本家,而不是马克思主义方法中的工业资本家,或者像主流方法中的那样没有任何阶级地位的个人消费者。

在明斯基的框架中,经济主体以一种群居的方式产生经济行为。它们在起起落落时都会互相模仿。在经济景气时,它们变得更加热情和旺盛;而在经济低

---

[1] 新古典宏观经济学是以理性预期假说为基础的。这意味着人们对经济变量有理性的预期,意味着人们在预测影响其经济决策的变量时,会明智地利用可用信息。根据这一假设,预测是无偏见的,基于所有可用的信息。该假说认为,人们做出的预测是不带偏见的。因此,人们在他们的期望中不会犯系统性的错误。他们不受乐观和悲观情绪的影响。

迷时,它们变得谨慎。这引发了经济中的许多复杂问题。也就是说,在经济低迷时期,由于脆弱的融资结构,一次违约可能引发一连串的违约。随着违约现象的普遍发生,金融资产的价值也随之下降。这可能导致欧文·费雪所说的债务通缩,加剧经济的衰退。正如费雪和明斯基所提到的,这一过程加剧了 1929 年的经济大危机。

然而,主流理论否认这一过程,并提出债务通缩从未发生,所以资产价格下跌不会造成支付困难,因为人们的行为是理性的,市场的配置是有效的。但明斯基认为,正是这个事实使得大萧条如此严重。主流经济学家的主要论点是,危机可能源于政策错误,而不是资本主义的基本功能。因此,明斯基认为,主流理论不足以理解我们实际生活的世界。

众所周知,明斯基的危机理论主要是建立在凯恩斯思想的基础上的。[1]因此,在这里我们应该首先讨论凯恩斯的主要论点。这将有助于我们更好地理解明斯基。对费雪来说,这个周期始于通过新的实体或金融创新实现的利润的不断增长。利润使人们更加乐观,并促使他们进行更多的投资。这最终导致人们承担更多的债务。新的投资者参与这一过程,整体债务积累起来。这就是凯恩斯做出重要贡献的地方。凯恩斯对这种过度乐观感到担忧。他提请人们注意遍布整个经济的基本不确定性。他指出:

> 让我解释一下,所谓"不确定的"知识,我的意思是不仅仅要区分什么是确定的,什么是可能的……我用这个词的意义是……没有科学依据来形成任何可计算的概率。

(凯恩斯,1937 年,第 113—114 页)

在这个意义上,明斯基强调,新古典理论有两个关键缺陷:实体经济与金融之间缺乏联系,以及对金融不稳定的无知。前者是凯恩斯观点的延伸。它与投资的金融理论有关。据此,金融和货币对经济有实际影响。货币数量理论被拒绝,是因为明斯基认为资产价格受到货币供应量增加的影响,而不仅仅是货币数量理论所断言的一般价格水平的影响。此外,货币需求的变化不仅会影响价格,还会影响利率。这反过来又会影响资产价格,进而作用于对生产和就业产生实

---

[1] 事实上,克努特·维克塞尔(Knut Wicksell,1851—1926)首次提出了一个可能导致金融危机的累积过程框架。凯恩斯主义和新古典主义传统的经济学家都遵循他的框架。凯恩斯和明斯基也遵循了他的方法。在维克塞尔的方法中,动态经济过程是由两种收益率——自然利率和货币利率——的相互作用来解释的,这两种收益率通常会偏离或至少不会趋于平衡。

际影响的投资。因此,资产价格预期的波动将影响投资。在一个投资需求由现有资本存量的估值、外部融资成本和投资产出的供应价格决定的经济体中,资产价值的暴跌会导致投资崩溃。明斯基找到了资产价格通缩以及债务结构和金融系统投资波动的原因。如上所述,他是通过确定对冲、投机和庞氏金融这三种经济单位中的收入—债务关系来做到这一点的。

在明斯基看来,凯恩斯的不稳定性方法不能仅因流动性偏好的变化而减少。凯恩斯的不稳定概念更为普遍。当资本主义经济变成一个复杂的金融经济时,这种不确定性变得更加关键。投资是总需求的主要组成部分,是一种深受未来金融变量预期影响的流动。预期的变化会导致投资的剧烈波动,从而导致生产的剧烈波动。这意味着明斯基的论点与主流经济学中传统的动态宏观经济不稳定性无关,而与基本不稳定性有关。

在明斯基看来,资本主义在本质上是不稳定的。他不是一位均衡理论经济学家,这与非均衡不同。非均衡理论被定义为均衡的参考点,在这种情况下,经济有时会偏离这个参考点。如果不提供一些条件,如完全竞争、完全信息等,就会出现非均衡。它们只是市场失灵,而不是市场固有的。然而,相比之下,从非均衡的角度来看,没有趋于均衡的趋势。也就是说,没有主流经济学家所认为的有效分配资源的机制。

资本主义固有的不稳定性是建立在外部融资结构和积累结构的基础上的。因此,根据明斯基的观点,在资本主义经济融资机制的激活下,存在一个从强健状态向脆弱状态过渡的持续的商业周期。从这个意义上说,明斯基的方法比主流方法更具有通用性,因为它不接受经济系统结构稳定性的假设,而是关注经济周期的演化方面。主流经济学认为,周期围绕着一个独立的趋势。然而,明斯基将周期视为螺旋形,其中趋势的不可逆转的变化显著地受到周期自身的影响。

在这种观点中,不存在静止的机制。这些周期是系统中各个因素移动和反移动的结果,它们是由家庭、监管机构、政策制定者和机构行为中的变化、创新和反行动所决定的。这也暗示了经济政策的特性,因为经济总是在不断的演变中,所以经济政策的结果是不可预测的。应对经济危机的政策可能不同,这取决于由空间、时间和参与者所决定的环境。

凯恩斯(1936)认为,有必要截断经济中扩散的金融动机。这可能会产生一种凯恩斯称之为"吃息者安乐死"的状态,吃息者的收入来自利息和租金,而不从事生产活动。相比之下,明斯基认为资本主义在吃息者方面是一个过渡阶段。吃息者驱动型经济背后还有更深层次的过程。包含金融市场的经济体系总是有可能产生不同规模的金融危机。他期待着下一个"大萧条"。

在推进他的思想的同时,明斯基试图表明,凯恩斯的主要思想已经被希克斯(Hicks)、萨缪尔森(Samuelson)和其他传统凯恩斯主义的支持者扭曲了。明斯基认为,凯恩斯理论中的主要概念,如决策过程中的不确定性成分、资本主义的不稳定性质和金融的作用,在主流凯恩斯主义中消失了。这些概念之间的联系可以描述如下:经济或生活中任何领域的交易都发生在一个历史时期。这意味着过去无法逆转,未来是未知的。因此,我们不能从未知的未来走向已知的过去,这与逻辑时间不同。人们希望保护自己免受这个历史时代固有的不确定性的影响。为此,他们持有货币,这是一种完全流动和可靠的资产。然而,正如凯恩斯所提到的,货币不能轻易产生。因此,对货币的需求决定了对其他风险资产的需求,而对风险资产的需求又反过来通过利率的变化决定了国民收入和就业。这将导致衰退或繁荣。这是资本主义经济周期性的基础。这种周期性随着繁荣时期形成的更复杂的金融合约而变得更糟,导致更多的债务积累,这可能在经济衰退时期产生沉重的负担。

明斯基认为,凯恩斯的这些观点在传统的宏观经济学中被忽视了。这些情况促使明斯基断言,传统凯恩斯主义与新古典主义理论之间存在着一种内在的联系。明斯基指出,这两种观点都是"基于物物交换范式——其图像是一个自耕农或工匠在乡村市场上进行交易"(明斯基,1975年,第57页)。

新凯恩斯主义者也试图通过金融加速器的概念将明斯基的思想纳入他们的模型中。[1] 这个概念的主要思想是,金融资产价格会发生正(或负)的瀑布效应。例如,资产价格的上涨导致抵押品价值增加,进而增加借款并扩大资产负债表规模。

在这种扩张之后,衰退最终会出现。在经济低迷时期,反馈机制以反顺序进行工作;因此,生产和就业的下降导致资产价格进一步下跌,资产负债表恶化,预期变得更为糟糕,所有变量在累积因果推理中减少。这种循环被称为金融加速

---

[1] 20世纪80年代,为了应对针对凯恩斯某些思想的批评,新凯恩斯主义方法应运而生。新凯恩斯主义者修正了凯恩斯的观点,把他们的假设主要建立在价格和工资对短期经济波动的不灵活调整上。这反过来又导致了非自愿失业。因此,需要采取适当的财政和货币政策来纠正其影响。

器。它始于金融资产价格的微小变化,但会对整个经济产生更大的影响。这一观点反映了基于金融加速器的新凯恩斯主义商业周期观点。然而,这一观点实际上与明斯基的不稳定性假设是不一样的。这是因为新凯恩斯主义经济学家使用的是稳定均衡模型,与明斯基固有的不稳定模型完全相反。

请注意,循环是明斯基理论的关键部分,但它的意义远不止于此。事实上,周期可以由好几个因素比如金融加速器或不稳定性造成。这些因素可以通过将随机干扰纳入分析而产生。但这些与明斯基基于进化过程的不稳定性理论完全相反。在新古典经济学中,危机是外源性冲击如经济政策的变化、自然灾害或技术冲击的结果。因此,他们关注这些事件发生的概率,观察它们的概率分布。他们强调肥尾概率分布、黑天鹅和其他机会的隐喻。他们的方法与明斯基的方法完全不同,明斯基专注于危机的内生特征。

明斯基因系统地发展了马克思在《资本论(第三卷)》中阐述的"货币和信用在资本主义积累过程中的作用"这一概念而经常受到称赞。马克思将银行描述为生产过剩和过度投机的主要推动者。根据马克思的理论,由信用融资的积累将再生产过程推到绝对极限,因此它具有衰落的可能性。马克思认为,信贷加速了危机的出现,从而导致了旧的生产方式的衰败。没有货币和信用,积累过程就无法运作。在危机期间,它成为最重要的组成部分和积累手段。

然而,我们不得不提到,马克思对危机的思考并不是建立在金融主体的行为之上的。他提到,金融投机或金融主体的鲁莽或恐慌可以触发经济危机,但它们不是原因,触发并不意味着会导致。在马克思看来,危机发生在生产和交换领域。但他意识到,危机在某种程度上与货币的本质有关,货币在时间和空间上将购买与销售彼此分开。因此,实现问题就变成了一种向金钱问题的转化。这就是为什么危机会以货币恐慌的形式表现出来的原因。

与马克思的观点相比,明斯基的金融不稳定假说有一个重要的区别,那就是在明斯基的模型中不存在真实部门的不稳定来源。问题从金融部门开始,然后蔓延到整个经济。实体部门是一种半自治的经济活动领域,实体部门的决策不太被重视。因此,明斯基的这种分析框架是片面的,不足以解释20世纪七八十年代的危机。这些时期的危机主要是由传统的马克思主义论点来解释的,这些论点强调的是实体部门的发展,比如利润下降或利润挤压,而不是金融行为体投机的金融现象。

此外,在明斯基的经济推理中,真正的投资将持续下去,直到投资的预期利润高于金融资本的成本。因此,在明斯基看来,过度投资从来不是危机的根源。高投资水平不会引发真正的连锁效应(比如投入成本上升、工资上涨、生产率下降或市场饱和),而这反过来会减少投资。但恰恰相反,增加投资的负面影响在凯恩斯的观点中更为明显。他认为,增加投资最终会导致投资边际效率的下降。实体经济的运行机制在明斯基的论证中并不存在。简言之,与凯恩斯相反,明斯基找不到任何阻碍经济实体部门持续平衡增长的障碍。凯恩斯认为,资本积累会导致投资边际效率的短期和长期下降。

然而,由马多夫和斯威齐开展的新马克思主义者的解释同时关注实体和金融因素,因此处于两者之间。这种方法不太关心金融系统扩大信贷的能力,也没有考虑到金融不稳定假说的融资方法。但这些观点是由一种被称为结构性凯恩斯主义[1]的新方法综合而成的。首先,它让人们注意到导致工资紧缩和收入不平等加剧的真正因素。其次,它强调金融通过增加借贷和提高资产价格在维持新自由主义制度方面发挥的作用。这通过工资紧缩缓解了有效需求问题。这一观点导致他们将明斯基的金融不稳定假说纳入他们的分析;通过这种方式,新自由主义助长了金融过剩,抵消了其停滞主义倾向。

从这个意义上说,债务使家庭在工资停滞不前、收入下降(不平等加剧)的情况下仍能保持消费水平。金融结构提供了它们的债务需求。金融公司通过证券化和增加信贷来推动金融繁荣。非金融公司也通过股票回购和杠杆收购引发金融繁荣。这种负债的增加解释了金融部门日益增加的重要性;利润正在向金融部门转移。这一观点有助于理解明斯基的金融不稳定假说与新马克思主义危机观之间的联系。

明斯基对动态经济过程中人类行为的思考也符合行为经济学的论点。从这个意义上说,他对不断变化的心理和预期在融资行为中的作用的强调是至关重要的。例如,在明斯基结构中的个人,根据他们的预期,从对冲转向投机,或从投机转向庞氏融资。

事实上,明斯基的分析是基于凯恩斯所强调的行为洞见。在凯恩斯的世界里,为了理解人们的决策过程,"动物精神"的概念起着至关重要的作用。这个概

---

[1] 结构性凯恩斯主义宏观经济分析侧重于经济所需的制度和政策干预,以在收入不平等得到控制的情况下创造生产性充分就业。

念主要定义了驱动投资者在不确定性下采取行动的心理因素。从这个意义上说,公司的行为是建立在主观决策的基础上的。经济主体在决策过程中想要验证自己的决策,因此它们互相观望、互相模仿。投资者的羊群行为开始上下波动。这可能会导致过度乐观或过度悲观。例如,在过度乐观的情况下,预期利润的实现诱使人们购买更多的资产,进一步提高了资产价格。这导致了过多的借贷。明斯基与凯恩斯一样,认为这一动态过程是内生的。

根据凯恩斯的观点,商业投资非常不稳定,因为它极度依赖于从经济中其他主体接收到的信号所产生的预期。凯恩斯(1936年,第156页)将投资者的行为比作一场具有博弈论推理的选美比赛。在这场比赛中,选手们选择的最漂亮的女人也是大部分其他选手选中的,所以这里重要的是考虑到其他的选择,而不仅仅是他们自己的选择。这与投资者的行为非常相似。因此,他们会根据他们认为别人会怎么做来做出选择。这是有道理的,因为他们的盈利机会取决于整个经济的总体环境。当投资者进行更多的投资或雇用更多的工人时,这也会影响到其他人。由于商业投资背后的这些社会和心理原因,凯恩斯认为市场是脆弱的。

在这个意义上,明斯基与凯恩斯的思想非常接近。但在这里,从两个重要的角度来看,他与凯恩斯不同。首先,明斯基认为,不稳定的主要来源是金融行为人(华尔街),而不是实体行为人。但凯恩斯更关注实体部分,因此是商业投资者们的决策,而不是金融行为者们的决策。在明斯基看来,当银行变得乐观时,它们就会开始为大量投资提供融资,从而导致经济中的过度借贷。其次,凯恩斯认为,政府可以通过适当的财政和货币政策解决或缓解这些问题。但明斯基并不认同这一点。他指出,政府预防危机的努力在一定程度上是有效的,但人们的行为倾向使得预防危机成为不可能。当乐观情绪上升时,家庭和公司会增加借贷。这是一个不可避免的过程。因此,他完全反对放松管制的尝试。

然而,在这里,我们必须提到从明斯基的角度描述经济主体行为的一些重要内容。尽管他让人们注意到引发繁荣的行为洞见,如乐观或过度自信,却并没有充分解释繁荣的起因;应该更好地解释不同行为人的乐观情绪是如何转变为对整个系统产生影响的。此外,从这种微观行为到宏观经济水平的转变还没有很好地被定义出来。也就是说,在明斯基的理论中,微观与宏观的联系并没有那么强。这里我们需要更多的行为经济学分析。事实上,明斯基对金融危机的心理和社会原因的分析使他更接近行为金融学。然而,总体而言,与明斯基相反,行为经济学家认为他们可以开发出防止行为偏差导致经济衰退的机制。

最后,对于一些学者来说,明斯基的观点与奥地利学派,特别是哈耶克(Hayek)的观点也有一些共同点。例如,弗兰德斯(Flanders,2015 年,第 89 页)做了这样的比较:"在某些方面,明斯基的分析与哈耶克的并无不同。"事实上,在他们对商业周期分析的核心上存在跨期协调失败。因此,危机主要发生在债务融资投资者的计划之间存在严重不匹配的时候。明斯基和哈耶克都认为,银行体系通常会放大经济的周期性波动。但是,对哈耶克来说,这只是几种可能情况中的一种。哈耶克更多地关注强调央行货币政策的外部变化的其他论点,如降低利率。但明斯基更强调商业银行对波动的放大作用。他拒绝承认金融体系在协调跨期计划方面的作用,这是哈耶克在与凯恩斯的辩论中强调的作用。此外,与奥地利学派不同,明斯基忽略了货币通过扭曲资本结构内的相对价格在启动周期中所起的作用。

奥地利经济学家普遍提出了两个因素来解释美国在 2007－2008 年经济危机之前投资银行杠杆率的上升:(1)扩张性货币政策推高了房价和其他资产的价格,掩盖了承担的总风险;(2)由于住房金融政策,贷款人和借款人的道德风险行为增加。然而,正如弗兰德斯(2015 年,第 100－101 页)所提到的,即使明斯基也关注由"大到不能倒"(too-big-to-fail)政策引发的道德风险问题,他也没有强调廉价货币政策的作用。范·登·霍维(Van Den Hauwe,2014 年,第 21 页)还在这两种观点之间建立了另一种联系。他指出,明斯基和奥地利学派都关注经济扩张过程中的风险积累。在奥地利学派看来,风险积累的来源是政府失败;而在明斯基看来,风险积累的来源恰恰是一种非政府的来源,因此正是金融体系的固有结构。与此相一致,奥地利学派认为,除非政府当局对货币和金融机构进行了错误的引导,否则分散且竞争的货币和金融机构不会引发危机;但明斯基关注的是与金融相关的行为者,比如监管者和货币/财政政策制定者的积极作用,因为他们可以预防或延迟危机,或至少减轻危机的破坏性影响。

5.4　金融脆弱性假说与全球经济衰退和过去的危机

如上所述,明斯基的金融不稳定假说主要是一种寻找金融与投资之间联系的理论。通过这种方式,它开发了一种内生模型,而不是依赖于对经济的外生冲击的模式。正如许多经济学家所认为的那样,2007—2008年危机爆发之前金融脆弱性的内生结构与明斯基在其金融不稳定理论中所描述的相似。新的高风险金融工具的激增、证券化、过度借贷、交易对手风险的增加以及监管约束的放松,在2007年之前的美国经济体系中产生了大量风险。这些发展与明斯基的金融不稳定假说的主要预测相似。

美国金融危机蔓延到全世界。许多经济学家将此次危机称为"明斯基时刻",质疑美国是否已成为"庞氏国家"。甚至一些主流经济学家也认可明斯基的主要论点,即"稳定就是不稳定"。这与被定义为市场经济的自然特性的新古典主义均衡概念形成了对比。

明斯基总是提请人们注意,具有复杂金融联系的现代金融资本主义将经历周期性的深度波动。他将这种资本主义定义为战后发展起来的"资金管理者资本主义"。[1] 在这种形式的资本主义中,融资机制是理解其运行方式的关键部分。它们的周期性行为决定了一个经济体如何以危机告终。

在2007—2008年全球危机之前,从21世纪早期开始出现房地产泡沫。在美国战后历史上,持续时间最长的住房建设热潮出现在2006年之前。房价创下历史纪录。住宅价格中位数在2000—2006年间上涨了约两倍(住宅指数由2000年1月的100.74上升至2006年4月的226.8)。在2003—2006年间,每年售出的房屋数量平均为120万套。这一过程似乎是一场明斯基危机,表现为房地产繁荣,随之而来的是不断增加的债务、乐观的预期和金融创新。随后,房地产泡沫破裂,引发了去杠杆化、信贷紧缩和悲观预期,并导致了更广泛的金融危机。由此可见,与住宅相关的实体投资同可能失控的金融投资之间存在紧密的联系。因此,这不仅仅是金融化;相反,是金融化与实体投资之间的联系导致了这场危机,就像2007—2008年经济危机中的房地产一样。

多德(Dodd,2007)提出了一个重要的问题。他问,相对于庞大的美国金融市场(美国金融体系规模达57万亿美元),数量相对较少的次级抵押贷款(约340亿美元的不良贷款)为何会对美国经济造成如此大的损害?他回答了这个问题。他强调,宽松的贷款政策导致不良贷款增加,产生了比预期更重要的影

---

〔1〕 明斯基通过研究1929年至20世纪90年代美国不断变化的经济制度,阐述了他对资本主义发展的分析。这使他确定了资本主义发展的五个阶段:(1)商人资本主义;(2)工业资本主义;(3)银行家资本主义;(4)管理资本主义;(5)资金管理者资本主义。

响,因为这与经济中无数单位的债务挂钩。这意味着,由于这些环节的故障而造成的潜在损失可能是巨大的。金融部门与非金融部门之间的大量联系,使得任何导致资产出售或贷款催款的恐慌都会破坏和锁定所有这些联系。

在一些学术界,有人怀疑金融不稳定假说是否足以解释2007—2008年全球危机。例如,贝罗菲奥雷和哈利维(Bellofiore and Halevi,2009)认为,明斯基陈述的一些事实可能是不成立的。例如,房产公司的负债增加是不现实的,因为它们不借钱,而是借钱给其他部门。此外,金融行为者之间的借贷也太多了。所有这些事实都可以在本书第2章的图中看到。

矛头指向明斯基的另一种批评来自克雷格尔(Kregel,2008)。克雷格尔认为,金融脆弱性、安全边际下降、庞氏融资和债务通缩等概念对于理解金融危机至关重要,但这些发展并不像明斯基所说的那样简单地来自一个内生过程。克雷格尔认为,它们只是源自结构变化,就像21世纪头10年美国发生的情况那样。这种结构变化所形成的制度和风险行为导致了美国对融资的一种庞氏态度。这意味着,广泛存在的庞氏融资不是随机的,也不是随着经济好转而扩大的,而是非常依赖于美国机构决定的结构规则。也就是说,这不是一个内生的过程,而是监管和环境约束的转变。例如,金融单位的目标从利息支付转向费用支付和投资银行业务(主要是承销业务),从贷款转向表外业务,以规避监管。它们转向了"贷款并证券化"的模式(originate to distribute model),这改变了它们的风险评估视角。风险评估不是由机构自身直接进行的,而是由评级机构进行的。这进一步改变了风险空间的向量。因此,克雷格尔(2008)强调的结构是金融化加速了冒险行为,而不是明斯基提出的金融与实体投资之间的关系。

同样,帕雷(2010b)也不认为大衰退是一种明斯基危机。他承认,危机发生过程中出现的不稳定因素发挥了重要作用,但这只是始于20世纪80年代的新自由主义经济模式的更大结构的一部分。随着新自由主义增长模式的出现,工资停滞和收入不平等加剧变得普遍。债务和资产价格膨胀非但没有增加工资,反而成为需求的来源。但这是不可持续的。

此外,帕雷(2010b)强调,在明斯基的论点中,危机被解释为纯粹的金融危机。如果是这样的话,那么解决这个问题的方法就是解决金融过剩。从这个角度看,没有必要担心房地产经济的问题。帕雷认为,恰恰相反,这个问题比我们所说的要严重得多。金融体系中的问题需要得到解决,因为它们会产生各种各样的问题,如破坏稳定的投机、过度借贷、监管机构捕获和过度冒险。然而,帕雷指出,问题的根源并非金融部门。这是新自由主义的增长模式。

5.5 明斯基的防止危机经济政策

明斯基坚持阐述大萧条代表着小政府和自由放任经济模式的失败。扩大政府权力的新政政策驯服了金融资本主义。然而,从20世纪70年代末开始,新政政策就被一种强调市场和放松管制的新观点所取代,并依赖于更多的个人责任以及旨在提供充分就业的货币和财政政策。与这一推理一致,2007—2008年全球危机似乎也是自由政府模式的结果,自20世纪70年代末以来,自由政府模式促进了管制放松和私有化,增强了市场的力量。

在明斯基看来,宏观经济政策无法解决资本主义经济内在产生的、倾向于不稳定的固有问题。政府的刺激措施给企业和银行带来了安全感。成功的投资使投资者对未来投资的最终结果不那么谨慎。正如明斯基(1985年,第52页)所指出的那样:

> 一旦通过投资来拯救的教条在我们的政治和经济体系中深深扎根,对愚蠢投资的限制就会放松。如果政府随时准备为特定投资者或投资项目提供损失担保,则情况尤其如此。

因此,明斯基完全意识到,政策措施只有在允许发生结构变化并驯服经济的金融结构的情况下才有效。

但明斯基也提请大家注意,从长远来看,稳定措施可能会导致不稳定的影响。在这种情况下,明斯基在凯恩斯的论证中发现了一个问题。他强调,不稳定并非像凯恩斯假设的那样可以克服。它是现代金融体系的自然延伸。因此,适当的宏观经济政策不足以消除不稳定。它们改变了经济主体的行为,促进了一种新的、脆弱性的进化。因此,他拒绝使用凯恩斯的宏观经济政策来微调经济。政策的成功不是永久的,政策应该始终适应新的环境。

因此,明斯基的分析对经济政策有许多重要的启示。第一,一项经济政策显然不能简化为通过货币和财政政策工具对总需求进行短期控制。为了限制金融危机的规模、频率及其对房地产经济的影响,控制经济的金融脆弱性是很重要的。这意味着,金融监管应以限制金融杠杆率为目标,将金融机构的规模限制在

"大到不能倒"以下,加强监管当局的监管,并对投机活动进行检查。第二,必须系统性地支持总需求。在这方面,明斯基将凯恩斯解释为提出了"投资社会化",并建议政府应当将追求充分就业作为其主要政策目标。第三,货币政策应将资产价格波动置于核心地位,目标是避免形成投机泡沫,或者更普遍地说,避免出现庞氏骗局似乎有利可图的任何情况。第四,应控制金融代理人的薪酬,牢记寡头垄断的市场形式主导着金融部门,在这种市场中,额外利润很容易转化为高于竞争条件下普遍盛行的管理薪酬。最后,有必要减少不确定性,因为不确定性增加了金融投机,阻碍了房地产投资。这意味着存在适当的制度,例如,固定或至少稳定的汇率制度。

为了实施这些经济政策原则,明斯基建议建立各种制度。在他看来,在现代市场经济中,有几种形成经济波动的制度机制。这些机制的作用是引导和纠正动态过程。其目的是在经济繁荣和萧条周期中塑造经济行为和变量的演化。通过这种方式,有可能失控的经济机制就会减速并恢复到健全的状态。为此,在明斯基看来,制度上的下限和上限应该被纳入系统之中。明斯基认为,下限和上限主要反映了公共当局为将经济波动的幅度限制在合理范围内而设立的一套制度机制。明斯基将这些制度安排称为"阻碍系统"。

这些有阻碍作用的机构和行为者是:(1)大银行。央行作为最后贷款人进行精心设计的干预,以防止或至少减少破坏性的债务通缩机制。(2)大政府。政府采取适当的结构政策,以保持经济的稳健,特别是在生产和就业领域。现在我们将更详细地讨论这些问题。

5.5.1　大银行

明斯基(1982)认为,我们应该有"良好的金融社会"来保持经济结构的稳定。这是通过限制金融业的投机倾向来实现的。明斯基指出,金融市场应该按照集体规矩和规章制度来构建,以防止代价高昂的金融危机,并确保金融活动的稳定条件,从而提供一个良好的经济环境。

中央银行是稳定金融活动和妥善管理危机的机构之一,被明斯基称为"大银行"。中央银行或大银行的积极经济政策旨在创造适当的初始条件,以限制系统中固有的不稳定性。如果存在设计良好的机构,经济体系对不稳定的长期倾向无法消除,却也可以缓解或保持在控制之下。在某种程度上,通过及时和适当的工具,比如及时的再融资和充足的储备流入,中央银行可以抑制危机的破坏性动态,这些动态表现为金融公司的大规模破产。

明斯基就中央银行在复杂金融市场中的作用提出了各种重要见解。在明斯基看来,央行的主要目标不仅是在困难时期进行干预,而且还要为金融市场在正常时期的表现提供有弹性的条件。也就是说,央行应该遵循一项政策,这项政策要为金融市场有效运转提供条件。它应该对二级市场进行监控,使其在正常和不景气时期都能提供流动性。

明斯基的主要关注点在于不仅将中央银行设计成一个在危机期间提供紧急贷款的机构,还是一个在正常时期可以采取措施的机构。央行必须对正常时期的市场运行保持警惕。例如,证券化过程本身就有很多潜在的问题。这是因为在证券化扩张后,中央银行无法再控制系统中的货币数量,从而失去了控制。明斯基表示,证券化过程对金融稳定构成的危险如下:"证券化降低了中央银行(美国联邦储备委员会)致力于保护的融资结构部分的权重"(明斯基,2008年,第3页)。这是2007—2008年全球危机之前实际发生的情况。

5.5.2 大政府

尽管明斯基被认为是一个只研究金融不稳定假说的学者,但实际上他对贫困、就业和发展等问题也有很多研究。为了缓解这些问题,他建议采取一些政策,如建立工会、提高最低工资、提供公共教育和医疗服务,以及制订充分就业保障计划,以减少经济的不安全感。

明斯基对好几个经济发展问题感兴趣。对于这些问题,他提出了许多建议,以改变造成贫穷、不平等和效率低下的不良经济制度。其中一些是鼓励中型银行、创建开发银行、分离银行活动、向穷人提供住房贷款和实施增加就业的政策。从这些建议可以看出,明斯基希望鼓励当地的经济增长和就业,从而创造一个更健康的经济。事实上,这些机构不仅在解释金融脆弱性的基础方面很重要,而且在限制其成本方面也很重要。从这个意义上说,明斯基指出:"如果收入分配不均和社会不平等的不确定性和极端程度被放大,削弱了民主的经济基础,那么创造这些条件的市场行为就必须受到约束"(明斯基,1996年,第14—15页)。

在危机期间,私营部门不仅在以单位的形式增加债务,而且政府预算赤字也不是很好,因为在经济衰退期间,由于税收下降和政府支出增加,预算赤字会扩大。尽管如此,明斯基支持通过大规模的财政刺激来摆脱危机。事实上,他并不支持大政府只在危机时期存在。此外,他强调,在不依赖私人债务的情况下,政府应以其庞大的财政实力存在于经济中。从这个意义上说,他认为我们应该通过减少金融市场的作用来将经济"去金融化"。例如,我们应该让受到基金经理控制的医疗保健和私人养老金远离对人类至关重要的所有服务,比如医疗保健。

众所周知,资本主义经济不善于创造充分就业。这主要源于公司的目标不同于工人的目标这一事实。公司的目标是利润最大化,而不是雇用每个工人。为了减少失业和创造有保障的劳动力,明斯基提出了一项最后雇主(ELR)计划。最后雇主计划的主要目标是为每个想要以体面的工资工作的个人提供服务(明斯基,1986)。在明斯基看来,政府应该建立一个分散的就业创造系统,从而创造对劳动力的无限弹性需求。政府将根据对社区的社会福利雇用所有希望在地方一级工作的人。

因此,政府应创造就业劳动力的缓冲储备,以稳定工资和通货膨胀等经济变量,同时提供人们可以生活的最低体面条件。最后雇主计划还减少了收入不平等,为社会阶层的向上流动创造了条件。此外,这种稳定的就业和收入水平同时促进了住房所有权,并将防止次级贷款等高风险金融创新为购房提供融资。

明斯基还认为,就业政策应该与宏观环境保持一致,才能达到预期的效果。因此,明斯基(1986年,第343页)提出:"*政策问题是制定一个不会导致不稳定、通货膨胀和失业的充分就业战略。*"

一些研究人员认为,最后雇主计划的实施成本太高,而且会造成巨大的预算赤字,从而失去控制。然而,一些可靠的研究表明,最后雇主计划在美国的可能成本约为国内生产总值的1%。该计划可能会降低其他领域的成本,使其他社会福利计划变得多余。它的成本可能比救助破产金融公司的资金更低。它还稳定了预期,因为它创造了稳定的需求和信心。

5.6 结　语

明斯基在一个动态经济过程的基础之上构建了他的理论框架。这种观点完全不同于使用均衡概念的主流方法,它将经济问题视为建立有效市场配置的问题之一。在这种平衡的观点中,过程问题被忽略了。在明斯基看来,这个过程被定义为"成功孕育过剩孕育失败"。这意味着进化的不稳定性。在现代金融资本主义中，不稳定的可能性始终存在。因此，经济体系容易发生金融危机。

正如明斯基所说，他的目标是重新诠释凯恩斯。与他一样，明斯基提请注意在不确定环境下货币生产的各种基本特性。这些基本特性主要是金融市场的关键作用、货币的非中性、投资的周期性、基本不确定性和有限理性下的决策过程。通过这种方式，他将商业周期的投资理论与投资的金融理论相结合，扩展了凯恩斯的理论。

为了防止资本主义固有的问题，明斯基在一定程度上提出了各种阻碍制度，将经济波动的幅度限制在合理的范围内。中央银行和政府可以通过对系统的动态行为施加适当的约束来缓解资本主义的不稳定性。然而，正如明斯基所阐述的那样，这还不足以消除资本主义经济中的危机。不稳定是永久性的。因此，应不断关注经济体制的运作。在呼吁这些改革的过程中，明斯基显然对资本主义社会中政府的本性有着更为积极的看法，这与马克思将政府视为管理资产阶级公共事务的执行机构形成了鲜明对比。

在一些明斯基的批评者看来，明斯基的推理存在缺陷。为了减轻这些缺陷，他们建议在他的分析中加入不同的成分。其中之一是将收入不平等纳入金融市场的动态。有了这一点，借贷与收入不平等之间的关系将被纳入分析。另一个建议是将全球失衡纳入考虑范围。全球失衡在2007—2008年全球危机的发展中发挥了关键作用。在这里，金融市场与全球失衡之间的关系有助于分析2007—2008年的危机。然而，我们不得不承认，明斯基在20世纪70年代建立的模型并没有明确地注意到这两个因素中的任何一个。这些都不是明斯基会考虑的突出问题。因此，将这些观点整合到明斯基的分析中，理解当代经济中存在的问题的可能性会加大。

第 6 章 利润率下降趋势

6.1 导 论

利润率下降趋势是经济学中的一个重要假设,该理论最著名的阐述者是卡尔·马克思。从古典政治经济学家到当代经济学家,各种各样的经济学家都把它作为一种需要解释的实证现象来阐述。然而,总的来说,他们给出的解释却又各不相同。

马克思将利润率下降趋势称为"政治经济学最重要的规律"。他将这一趋势描述为"自亚当·斯密以来,整个政治经济学都围绕着这个谜团来展开"(《资本论(第三卷)》,1894 年,第 319 页)。马克思将利润率下降的假设视为资本主义生产最终可能崩溃的证据。

马克思的经济理论是以结构经济分析为基础的。它的主要结构是经济阶级,在经济阶级中,生产的社会关系是由资本和劳动力的冲突决定的。资本家试图剥削劳动力以增加利润,从而导致资本积累。资本的不断扩张是资本主义制度再生产的必要条件。因此,与盈利能力相关的结构性条件决定了资本积累的过程。自然,资本主义积累的崩溃主要是由盈利能力的发展造成的。

马克思主义的危机理论有着悠久的历史,人们在许多地方和不同的背景下有过争论。2007—2008年危机重新引发了马克思主义关于危机理论的争论。一些学者关注利润率下降在2007—2008年全球危机中的作用。

与利润率下降趋势相关的马克思主义理论主要有三种,分别是:(1)利润率下降趋势假说,主要侧重于由竞争的非预期后果驱动的资本化和机械化。由于节省劳动力的技术的改进,这一过程将创造价值的劳动力赶出了生产过程。这导致整个经济体的利润下降,从而引发危机。(2)在利润下降的背景下,马克思理论的另一个版本是利润挤压理论,该理论主要指出与资本主义剥削作斗争的工人对利润造成了压力。这导致了剥削率的下降和利润的下降,最终引发了危机。(3)积累的社会结构理论(SSA)也有马克思主义的根源。它旨在理解资本主义的持续周期。积累的社会结构理论关注的是维持企业盈利能力的积累结构。企业利润的波动伴随着积累结构的变化而发生。这在经济中创造了周期。

在本书的这一部分,我们将详细阐述这些马克思主义理论及其与危机的实证相关性。事实上,这些理论并不相互排斥,因此很难将它们划分在各自的领域内。这自然会导致我们以重叠的方式来讨论它们。

6.2 "利润率下降趋势"假说

亚当·斯密和大卫·李嘉图等古典政治经济学家论证了利润率下降趋势的重要性。他们认为,这是资本主义积累扩大的障碍。斯密指出,资本家之间相互竞争,这种竞争会降低利润率。然而,李嘉图从另一个角度强调,竞争只能影响利润的再分配,而不能决定利润率。在他看来,由于农业生产率下降导致的农业地租的增加,以及新的不那么肥沃的土地,减少了资本家的利润,而不是竞争。农产品价格的上涨趋势迫使工人的工资因食品价格的上涨而上涨,这反过来又降低了资本家的利润。也就是说,李嘉图通过土地边际生产率的下降来解释利润的下降,这一点早前由马尔萨斯提出。食品价格上涨使地主阶层受益,并导致租金上涨,尤其是最肥沃的土地的租金上涨。对李嘉图来说,这种趋势最终意味着工业资本主义的终结。

李嘉图的解释主要基于自然原因,也就是说,为了养活不断增长的人口,人们开垦了新的不那么肥沃的土地。马克思显然被利润下降的观点所吸引,但他的方法并不是将社会变化归于自然原因。在马克思看来,利润率并不会因为技术和自然的限制而下降。他试图在资本的内部矛盾中解释利润率的下降。因此,在他看来,资本生产率的不断提高源于对相对剩余价值的持续竞争,而这反过来又导致利润率下降。此外,马克思认为,这将是资本主义的终极"掘墓人"(grave-digger)。

马克思指出,随着技术的进步,生产要素变得更加有效。这样做的自然结果是物理生产力会提高,从而产生更大的产量。然而,这些技术的发展加速了机器代替工人的进程。由于马克思认为只有劳动力才能生产出新的附加价值,更多的机器取代工人将导致剩余价值的降低。因此,从长远来看,平均利润率将趋于下降。请注意,马克思声称,从长远来看,利润率的下降不是由于生产率的下降,而是由于在物质资本方面更大投资的帮助下生产率的提高。在马克思看来,从长远来看,技术发展根本上是一种节省劳动力的倾向。这意味着用更多的机器生产更多的产品,资本利润率最终将下降。

然而,正如马克思所提到的,利润率下降是一种趋势,而不是严格的法律。还有其他因素抵消了这种趋势,从而提高了利润率。马克思在《资本论(第三卷)》(第339页)中列出了其中6个抵消因素:(1)更激烈的劳动力剥削;(2)降低工资;(3)降低固定资本成本;(4)增加劳动力储备大军(失业人数),压低工资;(5)增加对外贸易,导致投入和货物成本下降;(6)股份公司使用股本的增加,将生产中使用资本的部分成本转嫁给其他人。

尽管有这些相互抵消的趋势,但马克思强调它们不会改变利润率下降的方向。它的衰落趋势是资本主义生产方式所固有的。因此,抵消因素无法对这一趋势形成足够强大的障碍。

现在我们将从更专业的角度解释马克思关于利润率下降的主要论点,这将有助于我们更好地理解影响利润的基本趋势。为此,让我们从马克思主义观点的一个基本论点开始,即剩余价值只能由工人(活劳动力或可变资本)创造。然而,很明显,利润率不仅取决于劳动力成本,还取决于所有其他成本,如资本成本等。

在这里,资本有机构成的概念对于理解利润下降的趋势至关重要。它主要被定义为固定资本(主要是厂房、设备和材料)与可变资本(劳动力)的比率。[1]

---

[1] 固定资本与可变资本之间的区别源于马克思的观点,即只有活劳动(可变资本)才能创造新的价值,从而改变产品的价值。而固定资本(投入,生产中使用的机器)本身并不会给产出增加新的价值,也不会在生产过程中增加价值。

它在概念上类似于新古典经济学中的资本深化(人均资本)。它被正式定义为：

$$k=\frac{c}{v} \tag{6.1}$$

在这里，c 是固定资本，v 是可变资本。

剩余价值率(也称为剥削率)是用来理解利润率下降的另一个关键概念。它被定义为工作时间中的无偿部分与有偿部分的比率。换句话说，它是剩余价值(s)与可变资本(v)的比率：

$$e=\frac{s}{v} \tag{6.2}$$

这一比率反映了相对于再生产劳动力价值所花费的时间，工人的工作时间留给资本家的比例。因此，它描述了工人在资本家与工人之间的时间分配。当剩余价值与可变资本的比率(s/v 的比值)增加时，工人的时间更多地被资本家占用，工人为自己工作的时间更少。

资本家的利润率是剩余价值与总资本(固定资本加上可变资本)的比率。它不同于剩余价值率，因为它是剩余价值与包括固定资本和可变资本在内的总变量的比率，而不仅仅是可变资本。因此，利润率(r)是：

$$r=\frac{s}{c+v} \tag{6.3}$$

如果上面的方程通过除以可变资本 v 进行如下转换，我们将得到：

$$r=\frac{s/v}{1+(c/v)} \tag{6.4}$$

因此：

$$r=\frac{e}{1+k} \tag{6.5}$$

在这里，当 $e=s/v$ 表示剩余价值率(剥削率)时，$k=c/v$ 就是资本有机构成。从上面的方程式中，我们得出了关于利润率趋势的各种命题：

(1)资本积累的过程本身就提高了资本的有机构成水平($k=c/v$)。

(2)如果剥削率的增加($e=s/v$)抵消了资本有机构成的增加，利润率就不会下降。

(3)剥削率无法弥补资本有机构成的持续增长。因此，从长远来看，利润率将会下降。

(4)利润率的下降将导致经济危机。随着危机的发生，出现了广泛的违约，随后资本家由于利润机会的减少而削减了投资。总需求(既包括投资,也包括消费)的下降导致生产过剩。

(5)随着时间的推移,这场危机为进一步的资本积累创造了新的条件。这是由以下事实提供的:一是非生产性资本将减少,因此剩余资本将更有效率地运作。二是破产给现有固定资本的价格造成了压力,降低了它们的价格。这反过来又导致了资本有机构成的下降($k=c/v$,固定资本 c 下降),从而提高了利润率。三是在危机之后,许多工人被解雇,因此失业者后备军增加。这反过来又造成了工资的下降压力,从而增加了剥削率。所有这些发展都有助于恢复利润率,因此积累过程再次开始。

(6)资本主义制度的危机具有周期性。每次新的危机变得更加严重,因为它们发生在更高的资本水平(资本有机构成更高)上,并且随着时间的推移,为进一步资本积累创造新的条件变得更加困难。因此,从接连不断的危机中退出将更加困难。

前三个前提对利润率下降的趋势至关重要。第二个和第三个前提可以通过方程(6.5)来理解。方程(6.5)表明利润率是资本有机构成(k)的反函数。也就是说,如果 k 对于 e 的任何给定值都会上升,那么利润率最终会下降。

然而,第三个前提的有效性没有那么明显。为了更好地理解这一点,我们可以从这样一个问题开始:剥削率能在多大程度上抵消利润率的下降?当资本有机构成上升时,剥削率对利润率的影响就变小了。也就是说,随着资本有机构成的增加,剥削率的提高并不能抵消利润率的下降。此外,随着剥削率的提高,用于提高利润率的剥削利润就会减少;因此,随着时间的推移,其完全抵消资本有机构成上升的能力会逐渐减弱。

上述第一个前提所描述的发展,即资本有机构成不断增加,是所有前提中最具争议的一个。这是因为,无论是实证证据还是用于它的理论论证都不能令人信服。尽管人们可以清楚地观察到,每个工人的物质资本数量随着积累而大大增加,但资本的概念包含了一个价值定义,而不是一个物质定义。因此,从这个意义上,每个工人的资本价值随着时间的推移而上升并不明显。

事实上,为了提高每个工人的资本价值,劳动节约型技术的强度必须远远大于资本节约型技术的强度。也就是说,比起廉价机器取代昂贵机器,机器更应该替代劳动力。在 19 世纪,越来越多的机器取代劳动力是一个突出的事实。尽管如此，马克思还是意识到了这样一个事实，即固定资本可能会因为提高资本货物生产率而贬值。但马克思认为，这不是一个会影响资本有机构成的持续性发展。相反，马克思强调积累过程中不断改进劳动节约型技术。

正如许多学者所指出的那样，有各种合理的论点表明，在发达资本主义经济体中，资本节约可以相对主导节省劳动力的创新。在资本积累的早期阶段，机器的引入在更高的水平上取代了劳动力。然而，随着这一发展，新的技术创新主要是以促进机器替代机器的形式出现，尽管机器替代劳动力的现象仍在继续。机器制造商之间的竞争使他们的生产成本更低、生产效率更高。如果总成本中出现更多的固定资本（在 c/v 值较高的情况下），预计资本家会强调资本节约型技术。此外，资本有机构成可能会增加，但这并不能保证由于其他部门的发展，资本有机构成的总体水平会不断上升。例如，这可能源于不断扩大的劳动密集型服务业。因此，很难先验地提出劳动节约型技术将在生产过程中占主导地位。

因此，马克思主义者认为，当不可持续的利润率水平出现时，经济机制就会崩溃，导致危机。公司破产，投资者由于缺乏盈利机会而不进行新的投资。但这也是新的积累的起点，因为经济价值的破坏和资本有机构成的严重下降，促使新的积累过程得以复苏并摆脱危机。

6.3 利润挤压理论

与利润率下降趋势直接相关的一个类似概念是利润挤压。一些经济学家，如安德鲁·格林（Andrew Glyn）、鲍勃·萨克利夫（Bob Sutcliffe）和托马斯·韦斯科普夫（Thomas Weisskopf），提出了"工资推动利润挤压"（wage-push profit squeeze）理论来解释利润率的下降。该理论是这样构建其论点的：工人与资本家之间的阶级斗争决定了他们的相对收入。代表工人的工会努力从资本家那里获得更高的工资。从这个意义上说，这种观点的支持者强调，当劳动力的议价能力增强时，更高的工资需求会增加，这反过来又会降低企业的利润（它们的利润被"挤压"），自然也会降低企业的投资。这很可能会导致一场危机。然而，企业的利润可以恢复到由于投资下降导致的失业率上升对工资造成下行压力的程度，因为工人阶级的议价能力下降。因此，企业又开始获得高额利润，利润挤压也随之得到缓解。

根据利润挤压假说,繁荣时期的经济体会雇用更多的劳动力。这增加了实际工资,进而导致利润下降。这反过来又会导致正常资本循环的中断。在这一点上,更高水平的失业率成为资本重建正常盈利能力的客观必要条件;这不可避免地压低了实际工资。

利润挤压的论点主要基于马克思的观点,即通过提高工资来推高有效需求是无法避免危机的。这可以从他的以下评论中看出:

> 如果有人试图用一种更深刻的理由来掩饰这种重复,说工人阶级从他们自己的产品中获得的份额太少,那么要补救这一弊端,就必须在实施这些措施之前,恰好总是有一段时期的工资普遍上涨,而工人阶级实际上获得了用于消费的年产量的更大份额。
>
> (马克思,1894 年,第 475—476 页)

一些学者如鲍尔斯等(Bowles et al.,1984)用这一推理解释了 20 世纪 70 年代的滞胀,因为他们认为 20 世纪 70 年代的工资增长并不能阻止当时发生的危机。

然而,一些学者如谢克(1987)批评利润挤压假说,拒绝承认该假说并认为它在理论上是无效的。盈利能力的下降只会以两种形式出现:未能销售所生产的产品,或无法以足够的利润率对其进行销售。后者必然涉及成本相对于价格的上升。利润挤压假说只是将这种看法推广到整个资本领域。为了证明这种推理的错误,谢克详细阐述了剩余价值和可变资本的抽象概念与企业利润和工资收入的经验概念之间的关系。他认为,利润挤压理论家将 s/v 等同于 π/w,其中 π 是总利润,w 是总工资支出。通过这样做,他们混淆了潜在的因果变量的表现形式与这些变量本身。

事实上,利润挤压理论已不再被广泛用于分析最近的危机。然而,沃勒斯坦(Wallerstein,2003)最近对利润挤压提出了一个全球视角。在他看来,这背后有三个主要因素:去乡村化带来的更高工资(即世界的去乡村化正在减少全球低工资劳动力的数量)、为满足社会服务而增加的税收,以及由于原材料日益枯竭而导致的原材料价格上涨。最初,这些因素在全球体系层面造成了利润挤压。也就是说,从这个角度来看,利润挤压是世界资本主义发展到一定阶段所产生的矛盾的结果。

同时,在这里,我们想提请注意关于消费不足理论与利润挤压理论之间关系的一个关键点。正如本书前一章所阐述的,消费不足理论的主要论点是,没有足够的有效需求来满足现代经济体不断增长的生产能力所产生的产品。因此,发达资本主义经济体最终将进入长期停滞过程,除非有其他需求产生机制的干预。这些论点显然与利润挤压理论的说法相悖。利润挤压理论基本上认为,工资上涨是危机的原因,而不是像消费不足主义者所说的工资下降。利润挤压理论关注的是资本家的动机,而不是实现问题。

6.4 积累的社会结构理论

积累的社会结构理论使用了一种进化的观点,将资本主义发展定义为连续的阶段。积累的社会结构理论实际上可以被视为利润挤压理论的广义形式。其主要论点源自马克思主义分析,更强调制度结构。积累的社会结构理论的主要论点是,经济体的制度实力在一定时期内表现良好,但之后就停止了良好的运作。这导致了一段时期的停滞和危机。这反过来又为新的积累的社会结构创造了条件。

积累的社会结构理论强调制度结构提供的稳定性。没有健全的外部和内部环境来形成一个经济体系的制度稳定性,任何经济体系都无法正常运转。积累的社会结构考虑到了生产过程中的所有制度。制度结构提供了资本主义生产和增长的延续。但随着时间的推移,制度无法永久维持这种积累过程。经济增长的结构要么导致制度失灵,要么制度本身阻碍了经济体系的进一步发展。如果现有的积累的社会结构不再能够正常运行,则被定义为旧的积累的社会结构的危机。因此,旧的积累的社会结构的现有制度应该被重新设计,以克服危机。积累的社会结构的每一次崩溃都开启了资本主义的一个新阶段。

自第二次世界大战以来,全球范围内出现了两种截然不同的积累的社会结构。第一个是战后积累的社会结构,被称为"受监管的资本主义的积累的社会结构"。第二个是20世纪70年代末形成的"新自由主义的积累的社会结构"。第一个积累的社会结构建于20世纪40年代末,一直到20世纪70年代中期都表现良好。其基本特征是国家干预在国家和国际层面的主导作用。这是由福利国家、大公司之间的协同竞争和重要的资本—劳动力合作提供的。[1] 这种积累

---

[1] 协同竞争是由约瑟夫·熊彼特提出,用来描述公司避免残酷竞争而有利于竞争对手的行为。这是一种降低企业风险的战略,与强调竞争的自由主义意识形态的价值观直接冲突。

的社会结构被称为受监管的资本主义,它表达了与过去国家影响较小的一种背离。

在20世纪70年代末,由于利润率持续下降,商业投资下降,导致失业率上升。各国政府试图通过使用凯恩斯主义的扩张性财政政策来遏制这种不利局面。然而,这些政策导致了一个新的重大问题,那就是高水平的通货膨胀,因为政府的扩张性政策(如增加财政支出和降低利率)进一步刺激了需求。由于通货膨胀损害了金融行为体,它们在20世纪80年代开始推动政府采取扩张性较小的政策并提高利率。随着这些政策的转变,导致了更低的通货膨胀,但也导致了更高的失业率。这反过来又降低了人们的福利。这种消极的环境导致了形成于20世纪80年代的一种新的积累的社会结构。

根据科茨(2013),受监管的资本主义有五个重要属性。第一,资本与劳动力之间达成了重要的妥协,这有利于代表工人的工会。第二,政府在促进增长、就业、金融、商业调控和福利政策方面发挥着重要作用。第三,没有不受约束的竞争;相反,公司之间普遍存在着共同的竞争形式。第四,金融公司的主要业务是为非金融公司的生产活动提供融资。第五,也是最后一点,经济体系是一个"混合经济",在这种经济中,市场经济的突出地位得到承认,但这是通过一个监管性的国家和强大的工会来实现的,以确保市场的顺利运行,以免再次发生类似大萧条的危机。

这表明,战后受监管的资本主义的积累的社会结构中机构之间存在很大程度上的一致性。它们相互补充、相互加强,促进了资本积累。资本与劳动力之间的妥协是这次积累的社会结构的主要特征,此外还有其他的重要特征,如积极调节经济关系和市场力量等。

在20世纪70年代中期,战后积累的社会结构进入危机时期。20世纪70年代末,美国和英国开始了一个新阶段。这一新阶段,即新的积累的社会结构,伴随着市场力量的突出而出现,被称为新自由主义。新自由主义的积累的社会结构在20世纪80年代初形成。该积累的社会结构与受监管的积累的社会结构完全不同。科茨和麦德能(Kotz and McDonough,2010)定义了主要变化:放松对商品、服务和资金流动的限制;在许多领域放松管制;国有企业和公共服务私有化;福利国家的萎缩;从资本与劳动力之间的合作转向资本主导劳动力的关系;从大公司的共同行为转向大公司之间的无限制竞争。

新自由主义倡导了自由市场的理念,除了一些执法和司法角色外,自由市场并未赋予国家在市场运作中任何积极作用。新自由主义的积累的社会结构为重新设计全球经济体系的国家带来了全球和国内机构的变革。事实上,正如科茨和麦德能(2010)所指出的那样,这一发展蔓延到了世界各地。然而,北欧国家和日本试图避免这场传播市场霸权的浪潮。

与受监管的积累的社会结构一样,科茨(2013)认为,新自由主义的积累的社会结构有五个重要特性。它们几乎与受监管的积累的社会结构的性质相反。第一,在这个新的积累的社会结构中,劳动力一直由资本主导。第二,市场主导了国家,因此国家退出了经济和社会生活的所有领域,如社会支出下降、所有市场的放松管制、私有化等。第三,在大公司中,无节制的竞争已经成为普遍现象。第四,金融公司已经转向其他投机领域,而不是为非金融公司融资。第五,自由主义价值观占据主导地位,强调市场和效率。市场关系已经渗透到经济生活的各个领域,从健康到教育。

就资本内部的各种矛盾而言,自由的积累的社会结构与受监管的积累的社会结构存在一些差异。其中之一就是资本家之间竞争的形式和激烈程度。在受监管的积累的社会结构中,竞争更加克制、更相互依存和受到的监管更多;在自由的积累的社会结构中,竞争则更为激烈,更具破坏性。在受监管的积累的社会结构中,协同竞争不仅表现为政府施加的监管约束,还表现出资本家之间的竞争传统和协同行为。资本家在竞争立场上的这些差异也影响了他们对待工人的态度。在残酷的、割喉式的竞争下,资本家总是追求削减劳动力成本的措施。但在另一种情况下,即在受监管的积累的社会结构中,由于协同行为和法规导致的有限竞争却寻求与劳动力的妥协。在另一个领域,金融资本与工业资本之间的关系出现了资本矛盾。在受监管的积累的社会结构中,金融机构与非金融机构之间的联系更紧密;但相比之下,在自由的积累的社会结构中,这种联系却更加脆弱。这表明,金融机构在更具投机性的领域追求利润丰厚的收益,而不是为非金融公司的生产活动提供融资。

现在的问题是,受监管的资本主义的积累的社会结构是如何分崩离析的?积累的社会结构的支持者认为,受监管的积累的社会结构的危机始于利润率的下降。在20世纪60年代末的繁荣时期,失业率很低。有组织的劳动力成为资本积累的有力推手。失业率的下降和工会权力的增加导致了工资的上涨,减少了公司的利润。这为资本与劳动力关系的不稳定创造了条件。

在20世纪70年代,公司与工会之间的收入分配发生了重大冲突。收入分配朝着有利于工人的方向发展,因此收入分配得到改善。这降低了公司的利润。随着通货膨胀的加剧,金融公司的利润也下降了。到了20世纪70年代,战后结构的一些机构已经受到侵蚀,剩下的机构在维持经济增长、利润率和稳定性方面表现欠佳。虽然由于高工资和社会转移,不存在剩余价值的实现问题,但剩余价值的生产是不可持续的。出于这个原因,利润的可持续性提供了一个关键的视角,以帮助我们了解危机的根源,直到受监管的资本主义的积累的社会结构时期结束。

受监管的积累的社会结构中的问题也可以被定义为"利润挤压"危机。也就是说,它们符合利润挤压方法的主要论点;由于低失业率和有组织劳动力的力量,工资压力导致利润下降,最终引发危机。一些实证研究证明了这一点。例如,科茨(2013)强调,在受监管的积累的社会结构期间,所有短期的经济危机(衰退)背后的主要原因是工资上涨导致的利润挤压。

新自由主义的积累的社会结构是一个独特的资本积累过程。它的机构旨在维持利润率,因此,剩余价值的生产是积累过程的中心。然而,这产生了一个不同的问题,那就是剩余价值的实现问题。这主要是由于尽管生产率提高,但工资仍在下降。正如科茨(2013)所说,在1979—2007年间,实际利润总额每年增长4.6%,而实际员工薪酬总额每年增长2.0%。利润与工资之间的差异源于好几个因素,如工会不断下降的权力、技术的进步以及通过国际外包和离岸外包实现的就业灵活性。图6.1显示新自由主义时期欧元区国家国民收入的工资份额。可以看出,工资份额大幅下降。

与受监管的积累的社会结构时期相比,自由的积累的社会结构时期的经济增长率要低一些。这有好几个原因。沃尔夫森和科茨(Wolfson and Kotz,2010)列举如下:第一,由于工资和公共支出下降,自由时期存在变现问题。第二,由于政府的作用减弱,反周期公共支出的有效性以及通过缩减社会福利计划实现自动稳定器的调节能力下降。由于放松管制,金融机构的突出地位使经济暴露在脆弱的冲击之下。第三,公司经理的范围变得更加短视,关注股东的利益,而不是公司在维持业务投资方面的长期可持续性。第四,金融机构不关心经济的长期生产潜力,将资金转移到投机性金融领域。

资料来源:科茨(2013)。

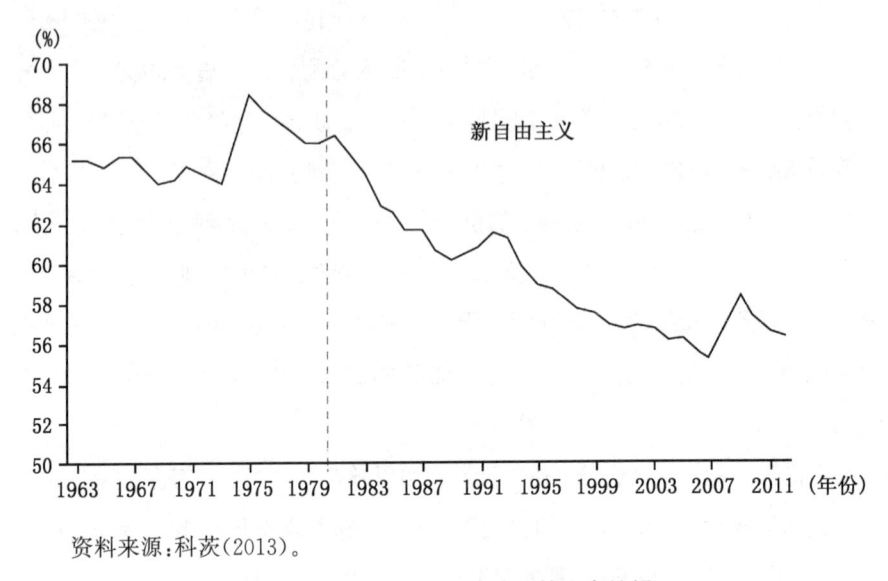

图 6.1 欧元区国家国民收入的工资份额

我们现在要问的问题是,尽管存在深刻的变现问题,但这种自由的积累的社会结构是如何持续的?使用积累的社会结构方法论的学者认为,变现问题的解决或者说延误主要是由金融机构融资的债务增加和对家庭产生福利影响的资产泡沫导致的。正如本书债务积累部分所解释的那样,债务融资消费在这一时期大幅增长。这使有效需求保持稳定。众所周知,在自由的积累的社会结构时期,收入分配也变得更糟。在越来越大的程度上,更多的资金仍掌握在富人手中。有了这些,他们购买了更多的金融资产,导致了资产泡沫。美国 20 世纪 90 年代和 21 世纪的股市和房地产泡沫就可以被算作这样的例子。

新自由主义时期的变现问题似乎与马克思主义者所主张的消费不足论点相似,后者主要认为,由于工资停滞和利润上升,消费者需求下降。但事实上,新自由主义的积累的社会结构并没有出现诸如消费不足的危机,因为尽管工资停滞,但家庭的消费需求却通过不断增加的债务得到了满足。消费的维持使企业提高了它们的生产能力。此外,随着资产价格上涨的刺激,由于资产价格的财富效应引发了进一步的需求,公司的生产能力进一步增加,从而导致更大的过剩产能。

根据积累的社会结构理论的支持者的观点,2007—2008 年全球危机在本质上是新自由主义的资本主义的结构性危机。新自由主义的资本主义的两个重要缺点导致了这一点。第一,总利润率持续下降。尽管信息和通信技术产生的利润有了适度的恢复,但在诸如网络泡沫的危机期间,这些利润又被蒸发了。第二,积累的过程有一个结构性弱点,这不仅仅是它无法创造一条稳定的道路,而是它本身的性质,由于其新自由主义的金融和反劳动力偏见,该特性不利于加速生产性投资。这些学者认为,如果新自由主义的资本主义的这些缺点不能得到适当解决,它总是有可能制造新的危机。从这个意义上讲,首先要废除金融投机霸权,减少有利于劳动人民的不平等现象,这是应该彻底考虑的关键问题。

然而,正如科茨(2013)所提到的,积累的社会结构的论点无法通过实证检验,因为我们在资本主义历史上只有有限数量的积累的社会结构。我们在美国只有一个受监管的积累的社会结构,因此,从单个例子中得出一般结果是有问题的。我们有两个自由的积累的社会结构时期:一个是20世纪20年代的美国,另一个是从20世纪80年代到现在的美国。两者都以深度崩溃告终。然而,科茨(2013)提到,要为普遍原理建立坚实的基础还为时过早,因为它没有强有力的经验支持。

6.5　关于利润率下降趋势有效性的理论辩论

马克思关于利润率下降的理论一直被学术界和非学术界提上议事日程。尽管该理论受到许多马克思主义者的支持,但也受到其他马克思主义者和非马克思主义者的强烈批评。

哈维(2015)是一位重要的著名马克思主义学者,他反对利润率下降的观点,理由很简单。在他看来,利润率下降与基于此的危机理论是单一因果关系。这意味着这种观点忽视了危机的其他原因和抵消力量,从而排除了其他相关因素。他认为,马克思的利润率下降定律是基于各种简单的假设,只有当假设的条件在现实世界中实现时,该定律才适用。

哈维强调,这些假设忽略了所有其他抵消利润率下降的因素,这些因素仅仅是由节省劳动力的技术推动的。哈维(2015)提供了一个关于全球劳动力趋势的统计数字,以支持他的论点。他强调说,世界劳动力已经有了足够大的增长,从1980年到2005年,这一数字约为11亿。在哈维看来,仅这一证据就与全球层面的利润率趋势相矛盾。这意味着剩余价值生产的巨大增长。事实上,哈维并没有通过观察分子(利润)和分母(投资资本)的趋势来显示利润率是否下降。哈维只是阐述了就业增长是马克思的利润率下降观点自20世纪80年代初以来一直不成立的重要证据。因此，在哈维看来，如果利润率下降趋势的一般理论是正确的，那么节省劳动力的技术变革的蔓延将意味着资本雇用的工薪工人数量有减少的趋势。但事实并非如此；相反地，他指出，全球范围内的就业率在上升。

在马克思看来，如前所述，劳动力是价值的唯一来源，剩余价值来源于劳动力的使用。如果固定资本的扩张，即新投资的增长超过了劳动力，那么它的增长也会超过利润。这导致利润与投资比率的下行压力，因而利润率下降。对此观点有两种反对意见。第一种反对意见是，技术进步并不总是能节省劳动力（换言之，资本密集型），它们也可以是节省资本的技术。因此，与旧技术相比，新技术可能使得每名工人使用更少的机器。因此，投资与劳动力的比率可能不会增加。

然而，马克思主义观点的支持者对这种反对意见持有异议。他们认为，更多的"资本密集型"创新可能比"资本节约型"创新更重要。因此，他们认为技术创新也可以省资本，这抵消了资本有机构成（资本与劳动力的比率）的上升。然而，尽管如此，资本家之间的竞争对他们产生了压力，要求他们通过对创新进行更多投资来实现最先进的技术变革。资本家已经准备好支付更多的钱来掌握新的技术进步。因此，资本技术构成（每个劳动力的平均机器数量）和资本有机构成都增加了。这意味着资本密集和资本节约可以同时发生。

第二种反对意见是，技术进步可能不会导致利润率下降，因为公司会选择使它们利润更高的技术。由于竞争，这将扩散到整个行业，在引入这些新技术后，行业内所有公司的平均利润率将更高。这一观点得到了许多马克思主义经济学家的认同，例如置盐信雄（Nobuo Okishio）、安德鲁·格林、罗伯特·布伦纳、热拉尔·杜梅尼尔和多米尼克·莱维。他们的主要观点是，资本家只有在利润率已经受到实际工资上涨或外部竞争的挤压时，才会采用似乎会降低利润率的资本密集型技术。是这些因素，而不是资本有机构成，会降低利润率。

利用置盐信雄（1961）提供的数学公式，批评者强调技术创新降低了生产成本，因此产品的生产成本总是比过去更低。[1] 如果某一行业资本与劳动力比率的上升提高了生产率，那么与其他行业的产出相比，该行业的产出价格就会下

---

[1] 日本经济学家置盐信雄（置盐定理）认为，新引进的技术满足成本标准（即在当前价格条件下，它降低了单位成本），并且实际工资率保持不变，那么利润率必然提高。假设实际工资不变，技术变革将降低单位生产成本，从而提高创新者的利润率。

降。然而,这反过来又会降低这些行业的投资成本及其与劳动力的比率。较低的投资成本会降低资本有机构成,提高利润率。也就是说,正如置盐信雄(1961)的定理所指出的那样,与马克思相反,资本家不会采用任何会降低他们利润的节省劳动力的技术创新。因此,为了提高公司的利润率,人们进行了技术变革。

事实上,马克思意识到了这一论点。因此,他说资本家之间的竞争触发了这一过程。也就是说,第一个开发新技术的资本家在市场上获得了对其他资本家的支配地位。与其他资本家相比,他将获得更高的利润。但其他资本家为了不落后,已经准备好适应这种新技术。当他们采用这种新技术时,市场上产量的增加会给商品价格带来下行压力。这会降低利润,如果公司进一步尝试创新技术,利润率就会再次下降。

从这个意义上来说,马克思暗示了更全面的东西。哈曼(Harman,2010年,第72页)认为:

> 资本主义在积累方面的成功导致了进一步积累的问题。最终,资本家想要保持领先于其他资本家的竞争驱动力导致了大规模的新投资,而利润率无法维持这种投资。如果一些资本家想要获得足够的利润,那只能以其他被赶出该行业的资本家为代价。积累的动力必然导致危机。过去积累的规模越大,危机就越严重。

尽管马克思将利润率下降与资本主义的内部动力联系了起来,但它与危机爆发的关系并不明确。马克思认为,利润率下降趋势使得资本积累容易受到危机的影响。然而,马克思并没有在利润率下降趋势与危机的必要性之间建立直接联系,因为利润率下降趋势仅在资本内部关系的最抽象层面上被定义,而危机趋势仅在竞争领域表现出来的特定资本之间的具体关系中实现。因此,他没有详细说明在这一过程中,危机是如何以及在何种具体条件下爆发的。

然而,马克思认识到,仅仅是利润率的下降并不足以引发危机,因为即使利润率下降了,只要利润率为正,资本仍然值得再投资,而不是任由资本闲置。因此,利润率下降与危机倾向之间的联系并不是直接的。例如,一些作者将这种联系与不均衡现象的出现关联起来。在利润率下降的过程中,不均衡性的变化有两种趋势。首先,新的技术创新可以破坏生产部门之间的联系,即生产资料部门与生活资料部门之间的联系。例如,对生产资料的需求可能会相对增加,而对生活资料的需求可能会相对下降。其次,利润率的下降本身就会导致不均衡,因为资本会转向投机渠道,对特定商品的需求会膨胀。这将以崩溃告终。因此,利润率下降与经济危机之间的关键联系似乎在于金融。近年来,马克思主义者开始更加集中地强调金融化在最近几次危机中的作用。事实上,信贷市场在马克思的危机理论中扮演着至关重要的角色,因为正是信贷体系迫使生产过剩和投机达到了极限。

因此,人们认为,马克思对信贷系统的兴趣表明,他的危机理论不是利润率下降与危机发生之间的捷径关系。他认为,积累率与利润率一起下降,但他并不认为积累率的下降是经济危机的直接原因。这主要源于他对危机(资本积累过程的破裂)和停滞(任何经济体持续低增长或负增长状态)的区分。商业周期由适度活动期、繁荣期、生产过剩期、危机期和停滞期,或平均活动期、高压生产期、危机期和停滞期组成。积累率的下降可以直接导致生产增长率的下降,但积累率的降低必须由其他因素来调节才会导致危机。因此,马克思认为,利润率的下降通过鼓励投机和生产过剩间接导致危机。

作为一名主流经济学家,凯恩斯对利润下降表达了类似的想法。凯恩斯认为,随着时间的推移,资本的边际效率最终会下降。他对这一点的解释只是基于他的整体边际主义方法。资本数量的增加将产生较少的边际回报,因此,每额外增加一单位资本的边际贡献就会下降。这种情况一直持续到资本的边际成本等于其边际贡献。这将导致资本充足。凯恩斯对此没有抱怨,因为他认为资本充足将导致他所说的"吃息者安乐死"。由于资本充足,他们不会获得超过成本的非劳动利润,也就是说,资本不再稀缺。

以米哈尔·卡莱斯基、琼·罗宾逊(Joan Robinson)和尼古拉斯·卡尔多(Nicholas Kaldor)为代表的后凯恩斯主义经济学也强调了利润率的趋势。然而,他们的方法与马克思的利润递减假说不同。他们提请人们注意,由于资本集中和积累,整体经济停滞不前(包括利润下降),行业被垄断寡头主导。因此,就不会像马克思所认为的那样,存在把资本家的利润拉低的激烈竞争。

6.6 利润率下降的经验证据

正如我们前面提到的,马克思关于利润率下降的理论是对资本主义制度的总体趋势的抽象解释。因此,在现实世界中很难观察到它们明显而具体的结果,因为这一过程可能涉及其他因素。事实上,马克思并没有宣称利润存在不可避免的世俗趋势。他谈到了抵消效应。利润率不仅受到技术的影响,还受到阶级争夺剩余价值的结果的影响。资本家试图通过降低工资、降低固定资本成本(节约资本的技术)和提高劳动生产率(节约劳动力的技术)等各种方法来防止利润下降。然而,根植于利润率下降趋势的危机理论表明,这种政策最终不可能成功。

现在我们关注的是,在利润率下降的辩论中,这些不同的解释如何与经验数据相符。问题是:利润率是确实下降了还是恢复了?实证研究的结果主要取决于经济学家使用的定义和统计数据。例如,非金融公司和金融公司等不同公司的利润估计将有所不同;我们如何估计短期或历史时期内的资本价值;我们是否使用年营业额或更长的时间来估算利润;在估算利润时,我们是只计算私人公司还是计算包括公共公司在内的所有公司。因此,缩小或扩大内容和时间会改变利润水平。

有好几种方法可用于估计利润率的长期趋势。但这些方法并不使用相同的测量定义;例如,他们用于固定资本计量的方法各不相同。从公司和政府获得的信息也存在问题。例如,由于缴纳较少的税款,企业会向官员低估其利润,或者由于希望增加其股票价值或借贷能力而夸大其利润。

尽管上述定义和估计存在差异,但一些以马克思主义为主的经济学家群体,如弗雷德·莫斯利(Fred Moseley)、安瓦尔·谢克和艾哈迈德·托纳克(Ahmet Tonak)、热拉尔·杜梅尼尔和多米尼克·莱维、罗伯特·布伦纳、埃德温·沃尔夫和邓肯·弗利(Duncan Foley)得出了非常相似的结论,这表明利润率有下降的趋势。事实上,包括非马克思主义者在内的许多经济学家一致认为利润率在1960年末至1980年初期间有所下降,但在20世纪80年代初之后有所回升。

从这个意义上讲,我们有两个利润趋势不同的重要时期。第一个时期是从第二次世界大战结束到20世纪70年代的危机。这一时期也被称为凯恩斯主义时期。第二个时期包括从20世纪70年代的危机到现在,即新自由主义时期。卡梅拉(Camara, 2009)使用利润率的定义,即经济总剩余价值与生产所用总资本的比率,估计它在1950—1973年间(这是第一个时期)的数值,美国的利润率很高,平均为24%(见图6.2)。然而,利润率在20世纪60年代后半期和70年代有所下降。此外,在20世纪80年代初,利润率下降至15%。在1974—1983年间,平均利润率约为19%。这意味着与第二次世界大战至1974年间相比,利润率下降了约5%。

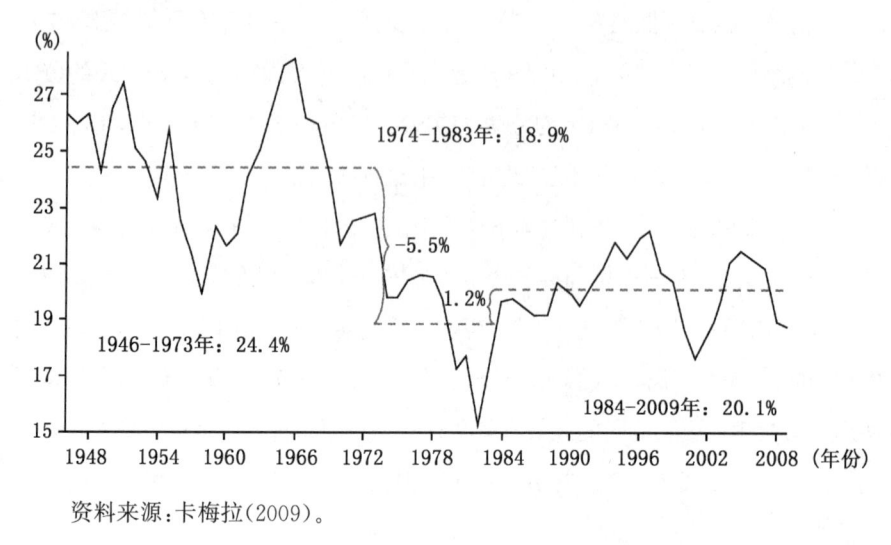

图6.2 1946—2009年美国总利润率的长期动态变化情况

资料来源：卡梅拉(2009)。

在第二个时期，从20世纪70年代到现在，平均利润率有所提高，增长到20%左右。这比20世纪70年代高出1.2%。然而，与第一个时期相比，从20世纪80年代到现在的自由主义时期的平均利润率降低了约4.3%。因此，可以将其描述为比凯恩斯主义时期更低的利润率。

卡梅拉(2009)还表明，如图6.3所示，尽管资本生产率(产出/资本)的波动性小于利润率(利润/资本)，但总利润率与资本生产率之间存在类似的趋势。这意味着资本生产率主要决定了利润率，尽管利润份额的短期波动对利润率有影响。[1]

在卡梅拉(2009)的计算中，比较1946—1973年和1974—1983年这两个时期，它们之间利润率的下降主要由资本生产率的下降来解释，约为78%，其余22%的降幅来自利润份额的下降。因此，解释利润率下降的最大因素是技术因素，正如利润率下降趋势的论证所表明的那样。新自由主义时期总利润率的恢复也是由资本生产率产生的，占利润增长的84%，利润份额仅占利润增长的16%。

在杜梅尼尔和莱维(2011)的一项研究中，他们对美国的数据进行了分析，得

---

[1] 盈利能力的长期动态可以在其分配和技术组成部分、利润份额(Π/Y)和资本生产率(Y/K)之间通过对总利润率(Π/K)进行分解来进一步描述，其中 Π 是剩余价值，K 是生产中的资本，Y 是创造的新价值：$(\Pi/K)=(\Pi/Y)(Y/K)$。

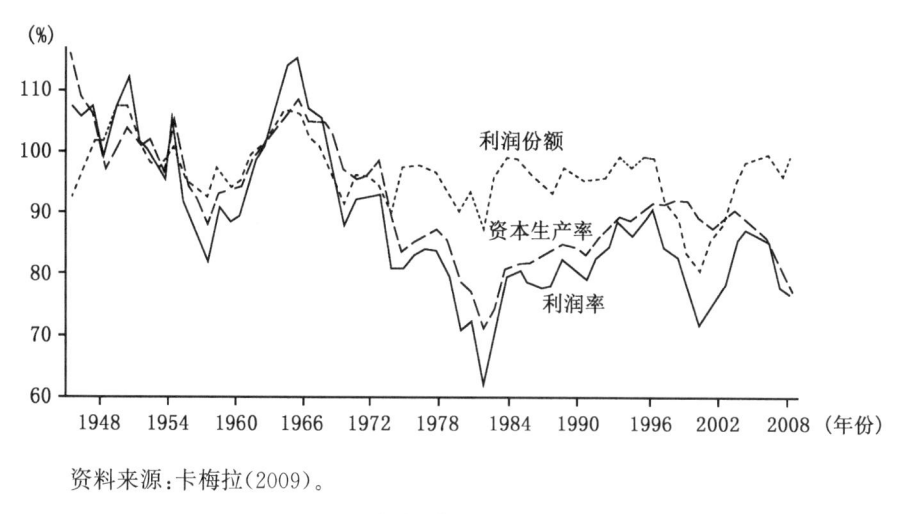

图 6.3 总利润率、资本生产率和利润份额

资料来源：卡梅拉(2009)。

出结论,利润趋势即利润的上升或下降,取决于利润的定义和衡量方式。根据他们的观点,如果在利润中不包括分红,利润率就会下降。相比之下,如果加上分红,利润率虽然没有达到 20 世纪五六十年代的水平,但自 80 年代以后就出现了上升趋势。如果用扣除公司税的方法计算利润,其水平甚至恢复到了 20 世纪五六十年代的水平。因此,利润率下降在很大程度上与公司将更多的利润作为股息支付给股东有关。莫斯利、谢克、托纳克和沃尔夫等学者最近的各种计算都得出了相同的结果,即利润率下降。但他们认为,这主要源于资本与劳动力比率的提高。这与马克思的观点一致,即增加资本与劳动力比率会降低利润(哈曼,2010)。

还有一些试图解释 20 世纪 70 年代利润率下降的其他尝试,认为利润率下降是由国际上工人的斗争浪潮造成的,这场斗争迫使工人在总收入中所占份额上升,并减少了资本所占的份额。这种观点实际上与利润挤压理论是一致的。然而,这种解释不足以帮助理解为什么所有西方经济体在 20 世纪 70 年代中期同时陷入危机。20 世纪 60 年代末和 70 年代初,英国、意大利和法国工人的生活条件有所改善。但是,例如德国就没有这样的改善。

根据罗伯特·布伦纳(2006)的观点,总利润率的趋势是由一个经济体中所有行业的加权平均利润率决定的。因此,制造业和非制造业的加权平均利润率就构成了总利润率。它们的利润率是独立于总利润率的。布伦纳主要关注制造业。他解释说,20 世纪 60 年代,随着日本和德国进入美国市场,这一领域的利润率下降,造成了激烈的竞争。这导致全球制造业产能过剩,尤其是在美国。换言之,美国的垄断利润急剧下降。图 6.4 显示了这一点。

资料来源:布伦纳(2006)。

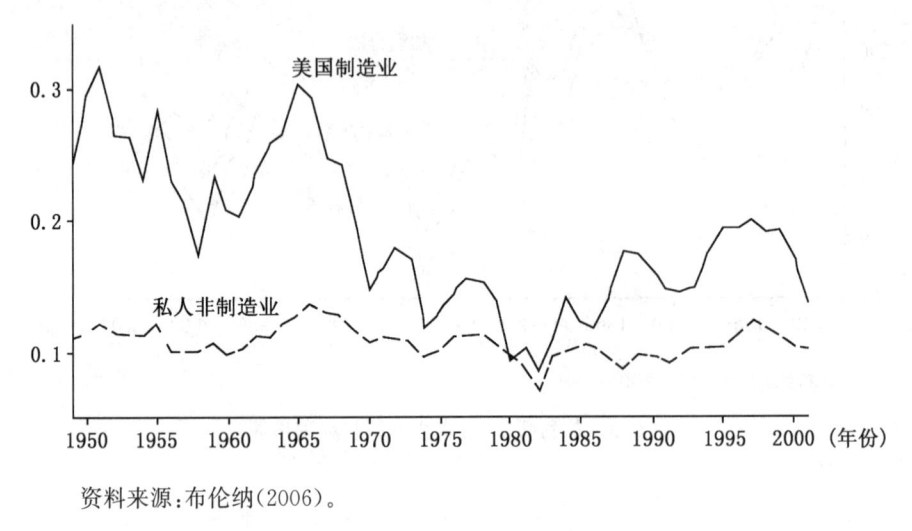

图 6.4　美国制造业和私人非制造业净利润率

布伦纳还提出了制造业产能过剩持续数十年的原因,尽管该行业的企业无法恢复利润。对此,他给出了各种理由:(1)这些公司的大量固定资本的存在,使它们无法轻易退出市场。(2)这些公司为了避免外国竞争,采取发展更高的技术来降低成本,这反过来又进一步增加了过剩产能。(3)在 20 世纪 80 年代,随着韩国和中国台湾等亚洲经济体的加入,世界上一些制造业(如汽车和钢铁)的产能过剩进一步扩大。

然而,根据莫斯利的说法,布伦纳的观点并没有解释制造业利润率趋势与整个经济之间的联系。莫斯利(1999 年,第 9 页)是这样提及这一点的:

> 另一方面,马克思的理论基于基本上相反的假设,即一般利润率与个别部门利润率之间的确定顺序。马克思的理论认为,总利润率是先于部门利润率确定并且独立于部门利润率的,它由整个经济的总体特征(主要是整个经济中剩余劳动力的总量)决定。个体利润率(例如制造业利润率)与总利润率的偏差(根据马克思的理论)是由供需的相对比例决定的。

莫斯利(1999)认为,布伦纳的理论与巴兰和斯威齐的理论相似。这两种方法都假定经济中的竞争水平决定了利润率的趋势。巴兰和斯威齐提出,由于战后初期公司的垄断力量很强,利润率也很高。与此相一致,布伦纳详细阐述了尤其是在20世纪60年代中期之后,由于美国竞争加剧,利润率下降。莫斯利认为,这两种方法本质上是相同的。其主要区别在于他们看待不同时期的竞争程度不同。这两种方法都强调竞争水平。然而,莫斯利强调,一个经济体的总利润率并不是由竞争强度决定的。它只占公司利润的份额,而不是总利润率。正如马克思的著作中所提到的一样,经济中相对于总资本的总剩余价值决定了经济中的总利润率。

与此同时,我们应该提到,作为马克思主义经济学家的布伦纳和莫斯利都对使用利润挤压理论来解释利润率的下降提出了批评。他们认为,这一理论的主要缺陷是不能充分解释为什么利润率在如此长时间内保持低水平。它能够解释20世纪60年代和70年代由于失业率下降、工会权力增加导致的利润下降。但它无法解释为什么自20世纪70年代以来,尽管不断上升的失业率削弱了工会的力量,但利润仍在缓慢和部分地恢复。

当我们更详细地审视美国经济时,可以看到一些与利润率下降相反的趋势,尤其是在20世纪80年代中期之后。根据美国经济分析局的数据,利润率在1950年达到最高水平(22%),但在1986年急剧下降至3%。2006年,该比例回升至14%,但2009年再次回落至5%的水平[达门(Damen),2012]。

达门(2012)表明,如图6.5所示,平均利润率呈下降趋势,而资本有机构成则上升了。这与利润率有下降趋势的假设是一致的。然而,自1986年的第二次低谷以来,利润率开始上升。在这里,似乎存在着一些强烈而长期的反趋势。新技术的进步是造成这种反趋势的重要因素之一。通过降低导致资本有机构成下降的固定和可变资本的价值,至少可以在短期内提高利润率。然而,技术的影响是暂时的,而不是永久的。也就是说,尽管技术对利润产生了积极的影响,但有机构成的增加却主导了利润率的下降。

从20世纪80年代开始,尽管劳动生产率大幅提高,但工资却一直处于停滞状态。这有助于公司增加利润。除此之外,自20世纪80年代以来,企业通过全球化重新调整了生产地点。它们从资本密集度较高的地方转移到资本密集度较低的地方。这也意味着生产从劳动力成本较高的地方转移到劳动力成本较低的地方。

正如本书前面所提到的一样,除了这些发展,生产性资本自1980年以来开

资料来源：达门（2012）。

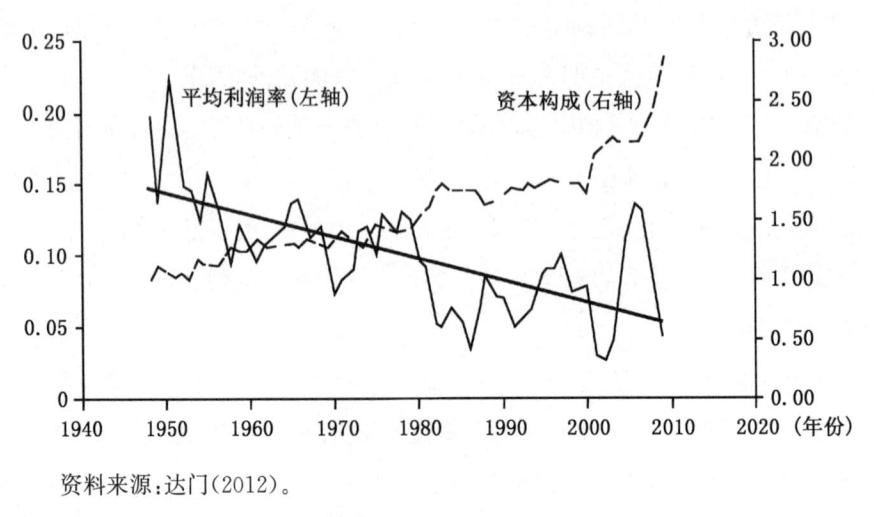

图 6.5 1950—2009 年美国生产部门的平均利润率（ARP）和资本构成（C/V）

始从事投机活动。这达到了非常过量的水平。由于利润下降，非金融公司遇到了一些困难，它们转向了利润更为丰厚的金融领域。这既导致了生产资本向更具投机性的领域转移，也导致了金融化的加剧。正如许多研究所表明的那样，自1980年以来，许多国家金融部门的利润率和份额一直在上升（详见第3章）。这是金融化的开始，直到2007年经济体系崩溃之前，金融化一直在急剧增长。

6.7 结　语

本章重点介绍马克思主义的结构方法，包括利润率下降趋势、利润挤压和积累的社会结构。其主要论点是，必须在利润率和资本积累等结构性趋势的背景下分析经济危机。

马克思主义经济理论对经济衰退和经济危机的发展有一些明确的观点。资本主义经济包含阶级冲突，资本的主要目标是实现利润的最大化，这是以牺牲劳动力为代价的。这是资本积累的来源。资本的不断扩张提供了资本主义的再生产。因此，盈利能力的结构基础标志着经济的稳健。

利润率下降趋势假说是马克思主义文献中最常见的观点。从这个角度来看，经济危机是不可避免的，因为它们不是由外部因素造成的。利润率下降的根源在于资本主义的内部机制，这种机制不断地诱使企业寻求利润。

第 6 章
利润率下降趋势

马克思和马克思主义者大多在资本主义抽象模型的层面上考虑危机,在这种模型中,可能存在诸如消费不足主义、利润率下降、生产过剩、不同生产部门之间的比例失调或利润挤压等固有趋势。然而,由于测量问题、不同的定义以及动态经济结构中的几种抵消趋势,使用实证研究来寻找关于这些假设的论点的有效性是极其困难的。

今天,与马克思相反,大多数主要的马克思主义者认为危机是多维度的、更复杂的。它们不能像利润率下降的假设那样被简化为一个维度。他们认为,在过去的两个世纪里,随着资本主义的发展,危机具有周期性。但是,危机的原因取决于资本主义关系的动态变化。因此,他们更加倾向于使用多重因果的方法来帮助他们理解更深层次的潜在原因和危机的具体表现。例如,关于2007—2008年的全球危机,这些马克思主义者主要指出,这次危机与利润率下降趋势假说没多大关联。相反,他们将注意力转向了金融化和不平等。

第7章 人类行为

7.1 导 论

人们在经济和社会领域的行为是通过试图理解周围的事物来实现的。他们的行为是某些认知、动机和情绪的综合结果。从这个意义上来说,他们更喜欢彼此合作或竞争,相互信任或不信任。

个体行为是动态的,受人们所处环境的内在影响。他们的情绪与他们在其经济或社会环境中实现的结果之间总是存在着一种互动联系。他们的行为与经济学中描述的典型"理性行为者"不同。

由于在主流经济学中,人的因素是用机械的术语来分析的,所以它不包含太多的心理因素。新古典主义经济模型中的个体是抽象的,主要由自私动机驱动。行为经济学家认为,这种对人类行为的建模在很大程度上是一种失败。事实上,人们的性格要复杂得多。他们的决策过程大多受到心理因素而非理性的影响。因此,有关行为偏差的假设应该纳入经济模型,以捕捉真实的人类行为的倾向。如今,很多经济学家已经开始断言,现实的经济分析超越了新古典主义的推理,因此,他们整合了行为经济学中强调启发式偏见和认知问题的见解。

特别是在2007—2008年全球危机中,许多学者认识到行为偏差是危机的一个促成因素。此外,他们更关注破坏稳定的投机行为的历史事件。他们提请人们注意的一点是,在以往的危机期间,文献中使用的短语可以帮助我们理解心理学的重要性:狂热、盲目的激情、金融狂热、狂热的投机、疯狂的土地投机、陶醉的投资者、过度交易、过度自信等。所有这些表达都在危机期间被跨越时空广泛使用。它们暗示了危机的行为成分,而没有考虑国家和时期。

在本章中,我的目标是使用行为经济学的方法论来研究心理学是如何成为金融危机的一个促成因素的,并寻找其与过去的危机尤其是2007—2008年全球衰退危机的相关性。

7.2　行为经济学

在本节中,我将简要介绍行为经济学的历史。行为经济学的基础是基于丹尼尔·伯努利(Daniel Bernoulli, 1738)的研究,他关注圣彼得堡悖论和相对效用理论。[1] 伯努利提出了效用的概念,该概念描述了一个事实,即个体对相同数量的金钱可以有不同的看法。根据同样的行为见解,赫伯特·西蒙(Herbert Simon, 1955)提出了"有限理性"(bounded rationality)的概念。通过它,他试图展示理性的边界和个人决策过程中启发式的普遍性,并质疑优化行为的有效性。

奥斯卡·摩根斯特恩(Oskar Morgenstern)和约翰·冯·诺伊曼(John von Neumann)在20世纪40年代提出了"预期效用"(expected utility)的概念,理性主体在这一概念的基础上做出决定,在不确定的情况下实现效用最大化。然而,在20世纪50年代,莫里斯·阿莱斯(Maurice Allais)提出了各种反对预期效用理论有效性的论点。他在实验的帮助下,试图证明个人的行为并不总是理性的,因此其表现与预期效用的概念不一致。

20世纪70年代,丹尼尔·卡尼曼(Daniel Kahneman)和阿莫斯·特沃斯基(Amos Tversky)证明了类似的结果。他们的方法被称为"前景理论"(prospect theory)。他们关注的是人类在不确定性下的行为。他们取得的惊人成果使行为经济学成为经济学思想的新方法。这两位学者都承认经济学中的两种方法:规范(理性)的方法和描述(非理性,主观)的方法。卡尼曼和特沃斯基用描述性的方法

---

[1] 圣彼得堡悖论是经济学中使用的一种理论博弈,人们只考虑期望值作为唯一的决策标准;决策者会被误导,做出不合理的决定。

阐述了个人的经济行为包含着非理性的思维方式。乔治·阿克尔洛夫(George Akerlof,2001年诺贝尔经济学奖获得者)和罗伯特·席勒(2013年诺贝尔经济学奖获得者)在2009年撰写了一本名为《动物精神》(*Animal Spirit*)的重要著作,以发展行为洞察力,分析人类行为及其在经济决策过程中的作用。从这个意义上说,他们关注的是引发或放大危机的行为趋势,尤其是2007年的全球危机。

7.3 新古典经济学和行为经济学

新古典经济学方法主导了关于人类互动的学术研究。新古典主义方法的主要论点是,我们作为人类是理性的。根据这一假设,我们在给定一组信息的情况下最大化了我们的预期效用。福利经济学的第一个基本定理断言,当前和未来商品的分散竞争市场将确保给定初始捐赠的最优性。在这些市场中,价格的形成符合有效市场假说。该假说认为,人们会形成无偏见和正确的平均预期,因此人们不会犯系统性错误,自然也就不会出现过高的回报。

新古典经济学所定义的"经济人"具有一些奇怪的特征。他们拥有强大的计算能力,花时间权衡不同的机会,在过程中利用对环境的广泛了解,努力最大化他们的效用。为了做到这一点,经济人使用所有可用的信息来形成关于不同事件或行动过程后的未来状态的信念,并在新信息出现时以贝叶斯的方式更新这些信念。这种理性人使用他们的主观概率分布来评估事件发生的概率。然后,他们会遵循一组稳定的偏好来确定哪种替代行动方案最令他们满意。与这种稳定性假设(遍历性)类似,许多研究人员质疑为什么新古典经济学的市场效率理论在经济学中被广泛应用。他们认为,这背后的一个重要原因是应用经济模型的便利性。按照同样的思路,赫伯特·西蒙提到,如果不是这样的话,在这些模型中使用的准理性代理将变得非常复杂。这就是为什么主流经济学家避免用更现实的代理人来对复杂和不确定的环境建模的原因。

理性人的好几个特征与普通人不同。例如,他们的计算能力超过了普通人。但很难相信人们在做出决策时会解决复杂的优化问题。相反,行动似乎是由习俗、习惯、经验法则、冲动和情绪反应所驱动的。经济人处理不确定性的方式也存在问题。事实上,他/她能够对未来的事件形成完整的主观概率分布,这意味着他们在本质上面临着一场赌博,一种具有不同风险水平的彩票,而不是对未来的实际不确定性。因此,这种表示意味着存在一个从原则上看是已知的客观概率分布。然而,考虑到经济的复杂性,这一假设非常夸张。事实上,经济中的代理人因此面临着一个根本不确定的未来,这使他们无法依靠客观概率来对未来做出判断。由于这种不确定性,凯恩斯认为人们做出决定主要考虑过去的经验和经验规则,而不是根本不存在的客观概率。

行为经济学为解释不同环境下的人类行为提供了一个视角。通过这种方式,行为经济学提供了大量关于人类行为中系统性偏离理性的启发和偏见的证据。这些违规行为主要源于各种启发式偏见、错误的推理和决策的复杂性。主流经济学将此类行为解释为非理性行为,并将其定义为异常行为。然而,由于这些行为是持续的,并且不断地被观察所验证,所以很难将它们归类为异常并忽略它们。

这些发展增加了人们对行为经济学的兴趣。经济学家们已经开始强调经济领域中普遍存在的异常现象,并试图通过心理学见解来解释这些现象。他们认识到,人类行为不能被视为一个"黑匣子"(black box),不关心行为的过程,只关心结果。然而,越来越清楚的是,我们需要理解驱动人类行为的认知过程,从而打开黑匣子。这将为我们提供更多的心理学见解来完善经济理论,这将有助于加速我们理解人类行为和个人的选择行为。

从这个意义上讲,与过去相比,近几十年来,行为经济学从心理学家的概念和观察中获益匪浅。其中一个重要的概念是心理学家积累了大量证据的认知模式。这些都是直觉模式和分析模式。直觉模式对应于人们快速做出判断和决策的情况,而分析模式则适用于捕捉人们做出判断和决策更慢的情况。卡尼曼(2003)将这些模式分别定义为系统 1(直觉)和系统 2(理性)。行为经济学和金融学特别关注系统 1 的功能。这有助于理解个人选择中的一些倾向。本文献中的研究已经证明并分析了几种与经济合理性相矛盾的行为现象。然而,正是在系统 2 中,新古典经济学由于其对理性经济行为体的假设而使用了分析或理性的信息过程。

7.4 经济学中的行为和心理偏见

当研究人类在面临选择或应对风险的情况下的行为时,其所呈现出的画面与经济人截然不同。人类没有使用复杂的优化技术,甚至都没有暗中使用这些技术，而是养成了一整套习惯和原则来处理信息，以解决问题或做出判断，以下称为启发式方法。人们通常使用启发式方法来做决定，因为大多数时候他们没有足够的时间和资源来做决定。他们使用心理捷径。然而，在这种情况下，他们有时会犯错误或表现出认知偏差。本章中定义的众多启发法中的一些似乎与金融市场和危机的研究相关。现在我们将在下文中简短地解释它们。

7.4.1 损失厌恶、处置效应和禀赋效应

如果一个人似乎更不喜欢失去某样东西，而不是喜欢得到某样东西，那么他/她就被称为损失厌恶者。这种现象在现实生活中有多种情况。前景理论根据个人对金钱的价值函数来解释损失厌恶，该函数在收益时呈凹状，在损失时呈凸状。这意味着个人更关心的是损失而不是类似规模的收益。图7.1显示了这种情况。如图7.1所示，存在一个参照点，人们根据这个参照点来评估自己的得失。从这个意义上说，当收益和损失增加时，由于其敏感性（边际效用）下降，价值函数呈现出不对称的S形。

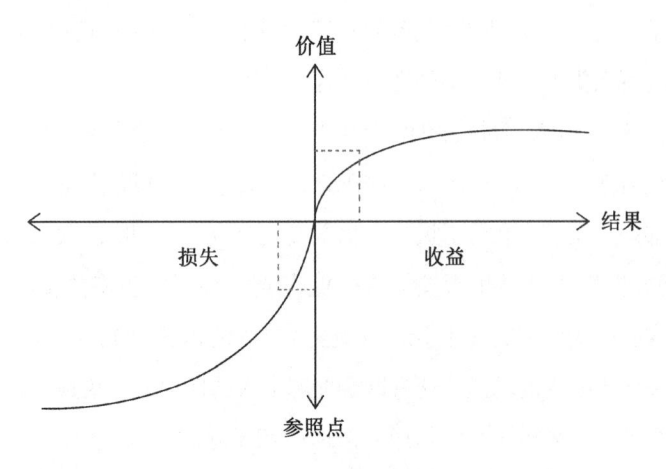

图 7.1 价值功能

处置效应与损失厌恶有关。它描述了即使价格下跌，人们仍持有资产的情况。也就是说，他们不太愿意在资产价格相对于正面变动出现不利变动的情况下出售资产。换言之，他们在盈利中厌恶风险，在亏损中热爱风险。这通常发生在房地产领域。在金融危机期间，当房地产泡沫破裂时，即使房屋所有人预计房价会进一步下跌，他们通常也不愿意出售房屋。这更可能是因为他们将房屋的

购买价格作为参照点,不想遭受损失,也就是不想经历损失感。

事实上,对于理性的个人来说,当前价格及其走势将比购买价格更为关键。但恰恰相反,许多实验发现,人们并不是这样做的;他们主要将购买价格作为参照点,而不是当前价格或其走势。这就解释了为什么危机期间房价也不会大幅下跌的原因。这就是房地产市场价格黏性的原因。这种看似不理性的行为抑制了房价的进一步下跌。但在经济繁荣时期,即使购房者和抵押贷款机构开始认为房价过高,房价也可以通过低利率政策和几乎不受政府干预的政策大幅上涨。人们在金融市场也观察到了类似的行为。例如,当股价下跌时,人们会等待股价上涨很长一段时间,而不是减少损失;但在股价上涨时,他们会更快地卖出股票。

另一个与损失厌恶密切相关的状态是禀赋效应。禀赋效应是指个人倾向于为自己拥有的产品(金融或非金融产品)提供比自己不拥有的产品更高的价格。这与主流经济学的说法不一致;也就是说,人们愿意为一种商品支付的价格应该等同于这种商品被剥夺时他们愿意接受的价格。实证和实验研究并没有证实这一论点。它们表明,人们通常都希望以更高的价格出售他们所拥有的东西。

7.4.2 框架、锚定和现状效应

经济或非经济选择的呈现方式会影响人们的选择。这称为框架效应。个人的选择很大程度上受到相关信息的呈现或框架的影响。人们根据信息呈现给他们的方式改变他们的反应。例如,当某样东西以百分比或绝对回报率的形式提供给人们时,即使人们获得了相同的货币回报水平,他们的反应也会有所不同。

与框架效应类似的一个概念是锚定效应。该效应表明,在一些情况下,人们评估其选择的方式取决于一个初始价值,也就是锚。例如,当房地产经纪人被要求对同一资产进行估价时,他们的估价会根据呈现给他们的任意锚定值而发生变化。在金融市场中,我们也观察到这种锚定效应,特别是在金融市场投资者使用统计数据评估资产回报的方式上。尽管统计数据表明,过去的表现并不能指导未来可能的回报,但投资者通常会受到金融资产过去表现的影响。然而,当这些显示过去业绩的数据很容易获得时,许多投资者在投资时就无法避免使用这些信息。

我们还有与锚定相关的另一个术语,即"现状偏见"。它描述了为什么人们会对当下有偏见,以及为什么他们不会过多地改变当前的选择。人们之所以选

择保持当前或现状,似乎是因为改变它们需要更多的脑力劳动。此外,在人们没有当前选择的情况下,默认选项在指导选择方面就变得很重要。例如,当向客户提供一定期限的免费订阅时,他们通常会保持订阅状态,而不是选择取消。他们保持默认的情况。默认选项是"选择架构"(choice architecture)的重要组成部分,它概括了选择是如何建构或呈现给个人的。选择架构被公司或政府用来指导和操纵个人的选择。

7.4.3 认知失调和后悔

认知失调是另一种心理偏见,对指导个人行为至关重要。它指出,当人们的信仰与证据不一致时,他们会面临相互冲突的情况。为了处理这种不舒服的感觉,他们采取了非理性的态度。例如,他们忽视新的信息,或者寻找新的方式来说服自己,让他们对自己一直在做的不好的事情充满信仰,或者关注自己所做事情的积极方面。例如,新购车者会看关于他们购买的汽车的广告或新闻,而不是关于他们没有购买的其他汽车的广告或新闻,他们有选择性地将其他汽车的广告和新闻忽略掉。

行为金融学将这种偏见定义为一种后悔的状态,解释了实证研究的结果。例如,投资者在股价下跌时通常会推迟抛售股票,以避免对已经犯下的错误感到后悔。因此,即使出现亏损,投资者也不愿意出售他们的资产,因为他们不愿意认为自己做了一笔糟糕的投资。

7.4.4 双曲线贴现趋势

人们会对当前和延迟的结果做出跨期决策。为了做到这一点,他们使用代表个人时间偏好的贴现率来支持未来收益的折现值;也就是即时回报与延迟回报的意愿程度。对于同样有价值的结果,人们通常更喜欢早一点的奖励而不是晚一点的奖励。人们通过一个系数对未来奖励进行折现,该系数会随着延迟时间的延长而增加。这是常用的指数贴现。

然而,最近的研究表明,指数贴现存在若干偏差。个人使用其他贴现方法,其中之一就是双曲线贴现。双曲线贴现表明,在较早的延迟期,人们的估值下降相对较快;但在较长的延迟期,估值下降就会较慢。例如,"你喜欢今天的一美元还是明天的两美元?"或"你喜欢一年后的一美元还是一年零一天后的两美元?"

实证研究表明,很大一部分人会选择今天接受较少的钱,但会很乐意在一年中多等一天,以获得更多的钱。

这些人被定义为有现状偏见,与现在相比,他们低估了未来。现在比明天更有价值。然而,那些有这种倾向的人经常会有后悔的感觉。他们推迟目前不太理想的行动,计划以后再做,但到了那时这些行动又变得很难实现了。例如,当人们接受次级抵押贷款时,他们最初倾向于从优惠利率(teaser rates)中受益,并打算减少消费,在未来储蓄更多。然而,当到期日到来时,就很难做到这一点了。

7.4.5 代表性和易得性效应

人们在做出判断时经常使用代表性启发式方法。人们使用原型(他们心目中的代表人物)来评估事件的概率。这些原型被作为评估他们面临的事件的参照点。人们高估了那些值得纪念的事件的概率。出于对原型的偏爱,人们忽略了先验概率和样本量,而且忽略了回归均值的现象。然而,这造成了一个问题,因为人们无视了基本利率,所以倾向于向上或向下推断。例如,如果一些偏离趋势的结果被视为具有代表性,则由于预期的快速变化,代表性可能会导致金融市场上升和下降的时间延长。当人们依靠代表性来做出判断时,他们很可能会做出错误的判断,因为事实是,某件事情更具代表性并不意味着它更有可能发生。之所以使用这种启发式方法,是因为它计算简单。问题是人们高估了它准确预测事件可能性的能力。因此,它可能导致忽视相关的基本利率和其他认知偏差。

这些行为特征也被另一类启发式方法所强化,即易得性效应。主观概率评估通常是针对很容易想到的事件进行的。过去事件的显著性取决于它们的接近程度,如空间、时间、情感等。例如,创伤事件更容易被记住,新信息通常被用来评估事件。如果研究人员倾向于只考虑当前的经济状况或过去的创伤性危机,那么在他们进行增长预测时,这种启发式方法也是同样有效的。

7.4.6 过度自信和确认效应

过度自信效应是一种有据可查的心理偏见。人们对事件的评估比事件的客观准确性更有信心。这是主观概率计算错误的另一个案例。卡尼曼和特沃斯基详细论述的前景理论中广泛强调了这种情况。

过度自信可以表现为四种形式:高于平均效应、校准效应、控制错觉和不切实际的乐观主义。高于平均效应是指个人通常认为自己的表现优于平均水平,从而高估了自己的能力。过度自信也源于校准误差——高估了自己判断正确的可能性。这在许多职业中可以观察到。例如,即使在更为复杂和模糊的情况下,金融分析师也更喜欢遵循常规模式,而不是以更精细的方式处理信息和分析案例。

过度自信也会产生一种控制周围因素的错觉。人们常常认为自己对随机事件发生的贡献太大了。例如,当他们中彩票时,他们把这归因于自己有能力选择正确的彩票。事实上,这是人们的自我归因偏见。也就是说,人们将成功(即使是随机的成功)归因于他们自己的能力,而忽略了他们无法控制的事件的影响,比如运气或其他人犯的错误。例如,经济行为主体主要根据他们自身的能力而不是市场条件来评估他们的收益。

过度自信也会导致毫无根据和不切实际的乐观主义。人们通常不能按预定的程序完成计划,因此,他们完成项目的时间的定义是不正确的。延误经常发生。无论是建筑和基础设施建设等大规模投资,还是购物和洗车等日常活动,都体现了这一点。此外,人们不会从以前的错误中吸取教训。他们仍然不切实际地相信自己下次会做得更好。正如蒙哥马利(Montgomery, 1997)所表明的,与实际值相比,研究人员对宏观经济的预测被严重低估,尤其是对不利变量(失业、通货膨胀)的预测,而对有利变量(增长)的预测则被严重高估。

确认效应在一定程度上与过度自信有关。人们倾向于确认他们自己所相信的;他们更倾向于获得能够验证他们想法的信息,而忽视与自己信念相悖的信息或事实。他们坚持自己错误的信念,甚至强化它们,同时表现出过度自信。例如,在2007—2008年危机爆发前的几年里,由于不切实际的乐观情绪,人们低估了风险,回避了与他们信念相悖的信号。确认偏差使人们看不到某些警告信号,而这些信号可能会削弱投资者对于永无止境的牛市的信心。伴随着自我归因效应,许多市场参与者将获得的利润主要归功于自己的技能,而不是总体的市场形势。投资的成功增强了他们的信心,鼓励他们承担更高的风险。

7.4.7 从众行为

社会心理学证据表明,社会压力与其他因素以相同的方式对个人施加压力。例如,如果人们看到有人朝着一列火车跑去,他们也会感到一种奔跑的压力。即使在荒谬的情况下,社会压力也是有效的,特别是在足够大的群体采取类似行动的情况下。这种顺从他人的行为被称为从众行为。

在理解资产价格的变动时,对从众行为的运用尤为广泛。这是因为,只有宏观层面的共同错误才能影响资产价格的方向。每个人在进行投资行为时都会互相注视,也就是说,他们会相互模仿,而不是看一些基本面。他们无视资产已经被错误定价的事实,继续进行投资。这类似于凯恩斯的动物精神概念,该概念包括经济中非理性繁荣或悲观情绪的蔓延。

例如,在行为金融学中,人们普遍倾向于追随他人的行为,尤其是投资决策。新投资者追随一批数量充分增加的其他投资者,即使他们对证券交易所或其他资产价格的预测显然是错误的。人们开始认为资产价格会上涨,因为其他人正在参与市场。由于价格变得更高,这将价格推到了更高的价值。因此,追随他人似乎是合理的。这个过程就像一个自我实现的预言。金融分析师也加入了这场狂潮。他们建议并发布报告,以鼓励其他投资者不要错过有利可图的机会。他们的动机可能与担心如果他们做出同市场普遍共识相反的评估会使声誉受损有关。这放大了经济中的投资螺旋。例如,在2007年爆发全球危机之前,几乎没有人——包括专业人士和非专业人士在内——对风险模型抱有怀疑;但是现在,人们普遍怀疑风险管理的做法。

7.4.8 恐惧和贪婪

在决定和引导人们在经济和其他领域的行动方面,有两种情绪也至关重要。这些情绪是恐惧和贪婪,它们都对投资者的行为产生相反的影响。风险厌恶的程度取决于哪种感觉占主导地位。如果恐惧占主导地位,人们的风险厌恶情绪就会上升;相反,如果人们变得更加贪婪,他们的风险厌恶感就会急剧下降,他们也会承担更多的风险。在危机期间,恐惧会占据主导地位;到了繁荣时期,贪婪就会加剧。在市场恐慌时期,资产会以低价出售;也就是说,资产的出售价格会低于资产的价值,产生巨大的损失。这些大甩卖也可能引发各种各样的问题,导致经济普遍破产。在经济繁荣时期,贪婪促使投资者承担更多的风险。这蒙蔽了投资者的双眼,他们所承担的风险水平往往在狂热中被遗忘。人们关注利润而不是损失。他们忽视了投资的多样化。在追逐越来越高的回报率的过程中,风险往往被遗忘。

7.5 对金融危机的重新解读：行为偏差

人们普遍认为,泡沫是非理性思维或行为偏差导致资产价格上升到比没有偏见或非理性时更高的水平的一种现象。泡沫可能在最近的全球危机中发挥了关键作用,这一事实促使许多观察人士呼吁对泡沫形成的原因和方式进行更多的研究。有几种行为说明试图解释为什么一项资产会疯狂增长。

然而,正如本书中不同的观点所提到的,新古典经济学的金融假设过于关注投资者的行为;其中之一是有效市场假说。这一假说的主要论点是,所有的资产价格都得到了合理和有效的估值,所有的价格都反映了经济基本面的所有相关信息。因此,不会出现泡沫。这一假说使经济学家和市场从业人员在2007—2008年全球危机中忽视了资产膨胀的危险。此外,他们更关注房价上涨带来的利润,并低估了房价暴跌的可能性。他们不相信最终出现泡沫的事实。因此,从某种程度上可以说,对有效市场的信念导致金融行为主体对房地产泡沫的忽视。

事实上,有大量的证据与有效市场假说相矛盾,而且近年来越来越多。这些实证观察与行为金融学的主要论点是一致的。似乎即使市场上有一些理性的投资者,他们的数量和力量也不足以纠正价格。累积过程是自然的市场过程,金融市场上有出现泡沫的可能性。正如克鲁格曼(2009)所说,"很多现实世界中的投资者与有效市场理论中冷静的计算器几乎没有相似之处:他们都太容易受到从众行为、非理性繁荣和毫无根据的恐慌的影响"。因此,行为经济学家强调,如果人类一直按照自己的思维行动的话,金融危机就会一直存在。

行为经济学发展了一种资产价格泡沫理论。行为经济学的发现之一就是资产价格并不能反映经济基本面。此外,市场价格长期趋势的变化并不能反映基本面趋势的变化。因此,经济基本面在定价中的作用仍然是模糊的。人们的行为并不符合新古典经济学的假设。即使理性行为主体的行为与这些假设类似,由于套利过程的限制,价格可能仍然不能反映经济的基本面。此外,在不确定性增加的情况下,资产的未来现金流非常复杂,因而很难计算其基本价值。

市场中的主流经济学家和从业者通过使用理性、利润最大化和有效市场假说的传统假设来理解市场。为此,他们使用了复杂的定量方法。但这种理解以及与之相一致的方法受到了质疑,因为在他们复杂的方法中,并没有考虑到行为、错误、偏见、恐惧或贪婪的作用。此外，复杂的量化模型（计量经济学、数学、表格、统计数据、图表等）造成了一种风险得到控制的错觉。但是，人们的情绪是决策过程的一个关键组成部分。要控制这个组件并不容易。金融市场似乎总是容易受到诸如从众效应、贪婪、焦虑等行为偏见的影响。纳西姆·塔勒布（Nassim Taleb, 2007）表示，华尔街金融分析师使用的风险模型，无论在数学上多么复杂，都是虚假的。此外，他还声称，这些行为弊大于利。原因在于，最大的风险不是你能看到和衡量的，而是你看不到的，因而也是永远无法衡量的。因此，塔勒布更关注1%案例事件的风险，即所谓的"六西格玛事件"（six sigma event）、"肥尾"（fat tails）或"黑天鹅"（black swans）。在他看来，任何易受黑天鹅攻击的系统最终都会爆炸。

从这个意义上说，许多研究人员已经注意到了正态分布模型的缺点，正态分布模型经常被用于财务分析。他们注意到，肥尾分布是金融中常见的资产收益变动背后更广泛的分布，而不是像正态分布这样的稳定分布。市场回报的肥尾分布也考虑了过度乐观和过度悲观下的过度结果。例如，在这种情况下，五或六西格玛事件比正态分布预测的可能性要大得多。然而，很难按照正态分布模型对这些风险进行数学建模，因为它们考虑到了"现实世界"（real-world）事件中的跳跃（例如大型企业破产或政治局势的突然变化）。例如，基于正态分布的布莱克—斯科尔斯期权定价模型（the Black-Scholes option pricing model）不擅长预测剧烈的价格变动。

近几十年来，衍生品市场取得了巨大的发展，不仅在数量上不断增加，而且复杂程度也越来越高。由于衍生品合约是广泛存在的场外交易市场，很难观察其数量和市场的风险负担。这些金融交易的透明度很低。也就是说，目前还不清楚什么会影响衍生品的价格和风险。由于操作复杂，投资者的能力不足以评估它们的定价。因此，即使是专业投资者在评估金融资产时，也会使用各种简化和启发式方法。即使是诺贝尔经济学奖得主，也难以理解他们经济的复杂系统。1998年长期资本管理公司（LTCM）的倒闭就是一个很好的例子[1]，该公司董事会中有两位诺贝尔经济学奖得主[罗伯特·默顿（Robert Merton）和迈伦·斯

---

[1] 长期资本管理公司是一家大型对冲基金公司，由荣获诺贝尔经济学奖的经济学家和著名的华尔街交易员领导。该基金在1998年几乎使全球金融体系崩溃。这是由长期资本管理公司的高风险套利交易策略所致。

科尔斯(Myron Scholes)]。同样,投资组合经理永远也不可能完全了解世界上所有可用的股票和债券。由于我们面临信息过载,我们对获取的信息的选择变得非常严格。用亨利·考夫曼(Henry Kaufman)的话说,"有两种人会赔钱：一种是一无所知的人,另一种是无所不知的人。长期资本管理公司有两位诺贝尔经济学奖得主,很显然,它符合第二种情况"(《福布斯》,1998年10月19日)。

尤其是在房地产泡沫的发展过程中,缺乏经验和金融知识的个人发挥了关键作用。他们中的大多数人没有足够的金融知识来评估可能涉及的风险。在人们的生活中,买房是他们最重要的金融交易。几乎所有的房价都是单独定价的(而不是在类似股市这样的市场体系中定价);住房市场的低购买率很可能揭示出这些市场的配置效率低下。房屋交易中的大多数人是没有经验的业余人士,他们的购买是基于有限的信息。例如,他们无法预测未来的支付困难。在这种背景下,我们会对个人计算能力的程度进行全面分析。这表明人们有不同的认知能力。这种情况符合有限理性的概念。

产生信仰扭曲的心理基础是人们过于依赖自己的预测能力。这种过度自信是投资者常见的特征,它有可能创造危机前期金融泡沫的形成和发展。他们高估了自己的知识和能力,忽视了可能发生的风险和不可控事件的存在。他们忘记了这样一个现象,即他们的同僚在评估他们的表现时可能有相同的信念。过去的积极表现可以增强过度自信,这会增加未来决策的鲁莽程度,使人们变得不那么厌恶风险。风险厌恶情绪的下降会让投资者以更大的热情购买更多资产。

当我们变得过度自信时,我们总是出于这样或那样的原因,认为历史不再适用于当前的情况。当资产价格上涨时,我们试图用经济的基本面来解释这一点。当银行在任何经济体中变得过于庞大时,我们会通过金融全球化来解释这一点。当国家过着入不敷出的生活(即出现巨额经常账户赤字)时,我们认为原因在于更高的增长潜力(即更高的回报)。但当现实发生时,我们意识到自己再次高估或低估了。不幸的是,一旦下一次繁荣开始,历史的教训就会再次被遗忘,类似的论点又会被提出。

金融市场的投机性和复杂性也使其特别容易受到过度自信偏见的影响。这使得金融投资者能够将正收益归因于他们的业绩,并将损失归咎于其他外部和嘈杂的因素。心理学家认为,过度自信会增强心理锚定,因为人们倾向于强烈相信故事或理由。同样,莱因哈特和罗戈夫在他们的著作《这一次是不同的》

(2009)中断言,由于"看不见的平衡之手"的存在,个人通常会过度自信,高估市场保持稳定的可能性。

另一种行为偏见——代表性启发式——也被用来解释泡沫的出现。根据一些经济学家的说法,泡沫的出现是因为投资者在未来探索过去的结果[例如,格林伍德和汉森(Greenwood and Hanson),2010]。这主要与代表性启发式有关。如前所述,代表性是指人们倾向于根据某一事件或某个人的特点而对其产生一种信念的情况。这种启发式导致人们在预测未来时推断过去。这一点人们在2007—2008年全球危机期间也观察到了。当购房者看到当前房价上涨时,他们推断出过去的增长情况,并预计房价会上涨,从而获得更多贷款。因此,这导致他们自欺欺人地认为,他们用高风险贷款购买的房子是没有风险的,相反,这是值得追求的。这些房子大多是通过外部资金来源购买的。那些借钱的人没有问,在经济崩溃可能导致还款困难之前,还需要多长时间。这造成了人为的经济增长[鲁比尼和米姆(Roubini and Mihm),2010],并导致了2007—2008年的房地产泡沫。

在这种错觉的背后,可能还有认知失调。如前所述,认知失调是人们在经历一种事实与他们所知或所做相矛盾的状态时感到的不适。人们经常试图消除这种不舒服的感觉,因此他们操纵自己的信念。例如,如果一个交易者开始意识到他所承担的风险正在上升,从而损害了他所工作的机构或所处的社会,他就会面临一种认知失调的状态。也就是说,他不想有这样的感觉,即当他拿别人冒险时,他自己却变得更富有了。为了克服这种不和谐,他让自己相信他所从事的业务没有那么大的风险。

在信用评级机构可能也有类似的机制。在2007年危机之前的几年里,信用评级机构对金融公司和产品的评级比它们应得的更高。通过对产品进行高评级,分析师可以避免在业务上输给另一家评级机构。但分析师也希望能够保持正面的自我形象,将自己视为一个负责任的人,为社会提供有益的服务。分析师可能通过操纵自己的信念,告诉自己他所分析的产品可能没有那么大风险,应该获得高评级,从而对这种不和谐的不舒服感觉做出反应。例如,他可能告诉自己,由于房价多年来一直在上涨,很可能会继续上涨,从而确保次级贷款违约率保持在低位[巴伯瑞斯(Barberis),2011]。

席勒(2012)对金融代理人的行为趋势进行了大量调查。他回顾了历史上的好几次危机,包括2007—2008年全球危机。通过对这些危机的分析,他试图得出一个更为普遍的资产泡沫理论。受益于查尔斯·金德尔伯格关于导致危机的认知扩散的思想,席勒将投机泡沫定义为:

> 这样一种情况,即价格上涨的消息刺激投资者的热情,这种情绪通过心理传染在人与人之间传播,在放大可能证明涨价合理性的故事的过程中,尽管投资者对投资的真实价值心存疑虑,但部分是出于嫉妒他人的成功,部分是因为赌徒的兴奋,越来越多的投资者被吸引了进来。

(席勒,2012年,第245页)

在导致危机的过程中,席勒特别强调了新闻媒体的作用,新闻媒体决定了公众舆论,并吸引人们关注特定的事件。它加强了反馈过程。这些可能会产生注意力级联反应。因此,人们将更加关注一个确定的事实。公众的认知被引导到某个特定点上,新的故事被讲述来证明价格上涨的合理性。因此,新人会参与到市场中。这就是为什么叙事会产生泡沫的原因。这就像一种传染病一样在四周传播。人们不断地讲故事以使其他人信服。这些故事被电视和报纸等媒体放大。积极的故事讲述主要源于这样一个事实,即模式的幻觉使我们期望过去的价格上涨(即使只上涨了很短的一段时间)会继续下去。大多数人忽视了过去那些在资产价格大幅上涨后以崩溃告终的例子。

实证研究表明,集体判断通常比个人判断更正确。也就是说,当人们集体决定某一主题时,其结果比个人做出的决定更有益。也许这就是为什么人们在做决定时经常使用"群众智慧"(wisdom of the crowd)的论点。然而,金融历史表明,这或许是不正确的,群体可能会走向错误的方向,随波逐流的人群可能会以崩溃告终。这背后的主要原因是信息级联。在金融市场上,人们通常按照顺序做出决策,以便第二个决策者能够观察到第一个决策者的决定,第三个决策者可以观察到第一个和第二个决策者的决定,等等。因此,通常发生的是故事的交换,而不是基本信息的交流。

在2007—2008年全球金融危机中,从众行为似乎也发挥了重要作用。不断增加的次级贷款尤其展现了人们的从众行为。当金融机构提供低息贷款时,家庭——即使是低收入家庭——开始接受这些贷款,因为它们观察到所有其他家庭也在接受这些贷款。

但单凭从众行为并不足以解释危机,因为从众行为无法解释为什么不同的群体在同一时间会表现出相同的行为。正如席勒(2005)所提到的,模仿他人并不是全球危机的关键因素;事实上,这些行为主体受到了一个共同环境的影响,即把房子视为一种提款机,把债券视为有利可图的资产。许多来自不同收入群体的人有这种想法。

在这种从众行为中,社会动机也会激励人们去购买别人买的东西。人们在买房时相互攀比,这种现象可以用"比阔气"这一俗语来概括。即使人们没有足够的收入来购买房屋或汽车等资产,他们也会借钱购买。正如金德尔伯格和阿利伯(2011)所提到的那样:"**没有什么比看到朋友发财更能扰乱一个人的幸福和判断力了。**"我们借更多的钱来增加支出的一个重要原因是,信贷使用在社会上得到了广泛认可,就像在最近的全球危机中发生的那样。就这一点而言,看到我们的邻居走出抵押贷款的房子,开着租来的汽车,用信用卡加油,就不再令人震惊了。

这种情况在某种程度上与社会心理学中的共享现实概念有关。共享现实概念起源于谢利夫(Sherif,1935)关于所谓的游动效应的社会心理学实验。在一项实验中,人们被要求在一个黑暗的房间里看着一盏静止不动的灯,并被问及他们看到了什么。过了一会儿,他们说看到了一个移动的光。但是,他们看到的光的移动方向不同,有人说它水平移动,有人说它垂直移动,等等。当他们开始互相谈论自己所看到的东西时,他们的想法融合,他们说看到了相同的移动。也就是说,分享想法会导致融合和共享现实的出现。

事实上,在正常时期,人们有不同的共享现实,相互平衡。净效应反映了对现实更准确的展现。这对于金融市场的参与者来说也是如此。他们对价格的共享现实可能会导致价格在经济上更健康,因为买家和卖家的共享现实将价格推向均衡水平。然而,这在繁荣时期很难实现,因为当资产价格在繁荣时期膨胀时,人们通常会忽视这一点;卖方和买方不考虑基本价值,而是关注资产的未来价值,这些价值与片面的共享现实不符。不断上涨的价格创造了更加乐观的预期,这反过来推动了新的资产购买,并导致与基本面的进一步背离。这种从众行为在最近的全球危机中可以观察到。这是由于推出了支持市场安全感的复杂金融产品,从而加速了这一进程。评级机构也参与了这一群体,并倾向于对公司和金融产品进行更高的评级(蒙哥马利,2011)。

正如我们所观察到的,在危机期间,会有大量借款。行为经济学家通过各种行为偏差来解释这种巨大而毫无根据的借贷。其中之一是现状偏见,也就是说,人们更喜欢当前的奖励而不是延迟的奖励。因此,人们大多数时候强调当前而不是未来。如果他们是乐观的,这种倾向就会变得更加强烈。通过下面的例子,我们可以更好地理解现状偏见。研究表明,如果一个人有现状偏见,他更有可能贷款购买电视机。这是因为奖励(电视机)是即时的,但成本(后期付款)是在以后进行的。实验表明,由于定期分期付款的金额相当低,产品的成本似乎更小了[加尔林等(Garling et al.),2009]。

从众行为不仅在非理性人群中普遍存在,在理性人群中也普遍存在。金融分析师根据他们自己的观点理性地做出决策,通常也会观察其他金融分析师。他们不希望彼此采取不同的行动。这主要源于他们对声誉损失(声誉风险)的恐惧,如果他们的决策与市场共识相反,他们的声誉就可能遭受损失。从众行为可以减少遗憾,因为模仿同伴的行为可以减轻责任,而这会让分析师感到舒服。此外,专家也倾向于根据决策者在独立处理信息时所面临的困难程度来模仿其他专家。如前所述,在复杂的金融系统中,信息级联在理性人士与专业人士之间也会有效。这导致他们的一致行为,而反过来又放大了经济和信贷周期。

请注意,当市场从兴奋期转向过度怀疑期时,从众行为会发挥重要作用。从兴奋到过度怀疑的转变可能是突然的。正如文献中所描述的,当市场上没有出现更大的傻瓜时,恐慌将蔓延到每一个人,价格也会大幅下降。一般来说,我们的恐慌反应(例如以超低价格出售资产、从银行提款或拒绝展期债务)最终可能会导致比我们保持原样更大的损失。当事情变得糟糕时,我们随大流的原因是另一个因素:缺乏协调。我们每一个个体都意识到了,采取行动可能会导致比不采取行动更大的损失。但正如凯恩斯在用选美比赛做类比时所指出的,个体的隐私信息没有他/她对他人期望的评价重要。[1]考虑到后者的不确定性,坐在那里猜测他人会做什么是比立即行动更糟糕的策略。因此,这会触发所有人的行动,当人们开始抛售股票或债券时,其他人最好也立即效仿。

在银行挤兑期间,也会观察到这种不确定性下的生理变化。不确定性的盛行使人们感到恐慌。这是几乎所有储户都会有的一种恐慌,他们都担心如果银

---

〔1〕凯恩斯在描述理性股市投资者的行为时,使用了一个虚构的报纸比赛的类比,这就是著名的选美博弈。这表明投资者可能会猜测其他投资者的想法,而不是他们自己的想法。凯恩斯认为,在股票市场内部也存在类似的行为。这将使人们不再根据他们自己认为的基本价值来给股票定价,而是根据其他人对股票价值的判断,或者其他人对股票平均估值的预测来给股票定价。

行倒闭,他们的钱会丢失。人们对银行的稳定性失去了信心,因为如果其他储户为了避免损失而预计会去银行取款的话,那么每一个储户都会跑到银行去挤兑。这就是自我实现预言的情况:如果人们把情境定义为真实的,那么它们的后果也会是真实的。因为一个错误的假设加上焦虑的储户的从众行为,使整个银行都陷入了严重的困境,这种想法让人感到担忧。戴蒙德和迪布维格(Diamond and Dybvig,1983)将银行挤兑情况描述为一种糟糕的均衡(多重均衡之一),在这种均衡中,每个人都预期银行的资产价值低于存款价值而要求索回存款。这一过程对所有参与者来说都是一个糟糕的结果,因为它会导致银行破产,从而通过贷款催收和传染效应中断实际经济过程。

历史上许多国家发生过银行挤兑。在19世纪和20世纪初(特别是大萧条时期)的美国银行业恐慌期间,这种现象很普遍。20世纪30年代采取的存款保险等政府政策大大降低了此类事件发生的可能性。然而,在保险是部分或不存在的情况下,银行挤兑仍然是金融危机背后的一个突出现象。近几十年来,新兴市场和发展中国家也经常发生大规模的挤兑,比如1997年亚洲金融危机期间的印度尼西亚。尽管在其他发达国家挤兑情况更为罕见,但北岩银行是一个有趣的案例,该银行是英国专门从事住房融资的一家银行。2007年,投资者在街上排队从他们的账户中取款。

事实上,非银行金融市场也可能发生大规模挤兑。例如,2008年秋在美国,共同基金的资产净值跌破了其票面价值。这引发了个人投资者的大量资金外流和许多其他共同基金的崩盘。其他专门从事特定资产类别(如新兴市场)的投资工具也经历了急剧的资金外流,因为投资者纷纷涌向发达国家政府债券等安全资产。在各国历史,特别是新兴国家的历史上,挤兑货币或货币外逃也是一种普遍现象。近年来,对外国货币(主要是美元)的无数次投机性攻击,导致许多新兴国家的货币大幅贬值。

贪婪和恐惧情绪在危机的发展和加深中也至关重要。贪婪主要使人们以高价购买资产,并阻止人们看到其风险行为的破坏性影响。事实证明,他们是风险爱好者,关注收益而不是可能的负面影响。相比之下,恐惧情绪会导致人们低价出售。在恐慌中,人们开始抛售自己的资产,当所有人都参与到恐慌环境中时,这又进一步降低了资产价格。

这一点在20世纪90年代末的科技股中明显可见。人们开始大量购买主要与互联网相关的股票。投资者贪婪地购买更多,这导致价格达到令人震惊的水平。它们进一步远离经济的基本面,导致了股市泡沫。在 21 世纪初期,股市泡沫很快就破裂了。另一个例子是,2006 年,在美国发行的新抵押贷款中,有 1/3 是针对第二、第三甚至第四套房产的。在"泡沫州"(bubble states)——佛罗里达州、亚利桑那州、加利福尼亚州,这一比例高达 45％。显然,这些不是华尔街或康涅狄格州黄金海岸的财富,但房地产投机已经成为一种大众运动。人们希望在短时间内变得富有,这使得他们不去考虑这种狂热中喧嚣的负面影响,或者如艾伦·格林斯潘(Alan Greenspan)所说的非理性繁荣。

与贪婪类似,恐惧也会产生毁灭性的影响。一旦金融资产价格大幅下跌,市场上所有参与者都会更加担心继续遭受进一步的损失。他们开始抛售资产。这反过来又会导致经济的进一步下降。这是一种放大机制,加剧了资产价格的下跌。人们通过去杠杆化以避免进一步下跌,抛售资产以偿还债务,从而导致价格的进一步下降。

这些心理放大机制主要与风险厌恶和模糊厌恶的概念相关。伴随着风险资产的投资损失,投资者的风险厌恶和模糊厌恶程度(不确定性的增加使人们更加谨慎)也急剧增加。[1] 他们希望通过减少风险资产的持有量来保护自己的福利,从而进一步压低这些资产的价格。

有些人想知道,如果恐慌没有来自经济基本面的依据,理性投资者们为什么不开始购买当前便宜的资产。他们之所以不能这样做的原因是抵押品有限。例如,当一家公司的股票被购买时,股价可能会持续下跌,并在很长一段时间内保持低位。这最终可能迫使投资者申请破产。这就是为什么凯恩斯会指出"**市场可以保持非理性的时间要比你我可以保持偿债能力的时间长得多**"[罗文斯坦(Lowenstein),2000]。因此,对每个个体来说,在市场恐慌中进行抛售是理性的反应。不幸的是,与上文提到的每个人都决定按兵不动来协调行动的情况相比,集体的结果要糟糕得多。这是囚徒困境的一个例子,这意味着对个体来说合理的东西对社会而言并不合理。

还有人认为,金融机构的薪酬和晋升制度是决定金融公司高管的主要动机

---

[1] 模糊厌恶也被称为埃尔斯伯格悖论。其基本观点是,人们通常更愿意承担他们已明确知晓赔率的风险,而不是在投注赔率完全模糊不清的情况下去承担风险。他们总是会选择已知概率而不是未知概率。也就是说,人们"更愿意选择他们已知的恶魔",而不是去承担一种结果难以或无法计算的风险。

的重要因素。这主要影响他们承担的风险水平。金融机构的薪酬结构可能取决于绩效或固定薪酬,或两者兼而有之。这些不同的薪酬结构会影响员工的冒险行为。例如,在根据绩效给予员工高额奖金的情况下,有证据表明,他们强调更多的短期利润。然而,研究也表明,当对冲基金经理将自己的资金投资资产时,他们的冒险行为要比投资他人的资金温和得多。

最后,学者们呢? 他们必须承担道德和科学责任,以警告整个国家即将到来的危机。然而,在这个领域,我们也有一些偏见。该领域的研究人员往往不知道可能导致事故的事态发展。例如,在1929年的股市崩盘前不久,一位重要的经济学家欧文·费雪表示:"股价已经达到了一个看似永久性的高位。我预计,几个月内,股市会比现在高得多。"一个类似的例子是,在1997年亚洲危机发生之前,世界银行将亚洲国家的经济定义为一个奇迹。伯南克在全球危机前(2005年)向美国国会作证时表示:"在国家层面,房价上涨主要反映了强劲的经济基本面。"在全球危机爆发前的2006年,房价甚至出现了明显的下跌迹象;许多经济学家不相信这会导致全国房价全面崩溃。尤金·法玛(Eugene Fama)在一次采访中提出了有效市场假说,他说:

> "泡沫"这个词让我发疯。房地产市场流动性较低,但人们在买房时非常谨慎。这通常是他们将做的最大投资,因此,他们非常仔细地四处查看并比较价格。

> (明尼阿波利斯联邦储备银行,2007)

7.6 经验证据:行为偏差与危机

在本节中,我们将更详细地讨论过去发生的各种不同的实证案例,在这些案例中,行为偏差可能会导致泡沫。这可以打开我们的视野,帮助我们了解心理原因在引发金融危机或扩大其经济成本维度中的作用。

资产泡沫有着悠久的历史,对行为经济学家来说一直是一个有趣的话题。泡沫是由某一事件或乐观预期引发的资产价格持续上涨的结果。一旦资产价格开始上涨,当看到同行从中受益时,就没有人能够阻止自己参与这场狂热。每个人都想分一杯羹。这吸引了更多不愿掉队的投资者。不管最初疯狂的刺激因素是什么,每个人进入市场都只是为了获取利润而买入。这一过程导致资产价格上涨。例如,在1637年郁金香泡沫的顶峰时期,一朵郁金香的售价为9万荷兰盾。这大约是当时一个富商年收入的100倍。

在18世纪初,南海公司的股票过度上涨,变成了泡沫。南海公司的股票在几个月内飙升了近10倍。整个英国都卷入了这场泡沫。股价上涨太多,赚了很多钱。但后来当股票价格暴跌时,大量的人就破产了。本杰明·格雷厄姆(Benjamin Graham)2006年出版的《聪明的投资者》(Intelligent Investor)一书中描述了一则轶事:这段时间里,甚至连著名科学家艾萨克·牛顿(Isaac Newton)都陷入了普遍的狂热之中。1720年,牛顿购买了该公司的股票,并在获得可观利润后将其出售。但仅仅就在几个月后,牛顿发现自己陷入了市场的狂热之中,他以更高的价格重新投入,损失了一大笔钱。在这件事之后,据说这位伟大的物理学家说他"可以计算天体的运动,但不能计算人们的疯狂"。

在最近的一个案例中,我们在美国20世纪90年代的互联网泡沫中看到了类似的过程。在1995—2000年间,出现了对互联网公司股票的过度投机。纳斯达克综合股价指数在2000年达到顶峰。但是,在很短的一段时间之后,它就崩溃了;也就是说,这些公司变得一文不值,因为它们要么破产,要么股价大幅下跌,数万亿美元的投资化为乌有。

互联网泡沫是低利率、容易获得信贷、市场过度自信和过度投机动机等因素共同作用的结果。焦虑的投资者搜寻名字后面带有"网址后缀"(.com)的公司股票。它们的估值并非基于盈利和利润等传统的经济基本面因素。也就是说,投资者没有考虑到这些因素,因为他们购买了甚至没有产生任何收入的公司的股票。但是,它们的股价在一天之内上涨了3—4倍。例如,Priceline.com是一家以低于购买价格出售机票的旅行社,该旅行社于1999年上市后,其股价在一天内从16美元上涨到85美元(涨幅达530%)。一个月后,其股价达到120美元,这使其成为该领域最有价值的公司[拉普(Rapp),2009]。

同样地,在20世纪80年代,日本也出现了估值过高、失去控制的情况。1989年,尽管当时日本国内生产总值不到美国国内生产总值的一半,日本公司的股票市值达到了最高值(约4万亿美元),相当于美国公司市值的1.5倍。当时日本的市值约为世界市值的40%。在这段经济狂热期内,市盈率(P/E)从低于25跃升至1989年的超过60[卡马洛丁(Kamalodin),2011]。

所有这些事件都表明,我们不一定是傻瓜,但当我们看到别人一天比一天富裕时,我们就会陷入泡沫。因此,即使我们觉得可能存在问题,也不想错过通往繁荣的火车(从众行为)。这表明,历史上所有不同时期和不同国家的这些泡沫,在某种程度上都与上述启发式偏见所支持的行为经济学讲故事的论点有关。好的故事(信息级联)强化了人们对泡沫的参与。故事是人类知识的重要组成部分。这种知识通过传染传播,并放大了人们对经济繁荣的热情。如前所述,至少作为危机的放大,积极的叙述——成功的故事——促进了进一步的金融投资。我们在20世纪20年代也观察到了这一点;大多数出版物推动了股票的购买,导致了1929年泡沫和经济的崩盘。

积极的故事讲述在股票分析师中尤为明显。麦肯锡(2010)的研究指出,金融专家过度乐观地估计标准普尔500指数过去25年的盈利增长率在10%—12%之间,但实际盈利增长率仅为6%。这意味着分析师的预测平均高出了近100%。如果看一下股票研究部门的"买入和持有"评级的数量,这种积极的想法也是显而易见的,这些评级通常远远超过"卖出"评级。

20世纪90年代末的亚洲危机也给出了与各种行为偏差相关的暗示,这些行为偏差相互影响,导致了经济崩溃。过度自信偏见就是其中之一。投资者过度自信地期望东南亚市场的价值更高,货币价值稳定。例如,由于利率较低,国内银行过去常常向外国银行借款。但令人震惊的是,尽管有贬值的可能性,外国银行对贷款却过于自信。它们甚至低估了泰国货币危机蔓延到印度尼西亚后的传染效应[上野(Ueno),2001]。亚洲国家过去的表现,以及诸如世界银行和国际货币基金组织等许多国际研究机构对这些国家经济成功的过分夸大,助长了这种过度自信。

历史经验似乎无助于减少过度自信的潜在危险。历史经验并不会使人们对过度自信的问题产生额外的认识。对此,我们可以列举好几个例子。其中之一就是20世纪80年代发生在日本的事情。日本银行同时经历了房地产和股市泡沫的崩溃。但它们在10年内就忘记了这一经历,陷入了东南亚国家的金融狂潮和资产价格的通胀之中。这些国家的银行变得不那么厌恶风险,并低估了这些国家所蕴含的风险,就像低估20世纪80年代它们自己的危机风险一样。这让我们想起了人们的偏见,人们通常会用这次情况不同的理由来解释。

同样地,代表性启发式也可以用来帮助我们理解20世纪90年代末的亚洲危机。根据这种启发式,感知是以一种组合的方式构建的,因此,人们将他们在一个类别中的感知扩展到其他类别中。例如,外国银行没有根据亚洲国家的差异来区分它们的贷款政策。它们将"新兴市场"(emerging markets)视为一个类别。例如,马来西亚和泰国虽然经济结构不同,但对它们来说是一样的。外国投资者涌向这些国家。但在这些国家的危机期间,我们也观察到了同样的启发式偏见。随着泰国危机的出现,外国投资者也采取了同样的行动。尽管这些地区的国家受到危机的影响有所不同,外国银行却突然从该地区的所有国家撤回了所有投资。

在某种程度上,锚定偏见也可以解释亚洲危机中外国投资者的认知结构。很多人观察到,在亚洲国家出现经济恶化后,外国投资者并没有改变他们的立场,因为他们仍然认为经济处于良好的框架内。这主要源于这样一个事实,即他们将过去的表现视为锚定。20世纪80年代末和90年代,我们在日本也观察到了类似的锚定现象。20世纪80年代,美国投资者认为日本的股票市盈率非常高,因为他们将美国的市盈率作为一个锚定基准。但在20世纪90年代,尽管日本的股票市盈率高于美国,他们却并不认为它很高,因为他们改变了锚定基准;由此,他们以20世纪80年代日本的市值作为锚定基准。

行为经济学家还使用各种启发式论点来理解21世纪前10年的后期美国和西班牙房地产市场的行为。正如上面多次提到的一样,家庭在预测未来时过度推断过去;这也发生在这些国家。然而,在这里我们需要说的是,家庭的过度推断不足以造成房地产泡沫。这是因为这些房子是通过广泛的借贷购买的。因此,过度推断偏见似乎也适用于贷款机构和评级机构。银行和其他金融机构向购房者提供了大量贷款,包括次级贷款。在证券化进程的诱导下,贷款继续发放。评级机构高估了这些证券,特别是因为房价上涨,它们将过去的经济表现推断到未来,并且无法正确评估未来次级贷款违约的可能性(巴伯瑞斯,2011)。

此外,在2007年全球危机爆发前的几年里,信用评级机构在行为方面犯了几个错误。它们无法完全评估风险结构。它们专注于个体借款人的多样性,这可以减少违约的概率。通过这种方式,可以消除个体借款人投资组合中独特的非系统性风险。事实上,这正是主流经济学中马科维茨的投资组合理论所暗示的。这项评估导致了这样一个事实,即它们认为有风险的债务抵押债券是安全的,并给予了很高的评级。因此,评级机构低估了系统性风险。它们不认为系统性风险甚至可能摧毁有效分散的投资组合。可能导致集体崩盘的负面冲击同时发生的情况被忽视,并被评估为不太可能。

美国次贷危机显示了另一种倾向,这种倾向促成了危机的发生。这主要与为什么家庭在没有收入、没有财富和没有工作的情况下仍购买房屋的问题有关。家庭似乎主要是被金融公司说服了,相信房价会上涨这一事实。行为经济学家通过现状偏见来解释这一点,即人们大多数时候强调当前而不是未来。例如,在2007—2008年发生的危机中,优惠利率吸引了人们去承担更多的风险,而没有考虑到未来可能的支付困难。这是因为回报(买了房)是立竿见影的,但成本(以后付款)是后来才需要人们承受的。

金融机构的薪酬和晋升制度是影响企业金融高管冒险行为的另一个因素。在美国2007—2008年全球危机爆发前的几年里,金融公司的激励机制加剧了其金融高管的冒险行为。正如欧盟委员会(2009)的报告所证明的那样,金融部门内部设计不良的薪酬结构导致了过度冒险的行为和金融公司高管的短视。这对经济体的长期表现产生了负面影响。例如,投资银行瑞银(UBS)根据其向员工提供的激励结构评估了其损失(次级抵押贷款损失约187亿美元)。由于其费用结构导致员工为了在短时间内获得更多收益而承担更多的风险,其管理人员参与了风险更大的活动。当他们购买风险较高的债务抵押债券时,相对于风险较小和更安全的资产,他们获得的报酬要高出3—4倍。

相比之下,法国银行巨头法国巴黎银行在2007—2008年全球危机爆发前采取了更加谨慎和保守的风险承担政策。但这使它与德意志银行和法国兴业银行等收益过大的其他银行相比竞争力下降了。这些银行使用诸如或有奖金和股票期权等多样化的激励机制,诱使企业高管也寻求短期利润。这些机制并不关心高管人员行为的长期后果。事实上,股东的要求也迫使管理者参与进来,以获得更多的短期利润。因此,法国巴黎银行因其冒险行为较少而受到批评,导致股价停滞和利润下降。股东们试图更换银行的高级管理人员。但在金融危机期间,我们可以看到法国巴黎银行的表现比其他两家银行要好得多。

7.7 结　语

行为方法的主要论点是,使用理性假设是不可能理解和做出合理的预测的。基于这一假设的经济模型并不能帮助我们理解市场结果的偏差,尤其是在金融危机期间。人们所拥有的与理性相矛盾的启发式和偏见是普遍存在的,而且符合真实的观察结果。因此,它们不再被人们忽视,也不再被人们视为异常行为。

主流经济学理论主要假设了人类思维方式的三个特征,即"无限理性"(unbounded rationality)、"无限意志力"(unbounded willpower)和"无限自私"(unbounded selfishness)。然而,人们普遍认为,这些做法并不现实。行为经济学限制了这种无界性,并将其与现实主义的合理边界联系在了一起。这使得行为视角对于理解金融危机背后的机制以及经济在正常时期的运行至关重要。

从这个意义上说,心理学视角可以用来补充经济学提供的视角。为此,我们可以列出三个主题。首先,认知偏差在一般意义上的人类行为中普遍存在,尤其是在经济学中。其次,认知偏差可以通过各种认知或结构工具来缓解。最后,经济行为不仅与个人行为有关,而且发生在集体环境中,如从众行为。

行为经济学的政策含义是有价值的,尤其是为了指导任何经济体中行为体之间的分散互动,这有可能导致金融混乱。因此,我们必须提及,应该存在一种外部约束来限制那些主要关注的不是优化社会福利的市场。市场可能包含不完美、效率低下和市场代理人的心理偏见,如贪婪、从众行为、恐惧、无知、人与人之间的竞争(嫉妒)以及上文提到的许多其他偏见。了解它们可以帮助我们构建更具弹性的经济结构。然而,如果我们将危机的原因归结为行为偏差,我们就无法理解本书不同章节中讨论的在危机发展中发挥关键作用的其他结构性机制。我们必须以更全面的方式考虑问题。

第 8 章　全球失衡与危机

8.1　导　论

在 2007—2008 年全球金融危机爆发之前,全球失衡的问题一直备受争议。从那时起,全球失衡就一直出现在经济学家和从业者的议事日程上。"全球失衡"一词主要被用来描述大型经济体的外部失衡状况,这些失衡会导致全球经济的中断,甚至引发严重的危机。在这里,我们使用"外部失衡"一词不仅意味着经常账户失衡,还意味着全球范围内巨大的金融资本流动。

近几十年来,尽管美国经济出现了巨额的贸易逆差,但诸如中国、日本和德国等好几个其他大国也出现了大量的贸易顺差。这一巧合反映了一些重要问题。也就是说,全球大国之间这种独特的贸易结构凸显了许多相关问题,例如这些国家不同的经济增长模式、资本流动方向以及过度消费和借贷等问题。

在 2007—2008 年全球金融危机爆发之前,全球失衡已被人们广泛接受,甚至连意识形态倾向不同的分析人士也承认了这一点。例如,就连科斯塔斯·拉帕维托萨斯(Costas Lapavitsas)也从马克思主义的角度提到,新兴经济体的储蓄者向美国的资本流动导致了廉价货币。美国经济泡沫中金融资产的通货膨胀是由这些国家的资本流动来支撑的。也就是说,新兴市场国家的储蓄超过投资——表现为贸易顺差——流向了贸易逆差国家,尤其是美国。这反过来导致了利率的降低和贷款的自然增加,进而带动了更多的消费,主要是在美国的消费。这种由全球失衡引发的机制,埋下了全球金融危机的种子。这是全球失衡观点的主要论点。在本章中,我们将论证一些方法的有效性。这些方法表明,历史上的金融危机,尤其是2007—2008年的全球金融危机,主要是由全球失衡造成的。

8.2 全球失衡

8.2.1 国际贸易和金融的历史趋势

国际资本流动在近代历史上呈现出不同的趋势。从19世纪70年代开始直到第一次世界大战,国际贸易和金融处于非常高的水平,没有任何经济和政治障碍阻碍它们。通信和运输方面的技术改进也进一步加速了这一进程。然而,在两次世界大战期间,特别是在20世纪30年代,各国实施了自给自足的政策,这种情况一直持续到20世纪70年代。自20世纪80年代以来,出现了一种新的全球化,这种全球化类似于第一次世界大战之前的状态,其方式是一个促进更自由的贸易和金融资本的新自由主义环境得到了集中发展。因此,在这一漫长的时期内,国际资本流动呈U形。图8.1显示了过去两个世纪国际资本流动的趋势。

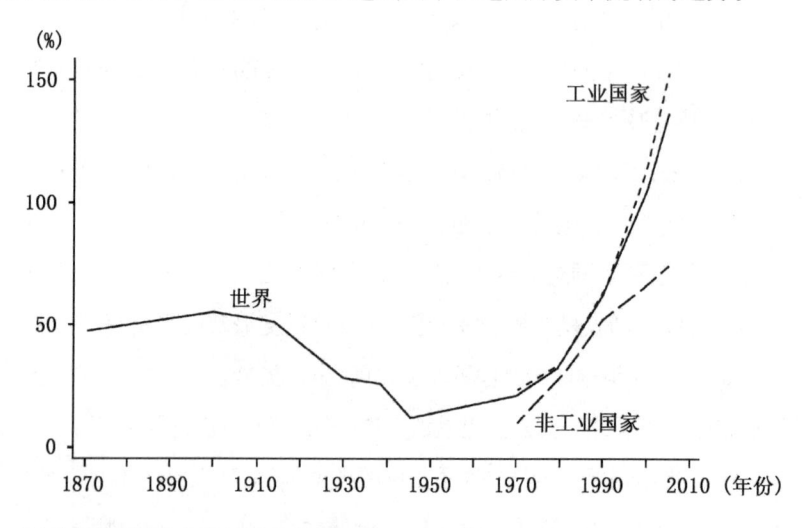

资料来源:莱因哈特和罗戈夫(2009)。

图8.1 过去两个世纪资本流动情况(外部资产占国内生产总值的百分比)

在金融危机事件中,我们观察到了与资本流动类似的历史模式(莱因哈特和罗戈夫,2009)。金融不稳定是19世纪晚期所有发达经济体的一个正常特征;这一特征一直延续到20世纪30年代,当时危机的强度在大萧条期间达到了历史最高水平。但从20世纪40年代到70年代初,世界上几乎没有发生过金融危机,新兴市场出现过几次危机,但发达经济体根本没有。

自国际贸易普及以来,全球失衡就一直存在。英国、法国和德国等国家在20世纪初就出现过相当大的贸易逆差。然而,第二次世界大战以后,这些国家在国际贸易中的霸主地位就被美国所取代了。美国成为世界上最大的债权国主要是因为马歇尔计划。这种情况贯穿了布雷顿森林体系的整个时期,德国和日本也在同一时期开始出现经常账户盈余。

然而,布雷顿森林体系的终结、20世纪70年代的石油危机、20世纪80年代南美洲国家不断增长的债务(主要由美国银行提供资金)、20世纪80年代初里根政府的减税措施以及流向美国经济的资本增加等事件导致了美国地位的变化。从1982年开始,美国一直处于债务国的地位。到了20世纪末,亚洲地区变得越来越重要,尤其是中国。20世纪90年代末的亚洲金融危机以及该地区各国进一步增加出口的政策转变,对经历过这场危机的亚洲国家来说是一个关键时刻。它们对贸易政策变得更加谨慎,并致力于积累更多的经常账户盈余。因此,进入21世纪后,各国改变了其在国际贸易中的债权人和债务人角色。这可以从表8.1中看到。

表8.1　　　　　　　　国际贸易中的债权人和债务人角色

时间周期	债权人	债务人
金本位制	发达	新兴
布雷顿森林体系	—	—
20世纪70年代	新兴	新兴
20世纪80年代	发达	发达
20世纪90年代	发达	新兴
21世纪头10年	新兴	发达

资料来源:布拉克等(Bracke et al.,2008)。

2007—2008年全球金融危机前的贸易平衡情况如图8.2所示。正如我们所看到的,只有美国出现了巨额赤字,还有少数几个国家和地区拥有巨额经常账户盈余——中国内地、德国和日本。这是2007—2008年金融危机前全球失衡的图景。它显示了世界贸易失衡的扭曲状态。美国的赤字非常巨大,2007年达到了 7 180 亿美元。中国内地、德国和日本的盈余超过了 2 000 亿美元(这是每个国家和地区的贸易顺差,而不是总额)。在这些国家和地区之后,沙特阿拉伯和俄罗斯等石油出口国拥有的盈余最大[布莱克尔(Blecker),2011]。这些数字表明,事实上,全球失衡是一个用词不当的说法,因为拥有巨额盈余的是少数,而拥有巨额赤字的只有一个。因此,这只是几个国家和地区之间的事情。这种情况在欧盟内部也是有效的。尽管个别国家存在相对较大的盈余或赤字,但它们之间相互平衡,近年来欧盟内部没有出现严重的贸易失衡。这意味着,全球失衡的概念主要与美国和东亚国家的情况有关,而不是与欧盟内部或资源富国和穷国之间的失衡有关,后者的失衡程度要小得多。

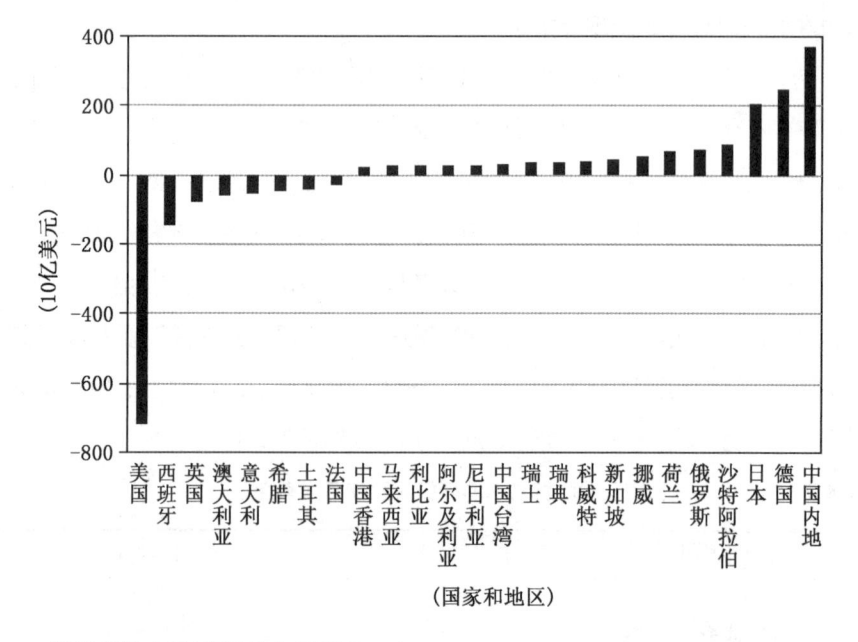

资料来源:国际货币基金组织(2010)。

图 8.2　2007 年经常账户失衡的国家和地区

为了更好地了解最近全球失衡的戏剧性发展,我们可以看一下 1996—2006 年这段时间的情况。从 1996 年(亚洲金融危机爆发前)到 2006 年(全球金融危机爆发前)期间,全球失衡达到了顶峰,大约是世界生产总值的 5 倍。事实上,在此期间,出现了三类盈余国家:第一种是新兴亚洲国家,如中国和该地区的其他国家;第二种是老龄化的高收入、出口导向型国家,如德国和日本;第三种是石油出口国,如海湾国家、俄罗斯和挪威。但另一方面,也出现了两类贸易逆差的国家,即美国和欧洲周边国家。

在此期间,贸易不平衡的规模显著增加:1996 年,所有盈余国家的经常账户盈余累计达到了 2 980 亿美元,其中前十大国家贡献了 2 280 亿美元。到 2006 年,该总额已增至 15 270 亿美元,其中前十名贡献了 10 370 亿美元。日本是最大的盈余国家,该国在 1996 年盈余只有 660 亿美元,其次是意大利,盈余 390 亿美元。然而,2006 年,中国成为最大的盈余国家,拥有 2 320 亿美元,其次是德国(拥有 1 820 亿美元)和日本(拥有 1 710 亿美元)。经常账户余额和净资本流动(经常账户余额的镜像)发生了变化[沃尔夫(Wolf),2014]。

8.2.2 美国和世界其他地区的全球失衡

21 世纪头 10 年的全球失衡主要与美国的贸易逆差有关,美国的贸易逆差几乎等同于世界其他地区贸易顺差的总额。表 8.2 给出了 2007 年(全球危机爆发前的高峰年份)美国对各地区的商品贸易逆差。这表明美国对所有大国和地区都存在贸易逆差。

表 8.2　　　　　　　　2007 年美国商品贸易逆差分解　　　　单位:10 亿美元,%

总额	−808.8	100.0
太平洋沿岸地区	−372.3	46.0
中国	−258.5	32.0
加拿大和墨西哥	−143.0	17.7
欧盟	−110.2	13.6
石油输出国组织	−117.2	14.5
其他	192.4	23.8

资料来源:国际货币基金组织的统计数据。

有许多国家和地区在与美国的贸易中持续保持巨额贸易顺差。这些国家和地区主要是德国、日本、中国大陆、韩国和中国台湾地区。它们的主要特点是追求出口导向型增长模式。因此,它们的增长战略与美国经济的特点之间也存在联系。也就是说,美国经济提供了这些国家和地区的外部需求,并鼓励它们进行更多投资。

图 8.3 显示,全球经济主要有三个不同的经济区域:美国经济、平衡贸易型经济体和出口导向型经济体。环太平洋地区(包括中国)和欧元区(尤其是德国)基本上是出口导向型经济体。它们对美国和其他平衡贸易型经济体保持贸易顺差。美国对平衡贸易型经济体和出口导向型经济体都存在贸易逆差。净头寸是

指美国有贸易逆差,出口导向型经济体有大量贸易顺差,而平衡贸易型经济体则接近贸易平衡。

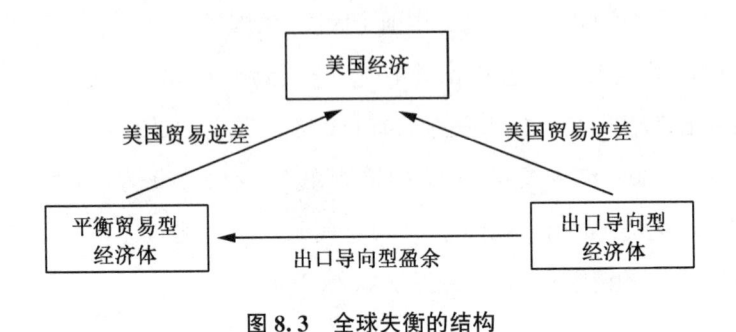

图 8.3　全球失衡的结构

全球失衡反映了总资本流入与流出之间的差异。在赤字方面,美国的投资超过了国内储蓄;但在盈余方面,新兴亚洲国家的储蓄超过了投资,即美国资产在这些国家手中的积累。因此,它们为美国的赤字提供了资金。在20世纪80年代至90年代初期,这些不平衡没有发生很大变化,但自90年代后半期以来增加了约两倍。图8.4显示了从20世纪90年代中期开始美国经常账户赤字的发展(以绝对值计算)。很明显,2006年美国经常账户赤字达到了5%的最高值。

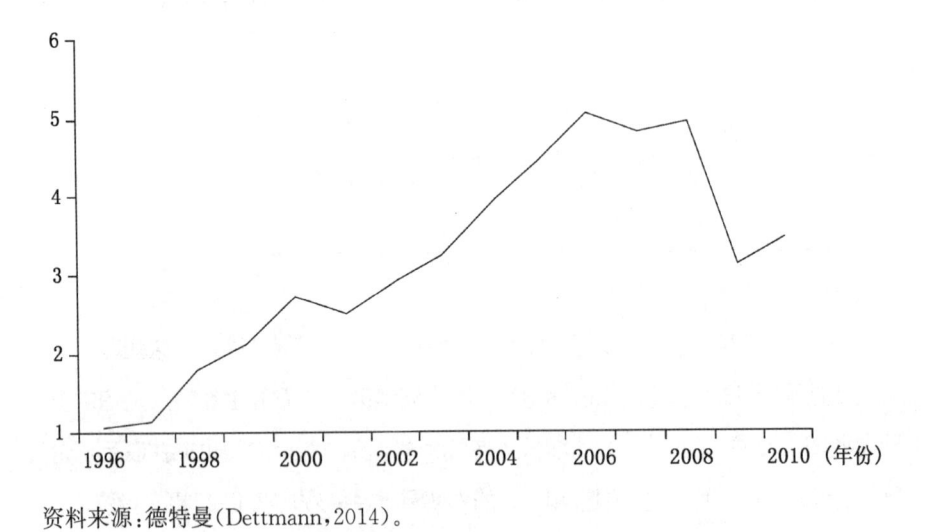

资料来源:德特曼(Dettmann,2014)。

图 8.4　美国经常账户与国内生产总值之比(绝对值)

根据布兰查德和米勒斯—法拉提(Blanchard and Milesi-Ferretti,2009)的说法,直到2006年,美国不断扩大的经常账户赤字是不同地区两种截然不同的发展的结果。其中之一是美国发生的情况。在21世纪头10年,直到经济危机爆发之前,美国的经济增长强劲,投资超过了储蓄。另一个是1997年经济危机爆发后亚洲国家的发展情况。此次危机过后,亚洲国家的投资动机下降了,储蓄因而超过了投资。因此,美国的投资是由亚洲国家的储蓄提供资金的。

不同国家的储蓄和投资模式为我们提供了追踪这些国家资本流动和经常账户状况的信息。在过去的10年中,东亚国家和石油生产国作为贸易顺差国家,其投资储蓄率一直很高且在不断增加;而主要作为贸易逆差国家的美国,其投资储蓄率却一直处于低位且还在不断下降。

从2002年到2007年经济危机期间,经济活动和国际资本流动激增,全球失衡加剧。美国的经常账户赤字进一步恶化。根据布兰查德和米勒斯—法拉提(2009)的说法,在2000-2004年间,这种情况的出现主要是由于美国公共储蓄下降——美国私人储蓄相当稳定。然而,从2004年开始,家庭储蓄率急剧下降,投资增加。因此,直到2005年,美国的经常账户赤字进一步增加。2006年,储蓄率进一步下降导致经常账户赤字达到最大值。

2007-2008年金融危机爆发之前不断扩大的全球失衡与之前不断扩大的全球失衡(如两次世界大战期间或布雷顿森林体系崩溃后的全球失衡)不同。根据布拉克等(2008)的说法,涉及全球失衡的问题,2007-2008年金融危机爆发之前的全球失衡有三大不同之处。第一,在2007-2008年金融危机爆发之前,有更多的国家出现盈余。除了日本和德国等传统盈余国家之外,中国等新兴国家也加入了进来。然而,在赤字方面,与早期相比,分散性较小。仅有一个国家——美国——成为不断扩大的赤字来源。这意味着世界经济越来越依赖于单个国家吸收世界过剩储蓄的能力。第二,近几十年来,金融全球化进程加速,资本流动已达巨额数量。第三,不同区域在储蓄方面的不同发展很重要。在伯南克(2004)定义的大温和时期,美国波动性下降,增长趋势强劲,导致预防性储蓄下降,但1997年爆发的亚洲危机却使亚洲国家增加了其预防性储蓄。

事实上,在全球储蓄、投资和资本流动模式发生巨大变化的背后有着更深层次的力量。三个基本转变可以解释这些发展。首先是向经济自由化的转变,即接受市场作为经济生活的组织原则。在20世纪70年代,所有发达国家对产品、劳动力和金融市场的监管都很普遍。在美国和英国,高收入边际税率都在70%以上。尽管高收入国家在20世纪50年代、60年代和70年代大幅放开了货物贸易,但服务贸易仍然受到高度限制,大多数国家保留了外汇管制。在发展中经济体,对市场的控制要广泛得多。许多经济体的工业公有制水平也很高。发展中经济体还对贸易和资本流动施加了全面壁垒。

政治和经济发展改变了封闭和高度管制的经济体,并将其转变为自由化的经济体。最重要的变化之一是中国的改革开放政策。玛格丽特·撒切尔(Margaret Thatcher)和罗纳德·里根分别于1979年和1980年上台,他们在高收入国家开始了一场重大变革,包括将以前的公有公司私有化。乌拉圭回合多边贸易谈判于1994年完成。1995年1月,关税及贸易总协定(GATT)变身为世界贸易组织(WTO)。随后,中国于2001年加入世贸组织。这加速了国际贸易。

全球变革的第二个来源是技术进步。集装箱船和大容量空运的发展和改进意义重大。信息和通信技术的改进——特别是计算机化和互联网的改进——具有更大的意义。这些重大发展显著改变了世界各地的生产结构。这反过来又为出口导向型制造业(主要来自中国)和出口导向型信息技术服务(主要来自印度)的快速发展创造了机会。

转型的第三个来源是将生产从发达国家转移到低成本生产国。伴随着这一变化,新兴经济体的储蓄行为也发生了转变,它们奉行储蓄和出口盈余增长战略。中国迅速成长为最大的制造业生产国和出口国。这是自工业革命以来,相对贫穷的发展中经济体首次在世界生产和贸易中发挥如此巨大的作用。这主要是自由化和信息技术所导致的世界生产结构全球化和一体化的结果。这种状况主要是由系统性低估的货币来维持;工资增长相对较低,因此工资在国民收入中所占的比例较低;金融抑制创造了低利率,为实体公司提供廉价信贷。

在21世纪的头10年里,不同因素在很大程度上影响了新兴国家的储蓄和投资行为。在1997—1998年爆发亚洲金融危机后不久,受危机影响的国家便立即改变了投资和储蓄行为。这些国家——如印度尼西亚、韩国、马来西亚、菲律宾和泰国等——减少了10%左右对国内生产总值的投资。然而,尤其是在德国和石油出口国,更多的是储蓄过剩。在德国,投资疲软,而利润和家庭储蓄却很高。在石油出口国,油价上涨带来的收入(主要是来自中国的需求增加)导致储蓄增加。中国在21世纪的头10年里投资和储蓄都有巨幅增长。中国经济学家林毅夫(Justin Lin,2013)认为,中国的经济结构解释了国民储蓄率极高的原因,2008年中国的国民储蓄率远远超过国内生产总值的50%。政府和企业储蓄约占这些储蓄的

60%,家庭储蓄占据了其余部分。特别是企业,其储蓄约占国民储蓄总额的 40%。这是因为经济的政策和结构特征将收入从家庭转移到了企业。

在这里,我们可以问为什么这些国家最终会出现高储蓄盈余,并由此产生大量的经常账户盈余。我们很难明确地回答这一发展,因为有好几个相互依存和共存的因素。这可能是因为它们更重视生产而不是消费。或许它们认为有必要通过成为净债权人来降低风险,中国也是如此。它们可能将出口市场的成功视为和平经济战的胜利。可能是第二次世界大战后出口驱动的增长塑造了它们之后的经济结构。总的来说,结果可能是由所有这些因素决定的。

8.2.3 欧元区的内部失衡

欧元区是一个大型跨国经济体,是仅次于美国的世界第二大经济体。例如,在 2016 年,以市场价格计算,欧元区国内生产总值略低于美国国内生产总值的 80%。同美国与新兴亚洲之间存在贸易失衡的事实类似,欧盟内部也存在贸易失衡。德国、比利时和丹麦等北方国家对意大利、西班牙、葡萄牙和希腊等南方国家有贸易顺差。

图 8.5 显示了欧盟外围国家(该术语用来指意大利、葡萄牙、爱尔兰、西班牙和希腊)和德国的经常账户发展情况。它表明,随着 2002 年欧元的引入,经常账户失衡开始在欧盟出现。当欧盟外围国家的经常账户赤字增加时,德国(欧盟内部最大的顺差国家)的经常账户盈余却增加了。这种情况一直持续到 2007—2008 年全球金融危机爆发。在这一过程中,希腊和葡萄牙等国家的经常账户赤字更为严重,而意大利和爱尔兰等其他外围国家则没有受到如此严重的影响。

与世界上以前的其他失衡相比,欧元区的失衡有着不同的特点。在其他失衡的情况下,出现赤字的国家使用另一种货币作为储备货币,通常是美元。然而,在欧元区,受失衡影响严重的国家使用的货币与其货币区中心——德国——使用的货币相同,德国对这些国家存在顺差。也就是说,尽管有一个中心,但货币区是以对称的方式构建的。有一家独立的中央银行——欧洲中央银行(ECB),它遵循欧元区的货币政策。因此,没有一个欧盟国家能够为自己的国家目的实施货币政策。从这个意义上讲,欧元危机不同于其他经常账户危机,因为欧盟的赤字国家以本国货币负债,而这些国家无法完全控制这些货币;也就是说,它们不能只是将债务货币化。

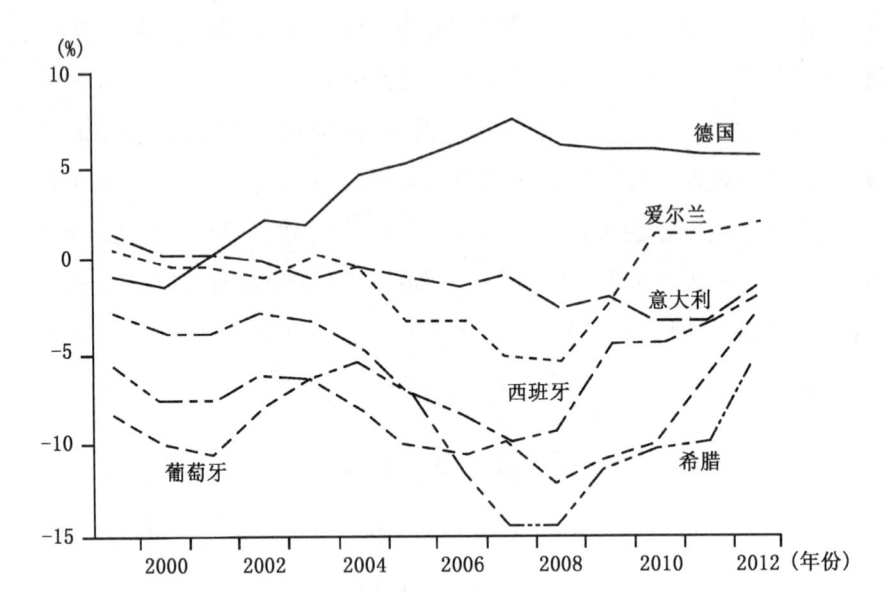

图 8.5　欧盟外围国家和德国的经常账户（占国内生产总值的百分比）

资料来源：国际货币基金组织（2012）。

欧元区内部的失衡类似于全球经常账户失衡，即东亚国家与美国之间的失衡。然而，这些失衡不如中美之间的全球失衡那么严重。此外，如图 8.6 所示，欧元区的外部经常账户在 2007—2008 年金融危机前几年基本保持平衡。因此，欧盟对全球失衡的贡献并不大。但这并不意味着全球失衡对欧盟内部失衡的影响不显著。

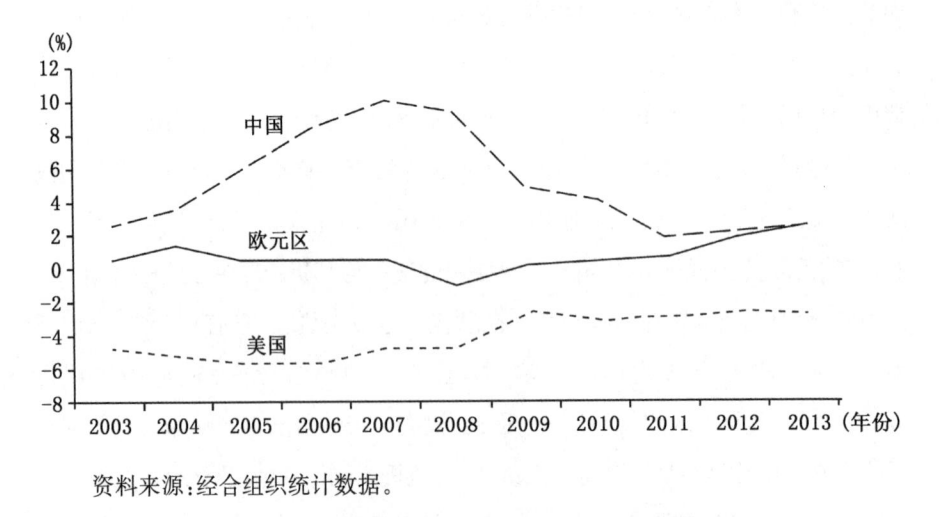

资料来源：经合组织统计数据。

图 8.6　经常账户状况（占国内生产总值的百分比）

随着中国在2001年加入世界贸易组织,其重要性日益提高,并以不同的方式影响了欧盟国家的贸易结构。由于中国从德国进口得更多,尤其是机械,中国的存在对德国产生了积极的影响。然而,由于中国在低技术产品方面与其周边国家竞争,导致它们遭受了严重打击。这意味着对欧盟国家产生不对称贸易冲击。也就是说,尽管德国对非欧盟国家的出口在2000—2008年间增长了两倍,但外围国家对这些国家的出口却没有任何变化。在此期间,德国对中国和金砖四国(巴西、俄罗斯、印度、中国)的出口增长了两倍多(德特曼,2014)。

在2001—2008年间,欧元对美元和日元等重要货币升值。然而,即使其他外围国家受到这一发展的严重影响,却并没有影响德国的出口表现。这可能是因为德国中高科技产品的价格弹性较低,但低技术的外围产品价格弹性却相对较高。

到目前为止,我们还只是关注了这个问题的经常账户方面,即贸易方面。然而,欧元区资本市场的失衡也普遍存在。在21世纪的头10年,美联储奉行低利率政策。欧洲央行担心这一政策会让欧元升值。因此,考虑到这一点,欧洲央行采取了外围国家认为较低而中央国家认为较高的利率政策。这导致资本从北方流向南方,即向外围国家流动。欧元区的资本流动导致这些国家的资产价格大幅上涨。通过这种方式,欧洲银行加速了西班牙和爱尔兰等欧元区外围国家的房地产泡沫,在泡沫期间,这些国家的房价年平均涨幅徘徊在8%—12%,远高于危机前美国4.6%左右的涨幅[林毅夫和特雷克尔(Lin and Treichel),2012]。

事实上,欧元区的资本流动比表面看起来要复杂得多。这是因为拥有贸易顺差的欧盟之外的国家将资金投资于欧盟核心国家,而这些核心国家又将资金借给了其外围国家。因此,流向外围国家的资本多于它们对欧盟核心国家的贸易逆差。这就好像核心国家的银行充当了欧盟以外资本流动的中介。以德国为例,其经常账户盈余的规模对欧盟与世界其他国家大致相同,但其对欧盟的金融账户盈余则要大得多。

欧洲内部的资金流动似乎是整个世界经济中更广泛的资金循环的一部分。如果我们关注欧洲内部的资金流动,可以很明显地看到,尽管德国拥有强大的出口实力,但它并没有主导欧洲金融体系。德国并不是最大的净贷款国。它的地位就像中国与美国经济的关系一样。但欧洲内部的资金流动并没有像在世界经济中那样映射到贸易上。也就是说,尽管德国是最大的汽车和机械出口国,但欧洲其他国家在银行业和金融领域占据了优势。特别是英国、法国和爱尔兰,它们成为金融活动的中心。伦敦金融城是世界各地银行的聚集地,是每个欧元区成员国的主要金融合作伙伴。法国和比荷卢经济联盟尤为重要,因为它们是资金从外部流入欧元区的渠道。美国和世界其他地区的其他贷款机构显然更倾向于与法国、荷兰和比利时的知名同行开展业务,这些贷款机构随后将资金输送到欧洲外围国家。

在2007年之前,从亚洲流向美国的净资金流可以合理地解释为美国对亚洲贸易逆差的对应资金。资本单向流动,从亚洲流向美国,大致相当于两者之间的贸易逆差。但欧洲与美国之间的资金流动完全独立于两者之间的贸易联系。在此期间,欧盟与美国之间的贸易相对平衡。资本是双向流动的,从美国到欧盟,再从欧盟到美国。流动的规模远远超过两者之间的贸易,这几乎是平衡的。欧洲银行从美国大量购买了所谓的有毒证券。相比之下,中国更倾向于不购买这些证券,而是购买与贸易逆差大致相当的美国国债。如果我们不看流入和流出美国的资本净流量(流入减去流出),而是看记录在每个方向上有多少资产被买卖的总流动,我们就可以看出美国与欧盟之间的资本流动规模。正如总流入数据所显示的那样,到目前为止,美国资产的最大买家和危机前美国最大的外国贷款机构不是亚洲的,而是欧洲的。事实上,2007年,从英国流向美国的资金大约是中国的两倍[图兹(Tooze),2018]。

最后,我们必须回答是什么导致了欧元区内部的失衡。似乎主要发生了三个重要的发展态势。其中第一个发展是德国以经常账户盈余的形式向外部失衡的巨大转变。在20世纪90年代,再次统一后的德国出现了高额的财政赤字。到90年代末,随着统一后旧东德的基础设施支出的结束,紧缩政府财政的愿望变得强烈起来。此外,在这10年的大部分时间里,德国甚至出现了适度的经常账户赤字。随着时间的推移,德国改变了这一点。首先,它有经常账户盈余,即私人储蓄超过投资。其次,它提高了竞争力:降低工资涨幅,从而使实际工资的增长速度比生产率的增长速度更慢。随着时间的推移,这将使德国传统上强大的制造业出口部门变得更具竞争力。

此外,德国劳动力市场的改革是在21世纪初由政府引入推行的。德国雇员的工资受到限制,因此国内消费受到限制。这反过来又为制造业增加了出口。这是以其他制造业国家为代价的。因此,德国资本家成功地限制了工资,并遏制了工会的主导地位,从而赢得了对底层的竞争。单位劳动力成本的不同路径表明,与外围国家相比,德国的竞争力有所提高。这里有必要强调的是,德国的竞争力主要是由于保持了较低的劳动力成本,因为德国在这段时间内的生产率增长一直很低,实际上比除西班牙以外的外围国家更弱。

第二个发展是金融一体化。在 20 世纪 90 年代中期,意大利和西班牙政府债券的收益率与德国债券的收益率之间的利差为 5-6 个百分点。这些利差在引入欧元后很快就消失了,直到 2010 年爆发危机。也就是说,投资者不再使用任何国家风险的概念。这些国家的人民享受由此带来的借贷机会。除了希腊,那些利用这些机会的人绝大多数在私营部门。低利率使银行能够在银行间市场上廉价地获得以欧元计价的流动性。考虑到低利率带来的廉价融资,外围国家的银行过度增加了贷款,尤其是在 2005 年之后。简言之,外围国家的银行在外部产生债务,进而转化为国内贷款;它们还借此机会在国际上扩大活动。

外围国家在利用流入本国的资本的方式上各不相同。希腊和葡萄牙将资本流入(即债务)用于当前的消费目的,而爱尔兰和西班牙则将这些流入的资本主要用于建筑行业的投资。因此,消费和投资的增加推动了这些国家的经济增长。然而,这些流入的资金并没有流向更具生产力的投资,即可贸易部门。

因此,外围国家在这方面的金融化导致了国内和国际债务的大量积累。由于外围国家的国际竞争力下降,导致经常账户赤字,外围国家在欧洲央行低利率的基础上增加了国内信贷,其中大部分用于家庭和房地产投资;与此同时,国内储蓄仍然保持着下降的势头。因此,美国经济泡沫的重要方面开始在欧元区外围重现。西班牙、葡萄牙和希腊的私人债务是外围国家债务最严重增长的原因。随着外围国家主权债务开始升级,债券市场逐渐意识到外围国家的债务与核心国家的债务质量不一样。甚至更糟糕的是,2009 年末,欧元区核心国家显然不准备偿还外围国家的公共债务。因此,希腊、爱尔兰和葡萄牙在 2010-2011 年逐渐被国际债券市场拒之门外。此外,西班牙和意大利两国都处于日益危险的境地。因此,金融化危机变成了主权债务危机,主要是因为外围国家借入了一种看似是国内但实际上是国外的货币——欧元。

第三个发展是欧洲央行遵循了旨在稳定整个欧元区的通胀率的货币政策。德国国内需求的下降只能通过扩大其他地区的需求来解决。这种情况发生在一些国家,这些国家因加入欧元区而获得的超低利率将推动巨大的信贷繁荣。

"债权国欧元区"(Creditor Eurozone,盈余国家,主要是德国)日益增长的生产过剩与"债务国欧元区"(Debtor Eurozone,赤字国家,即外围国家)日益增长的需求过剩完全匹配。债权国欧元区的可贸易商品相对于国内需求的盈余不断增加，与债务国欧元区的可贸易商品相对于国内需求的短缺不断增加是匹配的(沃尔夫，2014)。这反过来又导致了这样一个事实，即债务国欧元区的投资热潮以非贸易商品和服务投资的形式出现，尤其是与房地产相关的投资，因为在国内市场上最具竞争力的可贸易商品供应商是债权国欧元区的供应商。

8.3 全球失衡：一些理论解释

全球失衡可能是经济学家和政策制定者面临的最复杂的宏观经济问题之一。在许多国家，全球失衡来自许多因素，从储蓄到投资，再到投资组合决策。正如布兰查德和米勒斯—法拉提(2009)所指出的：

> 储蓄模式、投资模式和投资组合选择的这些跨国差异在一定程度上是"好"的——这是发展水平、人口模式和其他基本经济基础差异的自然反映。但它们在一定程度上也是"不好"的，因为它们反映了国家和国际层面的扭曲、外部性和风险。

有好几种假说试图解释全球失衡。这些假说主要有双赤字、储蓄不足、储蓄过剩、资产短缺和储备货币。我们将在下面依次对它们进行简短的讨论。

8.3.1 双赤字假说

双赤字假说在20世纪80年代变得突出。它主要提出，一个国家的政府预算余额与其经常账户余额之间存在着强烈的因果关系。

从宏观经济会计定义中，我们知道以下关系：$(S-I)+(T-G)=NX$。其中，S代表储蓄，I代表投资，T代表税收，G代表政府支出，$NX=X-M$代表净出口。重新排列上述方程得出：$(G-T)=S-I-NX$。这意味着：

$$预算赤字 = 储蓄 - 投资 - 净出口$$

这个等式意味着，如果预算赤字上升，储蓄在一定的收入水平上没有变化，投资(I)或净出口(NX)必须下降。净出口的下降意味着贸易逆差的增长。因此，预算赤字会导致贸易赤字。这就是双赤字的情况。然而，这种情况不会自动发生。它主要遵循这样一种机制：随着政府支出的增加，国内利率与国外利率相比有所上升。这反过来又会导致资本流入，进而导致本国货币升值。最后，经常账户赤字扩大。这一观点与里根政府时期在美国观察到的情况相吻合。在那段时间里,双赤字假说似乎是有效的,因为美国既有预算赤字,也有贸易赤字。人们认为,在20世纪80年代,高预算赤字导致贸易赤字。然而,这一假说与20世纪90年代比尔·克林顿时期预算盈余和高贸易赤字同时并存的情况(见图8.7)是不相容的。另一个与这一假说相矛盾的例子是20世纪90年代的德国和日本。它们拥有巨额的贸易顺差,但同时也存在持续的巨额预算赤字。

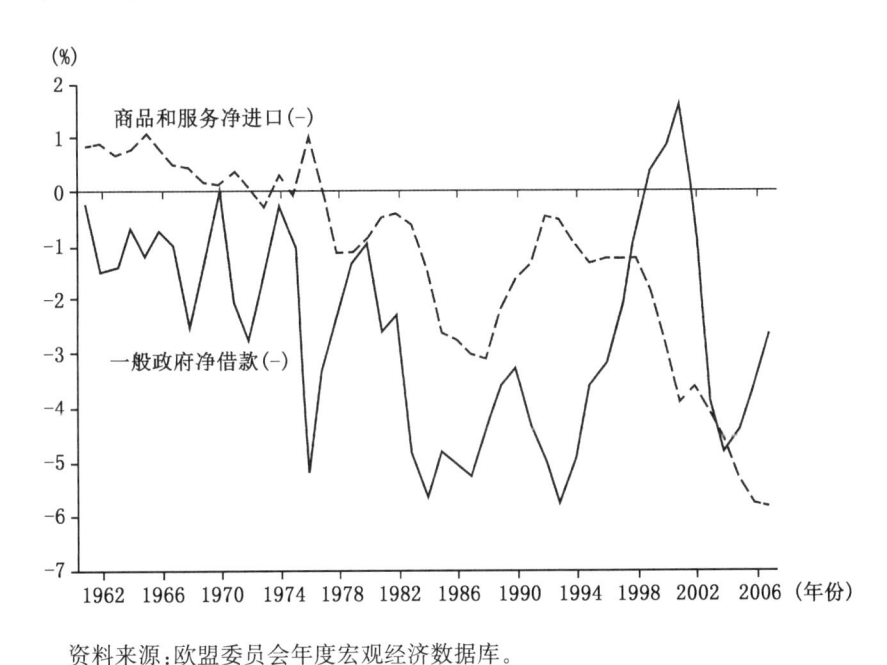

资料来源:欧盟委员会年度宏观经济数据库。

图 8.7 美国的双赤字相对于国内生产总值的百分比

8.3.2 储蓄不足假说

另一种试图解释全球失衡的假说是储蓄不足假说。这一假说在20世纪90年代崭露头角,并主导了双赤字假说。这一假说的主要论点是美国存在低储蓄率(因而存在过度消费)。在21世纪头10年的中期,美国的个人储蓄率从占可支配收入的约5%下降到约2%[格鲁伯和卡明(Gruber and Kamin),2005]。

不断下降的利率导致了过度借贷。在过度借贷的同时,美国的消费也维持了很长一段时间。2007年,美国的个人消费达到了占国内生产总值的70%,是中国的2倍。2007年,就在金融危机爆发之前,美国的家庭债务(13.8万亿美元)大致相当于美国国内生产总值。如果加上其他类别的债务,包括政府债务和私人企业债务,其总价值达到了47.9万亿美元,相当于2007年美国国内生产总值的3.5倍[黄等(Huang et al.),2009]。这主要意味着,随着时间的推移,美国经济总体上从一个生产过剩的经济体转变为一个过度消费的经济体。美国经济结构的失衡能够维持这么长时间,在一定程度上与中国的另一种结构失衡有关。美国的过度消费主要是通过从中国进口产品来维持的。这大大增加了两国之间的贸易平衡。

8.3.3 全球储蓄过剩假说

全球储蓄过剩假说主要认为,亚洲新兴国家和石油出口国的过度储蓄主要流向了美国。包括中国在内的亚洲新兴国家的储蓄增加和投资下降,尤其是在20世纪90年代末的亚洲金融危机之后,导致了这些国家的过度储蓄。同样,油价上涨导致海湾国家和俄罗斯等石油出口国的储蓄过剩。这两个地区的累积储蓄为美国当前的赤字提供了资金。

特别是中国出口导向型增长战略导致的贸易盈余使外汇储备不断增加,这些顺差回流到美国,因为中国购买了美国的金融资产,尤其是政府债券。这降低了美国的利率。换句话说,中国为美国的增长提供了有补贴的借贷资源。然而,这不是一个没有问题的过程,因为使用流入的资金是至关重要的,而金融市场的信贷分配是有问题的。这些资金被用于抵押贷款,而不是用于生产领域。因此,中国为美国的过度消费提供了资金。

如果美国没有过度消费,中国就不会因为其国内需求低而吸收美国的生产。在中国,消费占国内生产总值的比重在50年里一直下降。正如加诺特等(Garnaut et al., 2011)所指出的那样,在2000—2007年间,最终消费的份额从62%下降到49%,家庭消费的份额也从46%下降到35%。这是世界上最低的份额之一。尽管投资大幅增长,但仍落后于储蓄的增长。这鼓励中国企业更多地向海外销售,而不是在国内市场销售。这在美国和中国之间创立了一种共生关系。

然而,储蓄过剩假说给出的分析受到了一些学者的批评。例如,帕雷(2015)讨论了该假说的一些缺陷。其中之一就是,该假说试图通过受益于可贷资金的方法来解释贸易逆差。但这是有问题的,因为短期利率的变化是由中央银行的货币政策决定的,而不是由可贷资金理论所断言的市场货币数量决定的。这种方法认为,中国通过购买美国证券为美国贸易逆差提供了资金,进而在全球危机之前大幅增加了货币供应,从而导致美国利率的下降。然而,帕雷表示,利率主要是由美联储的货币政策决定的,而不是由美中贸易逆差所导致的货币供应增加决定的。

该假说的第二个缺陷是,它没有充分阐述中国贸易顺差的特征。它仅仅将这个定义为过度储蓄的问题。这误解了全球生产的微观经济学观点。众所周知,中国出口能力的一个重要组成部分是由跨国公司来创造的,这些公司一直在中国维持生产。帕雷(2015)研究表明,50%以上的中国出口产品是由100%外资公司生产的,76%以上的中国出口产品是由外资公司或合资公司生产的。储蓄过剩假说忽视了全球生产的这一特点。它没有以批判的方式看待贸易和全球化的趋势。此外,储蓄过剩假说指出,美国实际上从中国的这些补贴储蓄中获益。只有当这些廉价资金被分配到生产领域时,这种情况才会真的出现。但正如我们所知道的,这种情况大多没有发生。

8.3.4 资产短缺假说

另一个解释全球失衡的假说是资产短缺假说。根据该假说,全球对优质金融资产的需求一直在增加。美国凭借其深厚的金融市场和多样化的金融产品,为全球投资者提供了优质的金融资产。这就是为什么新兴市场的外汇储备是美国国债或其他以美元计价的私人证券。这些国家的国内市场缺乏安全和流动性强的资产市场,迫使它们投资于美国和英国。这些国家在宏观经济稳定、政治不确定性、体制薄弱和法治方面的问题尤其加剧了这一进程。作为这些原因的综合作用的结果,这些国家无法提供流动性强和安全的金融产品。这就是为什么资本会从这些国家流向金融市场更发达的国家。

因此,全球贸易失衡仅仅只是与提供安全的金融产品的全球失衡有关。换言之,发展中国家之所以出现贸易顺差,仅仅是因为它们希望获得比国内金融资产更安全、流动性更强的资产。一些经济学家将这种资产短缺情况称为"停车理论"。他们认为,中国人将储蓄存放在美国,在国内金融市场变得有效之前,美国被视为一个安全的避风港。也就是说,在不发达的产权和金融市场得到改善之前,资本将一直朝着上述方向流动。

然而,正如帕雷(2015)所提到的,资产短缺假说也存在缺陷。首先,该假说与跨国公司维持的全球生产结构无关。其次,对金融资产需求的增加可以用其他一些基本发展来更好地解释,如收入不平等加剧和金融化。

8.3.5 美元储备货币假说

这一假说强调,伴随着1997年亚洲金融危机的爆发,该地区的国家开始通过贸易顺差在中央银行持有更多的外汇储备。这意味着,国际体系迫使无法用本国货币进行贸易的新兴国家积累过多的外汇储备,以维持本国货币特别是本国经济的稳定。持有美元作为储备货币使各国有可能干预外汇市场。通过这种方式,它们能够维持贬值货币的价值,并保持其产品的竞争力。这种情况为这些新兴国家带来了另一种外部性。由于新兴市场国家将其贸易盈余的大部分投资以美元计价的资产,这导致了美元价值的上升,从而也导致了美元的估值过高。这反过来又使它们的产品更具竞争力,使它们能够出口更多。

第二次世界大战后,美元因其经济和政治实力不断增强而成为储备货币,这是不争的事实。这给美国经济带来了一种不对称的力量。它从铸币权中获益,仅通过发行本国货币(也就是世界储备货币[1])就为贸易赤字提供了融资。美元作为储备货币的地位让美国在贸易政策上产生了一种自满情绪,并使其对巨大的贸易赤字不那么担忧了。

8.4 全球失衡和两种增长模式方法

正如帕雷(2012)所指出的,第二次世界大战后的全球经济体系有三个主要的经济体制,它们描述了全球经济的主要特征,如图8.8所示。在1945—1979年间,自由贸易体制存在,关税下降。在接下来的1980—2000年间,出现了新自由主义全球化体制。然后,这种贸易体制变成了当前以中国为中心的全球化体制。

在1945—1979年间,决策者们出于宏观经济原因反对巨额赤字,贸易大致保持平衡。但是在新自由主义时期,决策者们对限制贸易赤字并没有兴趣,而大公司则从这种发展中受益。对于新兴市场经济体来说,它们采用新体系有好几个原因。第一,伴随着新的安排,它们获得了更多进入发达国家市场的机会。第二,发达国家对新兴市场经济体的外国直接投资扩大,并提高了新兴市场的生产

---

[1] 美元目前是世界上的主要货币,世界官方外汇储备中大约有2/3是美元。但自2001年以来,以美元计价的外汇储备水平一直在下降;这主要是因为现在欧元使用得更多了。尽管如此,美元仍是世界上最重要的储备货币。大部分经常账户盈余和外汇储备是由亚洲国家持有的。根据林重庚(Lim, 2008),10个亚洲国家持有3.4万亿美元的外汇储备,占全球外汇储备的59%。

```
┌─────────────────────────┐
│ 1945—1979年：自由贸易区 │
└─────────────────────────┘
             ↓
┌─────────────────────────┐
│ 1980—2000年：公司全球化 │
└─────────────────────────┘
             ↓
┌───────────────────────────────┐
│ 2000年至今：以中国为中心的全球化 │
└───────────────────────────────┘
```

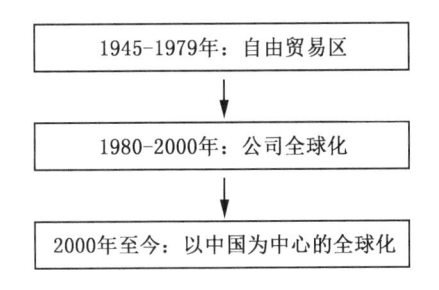

图 8.8　主要的全球经济体制

潜力。第三,在 20 世纪 80 年代和 90 年代初,国际货币基金组织和世界银行等国际机构在新兴市场经济体强制推行新自由主义的改革政策,以避免出现 20 世纪 80 年代债务危机中爆发的问题。这些国家被鼓励放弃战略性贸易保护政策。第四,新兴市场经济体通过遵循基于外国直接投资和持续贬值政策的出口拉动型增长模式,获得了巨额贸易顺差。贸易顺差减轻了这些国家经济增长所面临的金融压力。因此,新自由主义全球化产生了一种全球经济机制,最终导致了严重的全球失衡问题。此外,随着资本流动的自由化,国际资本流动放松了新兴经济体的对外贸易约束。这使得它们在很长一段时间内可以保持贸易失衡。

伴随着新自由主义时期全球化的加剧,美国生产制造的基础被削弱,从而加速了美国经济的去工业化进程。此外,制造业生产被转移到新兴市场经济体。这一发展损害了美国的对外贸易商品,导致了美国贸易逆差的扩大。这是全球化导致美国贸易逆差不断扩大的供给侧解释。但这种发展也有需求的一面。这主要是美国国内不断增长的消费需求。与此同时,发展中国家没有增加国内消费,而是将其增长建立在出口导向型战略上。

为了解释全球失衡问题,我们还需要解释为什么决策者允许它出现。因此,决策者看待全球失衡的方式也至关重要。在 1980 年之前,决策者们普遍持凯恩斯主义的观点,因此他们不支持贸易赤字。然而,从 20 世纪 80 年代开始,伴随着新古典主义观点的发展和凯恩斯主义观点的削弱,决策者们将关注点放在通货膨胀问题而不是失业问题上。这意味着他们不关心贸易赤字,因为贸易正在降低通货膨胀。此外,大型国际公司也受益于 20 世纪 80 年代贸易限制的减少。他们认为,贸易限制的减少是一种遏制工会权力进而控制工资支付的方式。从 20 世纪 90 年代开始,在美国的跨国公司可以获得更便宜的投入,或将生产转移到新兴市场,然后再出口回美国。因此,决策者和企业都开始从成本和工资的角度来看待贸易。对决策者来说,贸易开放也成为抑制通胀的一种手段。

上面提到的这些总体发展实际上为各国提供了遵循不同增长模式的机会。在一些国家采用债务导向型增长模式时,另一些国家则采用了出口导向型增长模式。在这方面,表8.3对一些重要国家进行了分类。根据这一分类,世界经济中不同的核心国家和外围国家分别采用了债务导向型和出口导向型增长模式。在美国和英国等核心国家采用债务导向型增长模式时,希腊、爱尔兰、葡萄牙和西班牙等外围国家也采用了类似的增长政策。出口导向型增长战略也被核心国家和外围国家所遵循。在德国、奥地利和日本遵循这一战略的同时,从这个意义上被视为外围国家的中国也以同样的战略发展。

表8.3　　　　　债务导向型和出口导向型经济增长模式

	增长模式	
	债务导向型	出口导向型
核心	美国、英国	德国、奥地利、日本
外围	希腊、爱尔兰、葡萄牙、西班牙	中国

表8.3中各国选择增长模式的原因多种多样。德国的出口增长战略是在统一和引入欧元之后出现的。欧洲外围国家的债务导向型结构主要源于伴随欧洲一体化而来的金融自由化。南亚国家的出口导向型增长模式是对1997年金融危机的回应。它们强调积累外汇储备,因为它们在危机期间遇到了问题。中国的出口导向型增长战略也与其积累外汇储备的愿望有关。

同样值得注意的是,采用债务导向型增长战略的国家的消费占国民收入的比例较高,而出口导向型经济体的情况则相反,其消费占国民收入的比例要低一些。在消费占比增加的国家,家庭债务也急剧增加。从2000年到2008年,德国家庭债务占国内生产总值的比例下降了11个百分点,而美国家庭债务占国内生产总值的比例上升了26个百分点,英国上升了28个百分点。在欧洲外围地区,这一比例的增长幅度甚至更大(尽管地中海欧洲地区的水平通常较低)。爱尔兰家庭债务占国内生产总值的比例上升了61个百分点,西班牙上升了33个百分点(斯托克哈默,2012)。

经常账户赤字的国家也是家庭债务增长较快的国家。美国和英国很符合这一点。这种分类也有助于理解希腊、葡萄牙、爱尔兰和西班牙的发展。但还有其他一些国家,如荷兰和丹麦,超出了本规范。尽管它们长期以来都保持着可观的贸易顺差,但它们也有大量的家庭债务。

8.5 一场关于全球失衡与2007—2008年全球金融危机的辩论

我们使用的所有概念以及我们上面定义的全球体系的发展都可以帮助我们找到全球失衡与金融危机之间的理论和经验联系,特别是2007—2008年爆发的全球危机。然而,全球失衡与金融危机之间的联系非常复杂。本节讨论了导致2007—2008年危机的全球失衡背后的一些因素。

一个国家的经常账户余额代表了该国储蓄与投资流动之间的差额。非零经常账户余额与国际资本流动有关;经常账户赤字(盈余)的国家经历资本流入(流出)。因此,近年来,全球经常账户失衡一直与大量资本从高储蓄的新兴经济体和大宗商品生产国流向低储蓄的西方国家有关。

过去10年的特点是赤字国家的信贷快速增长(见图8.9)。亚洲新兴国家和大宗商品出口国的过度储蓄可能导致了这一现象。伯南克(2005)指出,贸易逆差的低储蓄国家的信贷繁荣是盈余国家储蓄的资本流动的结果(储蓄过剩假说)。

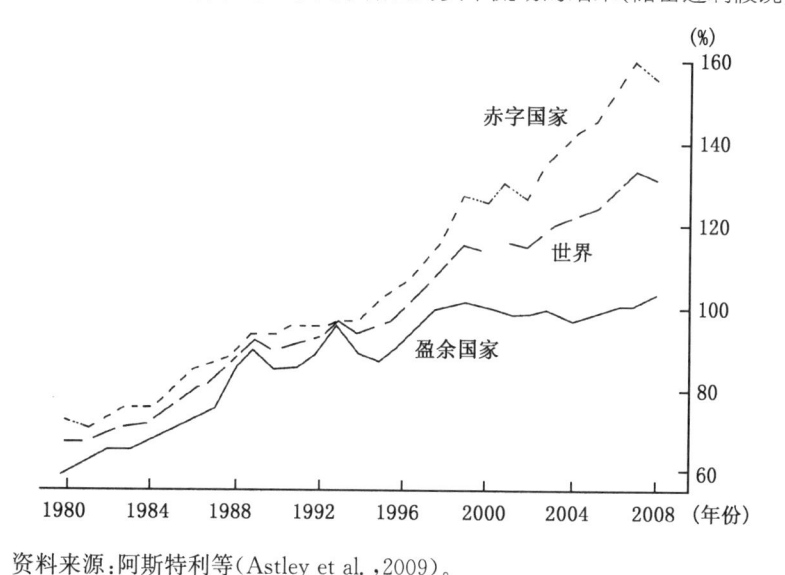

资料来源:阿斯特利等(Astley et al.,2009)。

图 8.9 私营部门贷款(占国内生产总值的百分比)

在20世纪90年代末,美国和英国的国内需求增长速度快于它们本国的生产增长速度。这可能与它们的货币升值以及中国通过生产低成本产品进入全球市场有关。随着美国和英国等赤字国家国内消费和投资的增加,贷款需求也大幅增长了,这支撑了全球信贷繁荣。美国和英国的许多贷款被用于购买房屋和金融资产,而不是用于生产领域。因此,尽管资本流动促进了信贷的增长,但它们的规模似乎还不足以承担最大的责任。

与赤字国家日益增长的国内需求相比,盈余国家的国内需求在很长一段时间内处于低位。这些国家的国内需求主要受到停滞不前的工资政策的抑制,尽管工人的生产率有所提高;因此,这些国家的工资水平落后于生产率。事实上,与盈余国家一样,这种情况也发生在美国。但与美国不同的是,盈余国家并没有鼓励家庭通过借贷来增加消费。相反,它们依赖国外需求来填补国内需求不足,从而出口它们的产品。因此,不能仅通过美国的发展态势来理解美国的经常账户赤字。即使是美国或英国等赤字国家的贷款增加,也与盈余国家如何使用盈余有关。正如伯南克所提到的,它们将盈余和储蓄投资于发达国家的金融市场,尤其是20世纪90年代和21世纪头10年的美国,而不是用于生产性的国内投资领域。

除了与宏观经济因素的相互作用之外,资本流动不仅增加了赤字国家的信贷,还诱发了金融市场参与者"寻求收益"的动机。尽管部分资本流动被用来直接向家庭和企业提供贷款,但大部分资金被用于购买现有的安全资产,如政府债券,这导致了实际长期利率的下降。低利率反过来又进一步激励了金融行为主体寻求更高但风险更大的经济回报。这导致了使用高杠杆融资的新的复杂金融产品和金融方法的发展。高回报创造了一个积极的环境,一切都进展顺利。这与人们对宏观经济长期稳定和金融市场波动性下降的看法是一致的。当这种宏观经济稳定的观点与低通胀环境相结合时,在2001年的网络危机爆发后,各国央行特别是美联储,采取了宽松的货币政策。从这个意义上来说,稳定货币政策力量的信心增强了,这进一步传播了对稳定的看法。与全球失衡相关的资本流动在这一发展中发挥了重要作用。

有大量证据表明,信贷供应量激增与未来发生金融危机的可能性加大有关。然而,正如休谟和森坦斯(Hume and Sentance, 2009)所指出的那样,几个大型新兴市场在没有资本净流入的情况下经历了信贷繁荣。例如,日本在20世纪80

年代末出现了贸易顺差,但近几年却经历了繁荣—萧条周期。尽管有这样的反例,但有一些证据(对发展中国家来说更有说服力)表明,私人资本的净流入可能有助于产生信贷繁荣,并且当存在潜在脆弱的金融体系时,增加了崩溃的可能性。这在20世纪90年代的墨西哥、阿根廷、土耳其和几个亚洲国家等新兴国家表现得更为明显。在此期间,信贷扩张和这些国家的货币升值,加上它们脆弱的金融体系,引发了好几次危机。例如,奥斯特里等(Ostry et al., 2011)研究了1995—2008年间的新兴市场样本,他们得出的结论是,"一半的信贷繁荣与资本流入激增有关,而在那些以危机告终的信贷繁荣中,约有60%与资本流入激增有关"(第21页)。同样,莱因哈特和莱因哈特(2009)证明,在发展中国家,贸易逆差与金融危机之间存在高度联系。

　　在这里,我们应该指出,庞大而持续的经常账户赤字,尽管有时是良性和可持续的,但也需要仔细审查。贸易逆差可能不是问题的真正根源。这是因为即使一个国家没有经常账户赤字,也可能会有资本流入该国。约达等(2011)长期研究了大量发达国家的样本,得出了这样一个结论:"经常账户在正常金融危机的孕育阶段会恶化,但在全球危机中证据并不确凿,这可能是因为盈余国家和赤字国家都被卷入了危机"(第372页)。因此,实证研究对于经常账户赤字对经济危机的影响尚无定论。也就是说,贸易逆差可能不是问题的真正根源。例如,在分析欧元区的情况时,我们发现,1999年引入欧元后的经常账户失衡是希腊(政府赤字高企)、西班牙、爱尔兰(两国均存在房地产泡沫)和葡萄牙(私人借贷过度)等国家不可持续趋势的迹象。这些国家主要由其他欧洲国家提供资金。这些不断增加的主权债务后来给债务国和债权国带来了问题。

　　因此,从更广阔的视角看待全球金融流动,可以让我们对储蓄过剩假说的有效性做出更合理的评估。这些模式在好几个方面与全球经常账户失衡在金融危机中发挥关键作用的观点不一致。首先,尽管全球资本流动自20世纪90年代以来大幅增长(从1998年占世界国内生产总值的10%左右增长到2007年的30%左右),但这些国家本身都是发达国家。即使发达国家在世界贸易总额中的贸易份额下降了,但它们之间的资本流动却急剧增加[莱恩和米勒斯—法拉提(Lane and Milesi-Ferretti), 2008]。相比之下,新兴经济体之间或来自新兴经济体的资本流动要小得多。然而,储蓄过剩观点将新兴市场国家视为全球金融状况的主要驱动因素。

其次，令人震惊的是，流向美国的资本主要来自欧洲国家，而非新兴国家。2007年，流入美国的资本总额中约有50%来自欧洲。更引人注目的是，这些流入资本中一半以上的来源是英国，它是一个贸易逆差国家，此外，流入美国的资本中大约有1/3来自欧元区，而欧元区本身的贸易也大致平衡。这一数额超过了来自中国和日本的资本流入——这两个国家拥有巨额盈余。因此，这两个国家和石油生产国在美国贸易逆差和信贷繁荣融资的作用上并没有像前面提到的那么重要。此外，欧洲投资者在美国金融市场上进行了风险更高的投资。除了政府债券，他们还投资有毒证券。然而，亚洲投资者对他们的投资更为谨慎。尽管回报率较低，但亚洲投资者更倾向于主要购买政府债券，而不是美国影子银行体系所提供的高风险证券。

再次，在全球危机之前，经常账户在决定流入美国的资金方面并没有发挥主导作用。很明显，自20世纪90年代初以来，进出美国的总资本流动的扩张独立于经常账户余额。美国净债权的增幅（主要反映经常账户赤字）大约是总债权变化的3倍。因此，全球资本流动超过了资本账户余额的变动。即使美国在20世纪90年代和21世纪头10年里没有贸易逆差，也会有大量的外国资金流入美国金融市场。

最后，总资本流动比净资本流动扮演着更重要的角色。因此，在资本流动中断的情况下，净资本流动不能反映经济的损害程度。在危机爆发期间，总资本流动的下降幅度远大于净资本流动。在2008年全球金融危机开始爆发时，尽管净资本流动略有下降，但总资本流动降幅巨大。这主要是因为发达经济体之间的资本流动减少。例如，2008年，美国的净资本流入仅略有下降——约200亿美元，但总资本流入却下降了约1.6万亿美元，与其在2007年的水平相比下降了约75%。这种下降主要发生在美国和欧洲，并在两个方向上都发生了突然逆转。然而，来自中国和日本的总资本流入仍在继续。因此，来自亚洲的资本流动似乎是危机期间的一股稳定力量[博利奥和迪斯雅塔特(Borio and Disyatat)，2011]。

8.6 结　语

从历史上看，对于技术先进或拥有贵重商品的国家来说，经常账户盈余一直在积累。这被视为正常或良好的失衡。然而，近年来，盈余国家与赤字国家之间的差距不断扩大,这对世界经济造成了不利影响。

显然,过度的全球失衡可能会演变成全球性的威胁。然而,由于威胁的不对称特性,我们很难找到解决方案;这是由经常账户赤字国家和经常账户盈余国家的不同激励措施所导致的。由于不存在自我纠正的机制来截断这些趋势,我们需要全球经济政策协调。这不仅与贸易政策有关,而且还与巨大的资本流动有关。也就是说,为了理解全球失衡可能产生的不利影响,我们应该从储蓄—投资角度和金融—资本角度来跟踪全球范围内收支平衡的发展。

从短期来看,我们可以提出各种措施来克服当前的全球失衡。这些政策建议旨在促使盈余国家和赤字国家采取特定行动,以减少全球失衡。例如,我们建议中国和德国这两个主要的贸易顺差国家分别需要增加消费和投资。特别是在中国,储蓄—消费失衡必须通过根本性的改变来纠正。同时还建议,包括美国在内的主要贸易逆差经济体需要提高国民储蓄。对于其他赤字经济体来说,必须进行结构性改革,以提高其竞争力。

从长远来看,必须有一个更健全、更有弹性的国际货币体系。这需要国际合作。这是因为没有一个国家能够避免负面外部性在全球蔓延。要取得进展,就必须采用强调所涉外部性的分析框架。也就是说,除非整个世界都是安全的,否则没有一个国家是安全的。这种视角的转变将类似于在管制和监督方面已经发生的转变,即从微观审慎转向宏观审慎:除非整个金融体系是安全的,否则任何单个金融机构都不可能是安全的。因此,为了实现这一目标,我们可以从限制高风险资本流动开始。我们应该鼓励最理想和最有效的资本流动形式,主要是外国直接投资。我们需要弄清楚并克服阻碍这种流动的障碍。

参考文献

Acemoglu, D. (2009). Thoughts on Inequality and the Financial Crisis. *World Bank/IMF Conference on Financial Regulation*. May 2009.

Akerlof, G. and Shiller, R. (2009). *Animal Spirits: How Human Psychology Drives the Economy and Why It Matters for Global Capitalism* (2nd ed.). New Jersey: Princeton University Press.

Argitis, G. and Pitelis, C. (2008). Global Finance and Systemic Instability. *Contributions to Political Economy* 27(1): 1–11.

Astley, M., Giese, J., Hume, M. and Kubelec, C. (2009). Global Imbalances and the Financial Crisis. *Bank of England Quarterly Bulletin* 2009 Q3.

Atkinson, A. B. and Morelli, S. (2015). Inequality and Crises Revisited. *Economia Politica* 32(1): 31–51.

Atkinson, A. B., Piketty, T. and Saez, E. (2011). Top Incomes in the Long Run of History. *Journal of Economic Literature* 49(1): 3–71.

Baran, P. A. and Sweezy, P. M. (1966). *Monopoly Capital: An Essay on American Economic and Social Order*. New York: Monthly Review Press.

Barba, A. and Pivetti, M. (2009). Rising Household Debt: Its Causes and Macroeconomic Implications—A Long-Period Analysis. *Cambridge Journal of Economics* 33(1): 113–137.

Barberis, N. (2011). Psychology and the Financial Crisis of 2007–2008, *SSRN Electronic Journal*.

Barrios, S., Langedijk, S. and Pench, L. (2010). EU Fiscal Consolidation After the Financial Crisis: Lessons from Past Experiences. *VOX, CEPR Policy Portal*. 2 October 2010.

Bello, W. (2006). The Capitalist Conjuncture: Over-Accumulation, Financial Crises, and the Retreat from Globalisation. *Third World Quarterly* 27(8): 1345–1367.

Bellofiore, R. and Halevi, J. (2009). A Minsky Moment? The Subprime Crisis and the New Capitalism. In C. Gnos and L.-P. Rochon (Eds.), *Credit, Money, and Macroeconomic Policy: A Post-Keynesian Approach*. Cheltenham: Edward Elgar: 13–32.

Berger, B. and Wolff, G. (2017). *The Global Decline in the Labour Income Share: Is Capital the Answer to Germany's Current Account Surplus?* Policy Contribution No. 12.

Bernanke, B. S. (2004). Remarks. Meetings of the Eastern Economic Association, Washington, D. C., 20 February 2004.

Bernanke, B. S. (2005). The Global Saving Glut and the US Current Account Deficit. Speech 77, Board of Governors of the Federal Reserve System (US).

Bibow, J. (2010). Financialization of the US Household Sector: The "Subprime Mortgage Crisis" in the US and Global Perspective. Düsseldorf: Macroeconomic Policy Institute.

Blanchard, O. and Milesi-Ferretti, G. M. (2009). Global Imbalances: In Midstream?. IMF State Position Note SPN/09/29. Washington: International Monetary Fund.

Blecker, R. (2011). Global Imbalances and the US Trade Deficit. In Barry Z. Cynamon, Steven M. Fazzari, and Mark Setterfield (Eds.), *After the Great Recession: The Struggle for Economic Recovery and Growth*, Chapter 8. New York: Cambridge University Press: 187–217.

Borio, C. and Disyatat, P. (2011) Global Imbalances and the Financial Crisis: Link or No Link? BIS Working Paper No. 346. Bank for International Settlements.

Bowles, S. Gordon, D. M. and Weisskopf, T. (1984). *Beyond the Waste Land: A Democratic Alternative to Economic Decline*. New York: Doubleday.

Bracke, T., Bussiere, M., Fidora, M. and Straub, R. (2008). A Framework for Assessing Global Imbalances. Occasional Paper Series No. 78. European Central Bank.

Brenner, R. (2006). *The Economics of Global Turbulence*. London: Verso.

Broda, C. (2004). Terms of Trade and Exchange Rate Regimes in Developing Countries. *Journal of International Economics* 63(1): 31–58.

Buiter, W. H. and Rahbari, E. (2012). Debt, Financial Crisis and Economic Growth. Paper presented at the Conference on Monetary Policy and the Challenge of Economic Growth at the South Africa Reserve Bank. Pretoria, South Africa. November 1–2, 2012.

Callinicos, A. (2010). *Bonfire of Illusions: The Twin Crises of the Liberal World*. Cambridge: Polity Press.

Camara, S. (2009). Construction of Series for the Long-Run Analysis of the US Economy: Profitability, Technology of Production and Income Distribution. Reporte de Investigación No. SAEC012. Departamento de Economía, División de Ciencias Sociales y Humanidades, Universidad Autónoma Metropolitana Azcapotzalco, Mexico.

Campbell, J. Y., Giglio, S. and Pathak, P. (2011). Forced Sales and House Prices. *American Economic Review* 101(5): 2108–2131.

Damen, F. (2012). *The Tendency for the Rate of Profit to Fall, the Crisis and Its "Detractors"*. Revolutionary Perspectives.

De Antoni, E. (2006). Minsky on Financial Instability. In P. Arestis and M. Sawyer (Eds.), *A Handbook of Alternative Monetary Economics*. Cheltenham: Edward Elgar: 154–171

Dettmann, G. (2014). Global Imbalances, Fractures in the World Monetary System. Doctorate Thesis, University of Verona.

Detzer, D. and Herr, H. (2014). Theories of Financial Crises: An Overview. Working Paper No. 32/2014. Berlin: Institute for International Political Economy.

Diamond, W. D. and Dybvig, P.H. (1983). Bank Runs, Deposit Insurance, and Liquidity. *Journal of Political Economy* 91(3): 401–419.

Dodd, R. (2007). Subprime: Tentacles of a Crisis. *Finance and Development*, 44(4).

Domhoff, G. W. (2006). Wealth, Income and Power. http://sociology.uscs.edu/whorulesamerica/power.html.

Duménil, G. and Lévy, D. (2011). *The Crisis of Neoliberalism*, Cambridge, MA: Harvard University Press.

Duménil, G. and Lévy, D. (2014). The Crisis of the Early 21st Century: Marxian perspectives. In R. Bellofiore and G. Vertova (Eds.), *The Great Recession and the*

Contradictions of Contemporary Capitalism, Chapter 2: 26–49. Aldershot: Edward Elgar Publishing: 26–49.

Dünhaupt, P. (2016). Financialization and the Crises of Capitalism. Working Paper No. 67/2016. Berlin School of Economics and Law and Institute for International Political Economy.

Eggertsson, G. and Krugman, P. (2012). Debt, Deleveraging, and the Liquidity Trap: A Fisher–Minsky–Koo Approach. *The Quarterly Journal of Economics* 127(3): 1469–1513.

Engels, F. (1878). *Anti-Dühring; Herr Eugen Dühring's Revolution in Science.* Moscow: Progress Publishers, 1947.

Epstein, G. (2005). *Financialization and the World Economy.* Cheltenham and Northampton: Edward Elgar.

European Commisison (2009) Commission Staff Working Document, Brussels, SEC(2009) 580.

Federal Reserve of Minneapolis (2007). Interview with Eugene Fama. www.minneapolisfed.org/publications/the-region/interview-with- eugene-fama.

Federal Reserve of St. Louis, https://fred.stlouisfed.org/series.

Fisher, I. (1933). The Debt–Deflation Theory of Great Depressions. *Econometrica* 1(4): 337–357.

Fitoussi, J-P. and Saraceno, F. (2010). Inequality and Macroeconomic Performance. OFCE—Centre de recherche en économie de Sciences Po.

Fitoussi, J-P. and Stiglitz, J. E. (2009). The Ways Out of the Crisis and the Building of a More Cohesive World. Document de Travail. OFCE 2009 (17): 471–482.

Flanders, M. (2015). It's Not a Minsky Moment, It's a Minsky Era, Or: Inevitable Instability. *Econ Journal Watch* 12(1): 84–105.

Fligstein, N. and Goldstein, A. (2010) The Anatomy of the Mortgage Securitization Crisis. In M. Lounsbury and P. Hirsch (Eds.), *Markets on Trial.* Bingley: Emerald Group Publishing: 29–70.

Foster, J. B. and Magdoff, F. (2009). *The Great Financial Crisis: Causes and Consequences.* New York: Monthly Review Press.

Galbraith, J. K. (2012). *Inequality and Instability: A Study of the World Economy Just Before the Great Crisis.* Oxford University Press.

Garling, T., Kirchler, E., Lewis, A. and Van Raaij, F. (2009). Psychology, Financial Decision Making, and Financial Crises. *Psychological Science in the Public Interest* 10(1): 1–47.

Garnaut, R., Ligang S. L. and Woo, T. W. (2011). *China's New Place in a World in Crisis: Economic, Geopolitical and Environmental Dimensions.* ANU E Press.

Goda, T., Onaran, Ö. and Stockhammer, E. (2014). A Case for Redistribution? Income Inequality and Wealth Concentration in the Recent Crisis. Greenwich Political Economy Research Centre Working Paper No. GPERC05.

Graham, B. (2006). *Intelligent Investor: The Definitive Book on Value Investing. A Book of Practical Counsel (Revised Edition).* New York: Harper Business Essentials.

Greenwood, R. and Hanson, S. (2010). Issuer Quality and Corporate Bond Returns. *Review of Financial Studies* 26(6): 1483–1525.

Gruber, J. W. and Kamin, S. B. (2005). Explaining the Global Pattern of Current Account. International Finance Discussion Paper No. 846. Board of Governors of the Federal Reserve System.

Hall, R. E. (1978). Stochastic Implications of the Life Cycle-Permanent Income Hypothesis: Theory and Evidence. *Journal of Political Economy* 86(6): 971–987.

Hall, R. E. (2011). The Long Slump. *American Economic Review* 101(2): 431–469.

Harman, C. (2010). *Zombie Capitalism: Global Crisis and the Relevance of Marx*. London: Haymarket Books.
Harvey, D. (2005). *A Brief History of Neoliberalism*. Oxford: Oxford University Press.
Harvey, D. (2015). Crisis Theory and the Falling Rate of Profit. In Turan Subasat and John Weeks (Eds.), *The Great Meltdown of 2008: Systemic, Conjunctural or Policy-created?* Edward Elgar Publishing Limited: 1–30.
Hayek, F. A. (1931). *Prices and Production*. London: Routledge.
Hayek, F. A. (1941). *The Pure Theory of Capital*. Chicago: University of Chicago Press.
Hilferding, R. (1910). *Finance Capital: A Study of the Latest Phase of Capitalist Development*. London: Routledge & Kegan Paul.
Hobson, J. A. (1896). *The Problem of the Unemployed*. London: Methuen & Co.
Hobson, J. A. (1969). *The Industrial System*. New York: Kelley.
Huang, Y., Peng, K. and Shen, M. (2009). Macroeconomic Performance Amid Global Crisis. In Ross Garnaut, Ligang Song and Wing Thye Woo (Eds.), *China's New Place in a World in Crisis*. ANU E-Press: 121–136
Hume, M. and Sentance, A. (2009). The Global Credit Boom: Challenges for Macroeconomics and Policy. *Journal of International Money and Finance* 28(8): 1426–1461.
ILO (2010). Global Wage Report 2010/11: Wage Policies in Times of Crisis. Geneva: International Labour Organisation.
ILO (2015). Income Inequality and Labour Income Share in G20 Countries: Trends, Impacts and Causes. Geneva: International Labour Organisation.
IMF (2010). World Economic Outlook, Recovery, Risk, and Rebalancing, Washington: International Monetary Fund.
IMF (2012). Dealing with Household Debt. In Growth Resuming, Dangers Remain. World Economic Outlook. Washington: International Monetary Fund.
Inside Mortgage Finance (2009). Mortgage Market Statistical Annual.
Johnson, S. (2011). Did the Poor Cause the Crisis? Project–Syndicate. www.projectsyndicate.org/commentary/johnson16/English. Accessed 20 March 2016.
Jones, C. (2015). Pareto and Piketty: The Macroeconomics of Top Income and Wealth Inequality. *Journal of Economic Perspectives* 29(1): 29–46.
Jorda, O., Schularick, M. and Taylor, A. M. (2011). Financial Crises, Credit Booms, and External Imbalances: 140 Years of Lessons. *IMF Economic Review* 59(2): 340–378.
Jorda, O., Schularick, M. and Taylor, A. M. (2013), Sovereigns versus Banks: Crises, Causes and Consequences. CEPR Discussion Paper 9678.
Kahneman, D. (2003). A Perspective on Judgment and Choice Mapping Bounded Rationality. *American Psychologist* 58: 697–720.
Kahneman, D. and Tversky, A. (1979). Prospect Theory: An Analysis of Decision Under Risk. *Econometrica* 47(2): 263–291.
Kahneman, D. and Tversky, A. (2000). *Choices, Values and Frames*. New York: Cambridge University Press.
Kamalodin, S. (2011). Asset Bubbles, Financial Crises and the Role of Human Behaviour. Rabobank Economic Research Department.
Karabarbounis, L. and Neiman, B. (2013). The Global Decline of the Labor Share. NBER Working Paper No. 19136. National Bureau of Economic Research.
Kennickell, A. B. (2009). Ponds and Streams: Wealth and Income in the US, 1989 to 2007. Finance and Economics Discussion Series 2009–2013. Board of Governors of the Federal Reserve System.

Keynes, J. M. (1936). *The General Theory of Employment, Interest, and Money.* London: Macmillan.

Keynes, J. M. (1937). The General Theory. *Quarterly Journal of Economics.* 51: 209–223.

Kindleberger, C. P. and Aliber, R. Z. (2011). *Manias, Panics, and Crashes: A History of Financial Crises.* London: Palgrave Macmillan.

Kotz, D. M. (2009). The Financial and Economic Crisis of 2008: A Systemic Crisis of Neoliberal Capitalism. *Review of Radical Political Economics* 41(3): 305–317.

Kotz, D. M. (2011). Financialization and Neoliberalism. In G. Teeple and S. McBride (Eds.), *Relations of Global Power: Neoliberal Order and Disorder.* Toronto: University of Toronto Press: 1–18.

Kotz, D. M. (2013). Social Structures of Accumulation, the Rate of Profit and Economic Crises. In Jeannette Wicks-Lim and Robert Pollin (Eds.), *Capitalism on Trial: Explorations in the Tradition of Thomas E. Weisskopf.* Cheltenham: Edward Elgar Publications: 335–349.

Kotz, D. M. (2016). The Roots of the Current Economic Crisis: Capitalism, Forms of Capitalism, Policies and Contingent Events. In Turan Subasat (Ed.), *The Great Financial Meltdown Systemic, Conjunctural or Policy Created?* New Directions in Modern Economics Series.

Kotz, D. M. and McDonough, T. (2010). Global Neoliberalism and the Contemporary Social Structure of Accumulation. In Terrence McDonough, Michael Reich, and David M. Kotz (Eds.), *Contemporary Capitalism and Its Crises: Social Structure of Accumulation Theory for the Twenty First Century.* Cambridge: Cambridge University Press: 93–120.

Kregel, J. (2008). Minsky's Cushions of Safety: Systemic Risk and the Crisis in the US Subprime Mortgage Market. Public Policy Brief No. 93. Annandale-on-Hudson, New York: The Levy Economics Institute of Bard College.

Krippner, G. R. (2005). The Financialization of the American Economy. *Socio-Economic Review* 3(2): 173–208.

Krugman, P. (2009). How Did Economists Get It So Wrong? Column in the New York Times Magazine. www.nytimes.com/2009/09/06/magazine/06Economic-t.html.

Krugman, P. (2012). *End This Depression Now.* New York: W. W. Norton.

Kumhof, M. and Rancière, R. (2010). Inequality, Leverage and Crises. IMF Working Paper No. 268. International Monetary Fund.

Laeven, T. (2013). Financial Innovation and Shadow Banking. In V. V. Acharya, T. Beck, D. D. Evanoff, G. G. Kaufman and R. Portes (Eds.), *The Social Value of the Financial Sector: Too Big to Fail or just Too Big?* World Scientific: 229–235.

Lane, P. and Milesi-Ferretti, G. M. (2008). The Drivers of Financial Globalization. *American Economic Review: Papers and Proceedings* 98(2): 327–332.

Lapavitsas, C. (2011). Theorizing Financialization. *Work, Employment and Society* 25(4): 611–626.

Lim, M. (2008) Old Wine in A New Bottle: Subprime Mortgage Crisis—Causes and Consequences. Working paper No.532. Levy Institute of Bard College.

Lin, J. Y. (2013). *Against the Consensus: Reflections on the Great Recession.* Cambridge: Cambridge University Press.

Lin, J. Y. and Treichel, V. (2012). The Crisis in the Eurozone: Did the Euro Contribute to the Evolution of the Crisis?. World Bank Policy Research Working Paper No. 6127.

Llewellyn, D. T. (2009). Financial Innovation and the Economics of Banking and the Financial System. In L. Anderloni, D. T. Llewellyn and R. H. Schmidt (Eds.), *Financial Innovation in Retail and Corporate Banking*. Cheltenham: Edward Elgar: 1–38.

Lowenstein, R. (2000). *When Genius Failed: The Rise and Fall of Long-Term Capital Management*. New York: Random House.

Luxemburg, R. (1913). *The Accumulation of Capital*. London: Routledge and Kegan Paul.

Lysandrou, P. (2011). Global Inequality as one of the Root Causes of the Financial Crisis: A Suggested Explanation. *Economy and Society* 40(3): 323–344.

Magdoff, F. and Foster, J. B. (2014). Stagnation and Financialization: The Nature of the Contradiction. *Monthly Review* 66(1).

Magdoff, H and Sweezy, P. (1987). *Stagnation and the Financial Explotion*. New York: Monthly Review Press.

Malthus, T. (1798). *An Essay on the Principle of Population*. London: Electronic Scholarly Publishing Project.

Marx, K. (1857). *Grundrisse: Foundations of the Critique of Political Economy*. London: Penguin Classics.

Marx, K. (1867), *Capital : A Critique of Political Economy Vol. 1*. London: Penguin Classics.

Marx, K. (1885) *Capital : A Critique of Political Economy Vol. 2*. London: Penguin Classics.

Marx, K. (1894). *Capital: A Critique of Political Economy, Vol. 3*. London: Penguin Classics.

McDonough, T., Reich, M. and Kotz, D. (2010). *Introduction: Social Structure of Accumulation Theory for the 21st Century*. New York: Cambridge University Press.

McKinsey (2010). *Equity Analysts: Still too Bullish*. McKinsey.

Milanovic, B. (2010). *The Haves and the Have–nots: A Brief and Idiosyncratic History of Global Inequality*. New York, Basic Books.

Minsky, H. P. (1975). *John Maynard Keynes*. New York: Columbia University Press.

Minsky, H. P. (1977). The Financial Instability Hypothesis: An Interpretation of Keynes and an Alternative to "Standard" Theory. *Nebraska Journal of Economics and Business* 16(1): 5–16.

Minsky, H. P. (1982). *Can It Happen Again? Essays on Instability and Finance*. New York: M. E. Sharpe.

Minsky, H. P. (1985). The Financial Instability Hypothesis: A Restatement. In P. Arestis, T. Skouras (Eds.), *Post-Keynesian Economic Theory: A Challenge to Neoclassical Economics*, 24–55. Brighton: Wheatsheaf Books.

Minsky, H. P. (1986). *Stabilizing and Unstable Economy*. New Haven: Yale University Press.

Minsky, H. P. (1992). The Capital Development of the Economy and The Structure of Financial Institutions. Working Paper No. 72. Annandale–on–Hudson, New York: Levy Economics Institute of Bard College.

Minsky, H. P. (1993). Schumpeter and Finance. In Salvatore Biasco, Alessandro Roncaglia and Michele Salvati (Eds.), *Market and Institutions in Economic Development: Essays in Honor of Paulo Sylos Labini*. New York: St. Martin's Press: 103–115.

Minsky, H. P. (1996). Uncertainty and the Institutional Structure of Capitalist Economies. Working Paper No. 155. Annandale–on–Hudson, NY: Levy Economics Institute of Bard College.

Minsky H. P. (2008). Securitization. Jerome Levy Economics Institute Policy Note No. 2.

Montgomery, H. (1997). Naturalistic Decision Making. Proceedings of the Subjective Probability, Utility and Decision Making Conference 20–23 June 2017.
Montgomery, H. (2011). The Financial Crisis—Lessons for Europe from Psychology. Swedish Institute for European Policy Studies Report No:1, Stockholm.
Moseley, F. (1999). The Decline of the Rate of Profit in the Post-War United States: Due to Increased Competition or Increased Unproductive Labour? Historical Materialism 4.
Mummery, A. F. and Hobson, J. A. (1889). *The Physiology of Industry: Being an Exposure of Certain Fallacies in Existing Theories of Economics.* London: John Murray.
New Economics Foundation (2014). *Financialization and Inequality: A Dangerous Mix.* London: New Economics Foundation.
Noah, T. (2012). *The Great Divergence: America's Growing Inequality Crisis and What We Can Do About It.* New York: Bloomsbury.
Obstfeld, M. and Rogoff, K. (2010). Global Imbalances and the Financial Crisis: Products of Common Causes. Federal Reserve Bank of San Francisco, Asia Economic Policy Conference 18–20 October 2009: 131–172.
OECD (2011). Divided We Stand. Paris: Organisation for Economic Co-operation and Development.
OECD (2012). Employment Outlook 2012. Paris: Organisation for Economic Co-operation and Development.
Okishio, N. (1961). Technical Changes and the Rate of Profit. *Kobe University Economic Review* 7: 85–99.
Ostry, J. D., Ghosh, A. R., Habermeier, K., Laeven, L., Chamon, M., Qureshi, M. S. and Kokenyne, A. (2011). Managing Capital Inflows: What Tools to Use? IMF Staff Discussion Note, April. Washington: International Monetary Fund.
Palley, T. I. (2002). Economic Contradictions Coming Home to Roost? Does the US Economy Face Long-Term Aggregate Demand Generation Problem? *Journal of Post Keynesian Economics* 25(1): 9–32.
Palley, T. (2009). A Theory of Minsky Super-Cycles and Financial Crises. IMK Working Paper No. 5/2009.
Palley, T. I. (2010a). America's Exhausted Paradigm: Macroeconomic Causes of the Financial Crisis and Great Recession. *New School Economic Review* 4(1): 15–43.
Palley, T. I. (2010b). The Limits of Minsky's Financial Instability Hypothesis as an Explanation of the Crisis. *Monthly Review* 61(11).
Palley, T. I. (2012). *From Financial Crisis to Stagnation: The Destruction of Shared Prosperity and the Role of Economics.* Cambridge: Cambridge University Press.
Palley, T. (2015). Theory of Global Imbalances: Mainstream Economics vs. Structural Keynesianism. *Review of Keynesian Economics* 3(1): 45–62.
Phillips, K. (2002). Too Much Wealth, Too Little Democracy. *Challenge* 45: 6–20.
Pigou, A. C. (1943). The Classical Stationary State. *Economic* 53(212): 343–351.
Piketty, T. (2014). *Capital in the 21st Century.* Cambridge: Harvard University Press.
Piketty, T. and Saez, E. (2006). The Evolution of Top Incomes: A Historical and International Perspective. *American Economic Review* 96(2): 200–205.
Piketty, T. and Saez, E. (2013). Top Incomes and the Great Recession: Recent Evolutions and Policy Implications. *IMF Economic Review* 61(3): 456–478.
Rajan, R. G. (2005). Global Imbalances—An assessment. International Monetary Fund website. 25 October 2005. www.imf.org/en/News/Articles/2015/09/28/04/53/sp102505. Accessed 4 January 2016.

Rajan, R. G. (2010). *Fault Lines: How Hidden Fractures Still Threaten the World Economy.* Princeton: Princeton University Press.

Rapp, D. (2009). *Bubbles, Booms and Busts: The Rise and Fall of Financial Assets.* Copernicus Books.

Reed, H. and Himmelweit, J. M. (2012). Where Have All the Wages Gone? Lost Pay and Profits Outside Financial Services. TUC London. www.tuc.org.uk/sites/default/files/tucfiles/where_have_all_the_wages_gone_touchstone_extras_-2012.pdf. Accessed 14 April 2016.

Reich, R. (2010). *Aftershock: The Next Economy and America's Future.* New York: Knopf.

Reinhart, C. M. and Reinhart, V. R. (2009). Capital Flow Bonanzas: An Encompassing View of the Past and Present. In J. A. Frankel and C. Pissarides (Eds.), *International Seminar on Macroeconomics 2008.* Chicago: University of Chicago Press: 9–62.

Reinhart, C. M., Reinhart, V. R. and Rogoff, K. S. (2012). Debt Overhangs: Past and Present. Working Paper No. 18015. National Bureau of Economic Research.

Reinhart, C. M. and Rogoff, K. S. (2009). *This Time is Different: Eight Centuries of Financial Folly.* Princeton: Princeton University Press.

Reinhart, C. and Rogoff, K.S. (2010). Growth in a Time of Debt. *American Economic Review: Papers & Proceedings* 100: 573–578.

Reinhart, C. M. and Rogoff, K. S. (2011). From Financial Crash to Debt Crisis. *American Economic Review* 101(5): 1676–1706.

Reinhart, C. M., Rogoff, K. S. and Savastano, M. A. (2003). Debt Intolerance. Brookings Papers on Economic Activity 2003 No. 1.

Resnick, S. and Wolff, R. (2010). The Economic Crisis: A Marxian Interpretation. *A Journal of Economics, Culture & Society* 22(2): 170–186.

Rodbertus, J. K. (1898). *Overproduction and Crises*, translated by Julia Franklin, with an Introduction by J. B. Clark. New York: A. M. Kelley.

Romer, C. (2002). Back to the Future: Lessons from the Great Depression. IMF Survey, December 2002.

Roubini, N. (2011). The Instability of Inequality. Project-Syndicate. www.project-syndicate.org/commentary/the-instability-of-inequality.

Roubini, N. and Mihm, S. (2010). *Crisis Economics.* New York: The Penguin Press.

Saez, E. and Zucman, G. (2014). Who Benefits from Tax Expenditures on Capital? Evidence on Capital Income and Wealth Concentration. Working Paper Series, IRS Statistics of Income.

Shaikh, A. (1978). An Introduction to the History of Crisis Theories. The US Capitalism in Crisis. New York: URPE.

Shaikh, A. (1987). The Falling Rate of Profit and the Economic Crisis in the US. In R. Cherry et al. (Eds.), *The Imperiled Economy*, Book I, Union for Radical Political Economy: 115–126.

Shaikh A. (2011). The First Great Depression of the 21st Century. *Socialist Register* 47(47): 44–63.

Sherif, M. (1935). A Study of Some Social Factors in Perception. *Archives of Psychology*, 187.

Shiller, R. (2005). *Irrational Exuberance.* Princeton: Princeton University Press.

Shiller, R. (2008). *The Subprime Solution How Today's Global Financial Crisis Happened, and What to Do About It?* New Jersey: Princeton University Press.

Shiller, R. (2012). *Finance and the Good Society.* Princeton: Princeton University Press.

Simon, H. (1955). A Behavioral Model of Rational Choice. *Quarterly Journal of Economics* 69(1): 99–118.

Snowden, K. A. (2010). The Anatomy of a Residential Mortgage Crisis: A Look Back to the 1930s. NBER Working Paper No. 16244. National Bureau of Economic Research.

Stiglitz, J. E. (2009). The Global Crisis, Social Protection and Jobs. *International Labour Review* 148(1–2): 1–13.

Stockhammer, E. (2010). Financialization and the Global Economy. Working Paper No. 242. Political Economy Research Institute.

Stockhammer, E. (2012). Financialization, Income Distribution and the Crisis. Investigación Económica / Escuela Nacional de Economía, Universidad Nacional Autónoma de México 71(279): 39–70.

Sweezy, P. M. (1942). *Theory of Capitalist Development: Principles of Marxian Political Economy.* New York: Oxford University Press.

Sweezy, P. M. (1994). The Triumph of Financial Capital. Monthly Review. www.monthlyreview.org/940600sweezy.php.

Taleb, N. N. (2007). *The Black Swan: The Impact of the Highly Improbable.* New York: Random House.

The US Congress Joint Economic Committee (2010). Income Inequality and the Great Recession.

Tobin, J. (1980). *Asset Accumulation and Economic Activity: Reflections on Contemporary Macroeconomic Theory.* Oxford: Basil Blackwell.

Tomz, M. and Wright, M. L. J. (2007). Do Countries Default in "Bad Times"? *Journal of the European Economic Association* 5(2–3): 352–360.

Tooze, A. (2018). *Crashed: How a Decade of Financial Crises Changed the World.* London: Penguin Books.

Tridico, P. (2012). Financial Crisis and Global Imbalances: Its Labor Market Origins and the Aftermath. *Cambridge Journal of Economics* 36(1): 17–42.

Ueno, M. (2001). Personal Interview Through June to August. He has been working in the Japanese financial sector since 1990, and was Vice President, Controller Division at PT Bank LTCB Central Asia (A Japanese–Indonesian Bank in Indonesia) in 1997–1998.

Vandemoortele, M. (2009). Within-Country Inequality, Global Imbalances and Financial Instability. Desk Study for Netherlands Ministry of Foreign Affairs, Overseas Development Institute, London.

Van Den Hauwe, L. M. P. (2014). Understanding Financial Instability: Minsky Versus the Austrians. Working paper No. 61832.

Veblen, T. (1899). *Theory of the Leisure Class.* Oxford University Press.

Wallerstein, I. (2003). *The Decline of American Power: The US in a Chaotic World,* New York: The New Press.

Warren, E. and Warren T. A. (2004). *The Two-Income Trap.* New York: Basic Books.

Wisman, J. D. and Baker, B. (2011). Rising Inequality and the Financial Crises of 1929 and 2008. Working Paper No. 2011-01. American University, Department of Economics.

Wolf, M. (2014). *The Shifts and the Shocks: What We've Learned—and Have Still to Learn—from the Financial Crisis.* London: Penguin Books.

Wolff, E. N. (2010). Recent Trends in Household Wealth in the United States—Rising Debt and the Middle-Class Squeeze—an Update To 2007. Economics Working Paper No. 589. The Levy Economics Institute.

Wolfson, M. and Kotz, D. (2010). A Reconceptualization of Social Structure of Accumulation. In Terrence McDonough, Michael Reich and David M. Kotz (Eds.),

Contemporary Capitalism and Its Crises: Social Structure of Accumulation Theory for the 21st Century. New York: Cambridge University Press: 72–90.

World Bank (1993). *The East Asian Miracle: Economic Growth and Public Policy*. Oxford: Oxford University Press.

Wray, L. R. (2009). The Rise and Fall of Money Manager Capitalism: A Minskian Approach. *Cambridge Journal of Economics* 33(4): 807–828.